Die unbekannteren Götter

Byleist und Helblindi, Kwasir und Delling, Hildolf und Saxnot, Waltam und Fiölnir und noch mehr …

Band 20 der Reihe   „Die Götter der Germanen"

Bücher von Harry Eilenstein

Astrologie

- Astrologie (496 S.)
- Photo-Astrologie (428 S.)
- Horoskop und Seele (120 S.)

Magie

- Handbuch für Zauberlehrlinge (408 S.)
- Tarot (104 S.)
- Physik und Magie (184 S.)
- Die Magie-Formel (156 S.)
- Krafttiere – Tiergöttinnen – Tiertänze (112 S.)
- Schwitzhütten (524 S.)

Meditation

- Der Lebenskraftkörper (230 S.)
- Die Chakren (100 S.)
- Das Chakren-System mit den Nebenchakren (296 S.)
- Meditation (140 S.)
- Drachenfeuer (124 S.)
- Reinkarnation (156 S.)

Kabbala

- Kursus der praktischen Kabbala (150 S.)
- Eltern der Erde (450 S.)
- Blüten des Lebensbaumes:
    - Die Struktur des kabbalistischen Lebensbaumes (370 S.)
    - Der kabbalistische Lebensbaum als Forschungshilfsmittel (580 S.)
    - Der kabbalistische Lebensbaum als spirituelle Landkarte (520 S.)

Religion allgemein

- Muttergöttin und Schamanen (168 S.)
- Göbekli Tepe (472 S.)
- Totempfähle (440 S.)
- Christus (60 S.)
- Dakini (80 S.)

- Vajra (76 S.)

Ägypten

- Hathor und Re 1: Götter und Mythen im Alten Ägypten (432 S.)
- Hathor und Re 2: Die altägyptische Religion – Ursprünge, Kult und Magie (396 S.)
- Isis (508 S.)

Indogermanen

- Die Entwicklung der indogermanischen Religionen (700 S.)
- Wurzeln und Zweige der indogermanischen Religion (224 S.)

Germanen

- Die Götter der Germanen (Band 1 – 80)
- Odin (300 S.)

Kelten

- Cernunnos (690 S.)
- Der Kessel von Gundestrup (220 S.)
- Der Chiemsee-Kessel (76)

Psychologie

- Über die Freude (100 S.)
- Das Geheimnis des inneren Friedens (252 S.)
- Das Beziehungsmandala (52 S.)
- Gefühle und ihre Verwandlungen (404 S.)
- einsgerichtet (140 S.)
- Liebe und Eigenständigkeit (216 S.)
- Von innerer Fülle zu äußerem Gedeihen (52 S.)
- Die Symbolik der Krankheiten (76 S.)

Kunst

- Herz des Tanzes – Tanz des Herzens (160 S.)

Drama

- König Athelstan (104 S.)

Kontakt: www.HarryEilenstein.de / Harry.Eilenstein@web.de

Herstellung und Verlag: BoD- Books on Demand, Norderstedt   **ISBN:** 9783748130277

Die Themen der einzelnen Bände der Reihe „Die Götter der Germanen"

1. Die Entwicklung der germanischen Religion
2. Lexikon der germanischen Religion

3. Der ursprüngliche Göttervater Tyr
4. Tyr in der Unterwelt: der Schmied Wieland
5. Tyr in der Unterwelt: der Riesenkönig   Teil 1
6. Tyr in der Unterwelt: der Riesenkönig   Teil 2
7. Tyr in der Unterwelt: der Zwergenkönig
8. Der Himmelswächter Heimdall
9. Der Sommergott Baldur
10. Der Meeresgott: Ägir, Hler und Njörd
11. Der Eibengott Ullr
12. Die Zwillingsgötter Alcis
13. Der neue Göttervater Odin   Teil 1
14. Der neue Göttervater Odin   Teil 2
15. Der Fruchtbarkeitsgott Freyr
16. Der Chaos-Gott Loki
17. Der Donnergott Thor
18. Der Priestergott Hönir
19. Die Göttersöhne
20. Die unbekannteren Götter
21. Die Göttermutter Frigg
22. Die Liebesgöttin: Freya und Menglöd
23. Die Erdgöttinnen
24. Die Korngöttin Sif
25. Die Apfel-Göttin Idun
26. Die Hügelgrab-Jenseitsgöttin Hel
27. Die Meeres-Jenseitsgöttin Ran
28. Die unbekannteren Jenseitsgöttinnen
29. Die unbekannteren Göttinnen
30. Die Nornen
31. Die Walküren
32. Die Zwerge
33. Der Urriese Ymir
34. Die Riesen
35. Die Riesinnen
36. Mythologische Wesen
37. Mythologische Priester und Priesterinnen
38. Sigurd/Siegfried
39. Helden und Göttersöhne

40. Die Symbolik der Vögel und Insekten
41. Die Symbolik der Schlangen, Drachen und Ungeheuer
42. Die Symbolik der Herdentiere

43. Die Symbolik der Raubtiere
44. Die Symbolik der Wassertiere und sonstigen Tiere
45. Die Symbolik der Pflanzen
46. Die Symbolik der Farben
47. Die Symbolik der Zahlen
48. Die Symbolik von Sonne, Mond und Sternen
49. Das Jenseits
50. Seelenvogel, Utiseta und Einweihung
51. Wiederzeugung und Wiedergeburt
52. Elemente der Kosmologie
53. Der Weltenbaum
54. Die Symbolik der Himmelsrichtungen und der Jahreszeiten
55. Mythologische Motive

56. Der Tempel
57. Die Einrichtung des Tempels
58. Priesterin – Seherin – Zauberin – Hexe
59. Priester – Seher – Zauberer
60. Rituelle Kleidung und Schmuck
61. Skalden und Skaldinnen
62 Kriegerinnen und Ekstase-Krieger

63. Die Symbolik der Körperteile
64. Magie und Ritual
65. Gestaltwandlungen
66. Magische Waffen
67. Magische Werkzeuge und Gegenstände
68. Zaubersprüche
69. Göttermet
70. Zaubertränke
71. Träume, Omen und Orakel
72. Runen
73. Sozial-religiöse Rituale

74. Weisheiten und Sprichworte
75. Kenningar
76. Rätsel

77. Die vollständige Edda des Snorri Sturluson
78. Frühe Skaldenlieder
79. Mythologische Sagas

80. Hymnen an die germanischen Götter

Inhaltsverzeichnis

A Urgötter

B Tyr-Götter

7

G Hönir-Götter

H sonstige Götter

A Urgötter

I Tuisto

I 1. Tuisto in der germanischen Überlieferung

I 1. a) Germania

Die Textstelle in der „Germania", in dem Tacitus über Tuisto berichtet, lautet:

„In ihren alten Liedern, die bei ihnen die einzige Form von Aufzeichnung und Geschichtsschreibung sind, feiern sie den Tuisto, einen Gott, der aus der Erde entsprungen ist, und dessen Sohn Mannus, als die Väter und Gründer des Volkes.

Dem Mannus schreiben sie drei Söhne zu, nach denen die ganzen Stämme benannt wurden: die Ingväonen, die am Meer wohnen, die Hermionen, die im mittleren Land wohnen, und der ganze Rest, die Istväonen."

Der Name „Tuisto" des ersten Gottes bedeutet „Zweifacher, Zwilling". Dieser Name ist mit dem deutschen „zwei" sowie mit dem englischen „two" und „twin" eng verwandt.

Ein einzelner Zwilling ist jedoch ein wenig seltsam – hat er einen hier nicht genannten Zwillingsbruder? Dann könnte Tuisto der Sommergott Tyr sein, dessen Bruder der Wintergott Loki ist. Daß hier die beiden Zwillingssöhne des Tyr („Alcis") gemeint sind, ist unwahrscheinlich, da diese stets als Paar mit zwei sich meisten stabreimenden Namen auftreten.

Als „Sohn der Erde" sollte Tuisto entweder der Urriese Ymir sein, der von der Urkuh Audhumbla gestillt und vermutlich auch geboren worden ist, oder der ehemalige Sonnnengott-Göttervater Tyr, der jeden Morgen von der Sonne wiedergeboren wird. Da die Germanen den Urriesen als den zeitlich und größenmäßig gesehen „ersten Riesen" oft dem Tyr-Riesen im Jenseits als dem rangmäßig „ersten Riesen" gleichgesetzt haben, machen beide Deutungen keinen allzugroßen Unterschied.

Der Name „Mannus" bedeutet „Mensch" und könnte dem Riesen Aurgelmir, dem Sohn des Ymir, entsprechen. Im Indogermanischen und im Altindischen und im Altpersischen bedeutet „manu" schlicht „Mann". Er könnte somit der erste Mensch gewesen sein.

Die Namen der drei Söhne des Mannus könnten in etwa „Ingwaz", „Hermaz" und „Istwaz" gelautet haben. Diese drei Götter sind vermutlich eine Variante der Götterdreiheit der Indogermanen, die die drei Stände (Fürsten/Krieger, Priester/Heiler, Bauern/Handwerker) darstellen.

„Ingwaz" könnte evtl. der „Jüngling" sein, „Hermaz" könnte mit dem griechischen Seelenführer „Hermes" und somit mit dem germanischen Seelenführer Odin verwandt sein, während die Bedeutung von „Istwaz" unklar ist.

Falls die Deutung von „Hermaz" als Seelenführer und somit als Priester zutreffen sollte, müßten „Ingwaz" und „Istwaz" der Krieger und der Bauer sein. Aufgrund des Charakters des „Yngvi-Freyr" sollte „Ingwaz/Yngvi" der Bauer und „Istwaz" der Krieger sein.

Diese Deutung ist zwar gut denkbar, aber aufgrund der sehr spärlichen Überlieferung doch recht unsicher.

I 1. b)   Zusammenfassung

Der Name „Tuisto" des Vaters des Mannus bedeutet „Zwilling". Er ist sowohl mit dem einstigen Sonnengott-Göttervater Tyr als auch mit dem Urriesen identisch.

Er ist aus der Erde „entsprungen" bzw. wurde von der Erdgöttin geboren. Sein „Zwilling" wird der Wintergott Loki sein, da Tyr als Sonnengott-Göttervater auch der Sommergott gewesen ist.

I 2.   Tuisto in der indogermanischen Überlieferung

I 2. a)   Kelten

Der Name des keltischen Stammesgottes Teutates und seine Funktion als Stammesgott verleiten zunächst einmal dazu, ihn als die keltische Variante des germanischen Tuisto anzusehen, aber sein Name setzt sich aus „touto-tati-s" zusammen, was „Vater des Stammes" bedeutet.

Der Name des Teutates wurde auch Toutatis, Teutanus, Toutiorix und Toutanos ge-schrieben. Von ihm leitet sich auch die Bezeichnung „deutsch" ab.

Der Name des indischen Tvashtar, der von seiner Mythologie her sicher mit Tuisto identisch ist, bedeutet „Bildner, Schöpfer" bedeutet. Daher wäre es denkbar, daß im Laufe der über 2000 Jahre, die zwischen dem gemeinsamen indogermanischen „Vor-fahren" des Teutates, des Tuisto und des Tvashtar liegen, die Bedeutung des Namens dieses Gottes umgedeutet worden ist – was kein allzu ungewöhnlicher Vorgang wäre.

Über Teutates ist nur sehr wenig bekannt. Er wurde von den Römern dem Mars und dem Merkur gleichgesetzt, d.h. er war ein Gott des Kampfes (Mars = Tyr), der jedoch auch in das Jenseits gereist ist (Merkur = Odin).

Vermutlich stellen die keltischen Statuen und Bilder eines Kriegsgottes mit Axt und Eber Teutates dar.

I 2. b) Inder

Tuisto ist zusammen mit dem Urahn Mannus zwar außer von den Germanen nur noch von den Indern bekannt, aber da Manu auch bei den Indern der Urmensch ist und zudem als der Sohn des Tvashtar angesehen wird, sind die beiden Paare „Tuisto/ Tvashtar – Mannus/Manu" sehr sicher miteinander identisch.

Bei den Germanen ist Tuisto der „erdentsprungene" Vater des Mannus – bei den Indern ist Tvashtar der alte Sonnengott-Göttervater und der Sohn des dreiköpfigen jungen Sonnengottes Vishvarupa.

Mannus und Tuisto		
	Germanen	*Inder*
Vater	Tuisto „erdentsprungen" = die Erde = Ymir = Sonnengott-Göttervater Tyr-Riese	Tvashtar alter Sonnengott-Göttervater, Schmied (wie Wieland), Schöpfer der Welt
Sohn	Mannus Urahn der Menschen (junger Sonnengott-Göttervater = Tyr)	Manu junger Sonnengott-Göttervater; seine Leiche verwandelte sich in den Drachen Vritra

Die Übereinstimmung zwischen Tuisto und Tvashtar sowie zwischen Mannus und Manu wird noch größer, wenn man bedenkt, daß bereits bei den Indogermanen der

Sonnengott-Göttervater als das rangmäßig erste Wesen mit dem Urriesen als dem altersmäßig ersten Wesen gleichgesetzt worden ist:

> Tuisto-Tvashtar ist der Urriese und der alte, sterbende Sonnengott-Göttervater; er ist auch schon der Schmied im Jenseits gewesen, der bei den Germanen Wieland hieß.
>
> Tvashtar erschuf Mannus, den ersten Menschen, und die germanische Götterdreiheit Odin (vor 500 n.Chr. Tyr), Hönir und Loki erschufen aus zwei Baumstämmen das erste Menschenpaar.
>
> Mannus-Manu ist der erste Mensch und der junge, wiedergeborene Sonnengott-Göttervater.
>
> Die alltägliche Wiedergeburt der Sonne ist auch schon damals der Geburt des Ersten Menschen gleichgesetzt worden.
>
> Manu („Mann, Mensch") ist bei den Indern der erste Mensch, der erste Priester und daher das Urbild aller Priester, und er ist generell das Vorbild in allen Dingen.

Im Rig-Veda wird über Tvahstar, der auch Tvashtri genannt wird, eine vielfältige Mythologie berichtet:

1. Tvashtar erschafft alle Dinge

Rig-Veda 1, 188:
Tvastri, der die Formen bemeistert, hat ja alle Tiere fertiggemacht. Erbitte uns deren Gedeihen!

Rig-Veda 2, 17:
Denn aus allen Wesen erschuf Dich der Seher Tvastri, aus einem jeden Samen.

Rig-Veda 7, 2:
Und Du, Gott Tvastri, entbinde uns freigebig den fruchtbaren Samen, aus dem ein tatkräftiger,
verständiger Sohn geboren wird, der die Preßsteine in Gebrauch nimmt und die Götter liebt!

Preßsteine benutzen = Soma auspressen und den Göttern opfern

Rig-Veda 8, 102:

Auf daß dieser in uns eingehe wie Tvastri in die zu bildenden Formen, mit seiner, des Angesehenen, Einsicht.

Rig-Veda 10, 46:

Der, den der Himmel und die Erde erzeugten, den die Gewässer, den Tvastri, den die Bhrigus mit Kraft erzeugten, der Du als Erster anzurufen bist,
den Agni, haben Matarisvan und die Götter für Manu als den Anbetungswürdigen geformt.

Rig-Veda 10, 2:

Du, den Himmel und Erde, den die Gewässer, den Tvastri, der Schöpfer guter Dinge, erschaffen hat,
der Du den väterbegangenen Weg entlang Bescheid weißt, leuchte Du, Agni, hell, wann Du entflammt wirst!

Rig-Veda 10, 184:

Vishnu soll den Mutterschoß bereiten, Tvastri soll die Formen bilden,
Prajapati soll den Samen eingießen, der Schöpfer soll Dir eine Leibesfrucht machen!

2.   Tvashtar ist der Vater des Sonnengottes Visvarupa

Rig-Veda 2, 11:

Die wir den Gewinn davontragen möchten, indem wir mit Deiner Hilfe alle Widersacher, die Dasyuá mit dem Arier überwinden,
uns gabst Du damals den Tvastri-Sohn Visvarupa in die Hand, den Sohn des zur Freundschaft gehörenden Tvastri dem Trita.

Rig-Veda 3, 7:

Die Flüsse führen den alterlosen Sohn des Tvastri mit sich, ihn mächtig stärkend, den sich festhaltenden.
An seinem Sitze mit den Gliedern ausstrahlend, ging er in beide Welten ein, als wären sie eine einzige Gattin.

Rig-Veda 10, 17:

„Tvastri richtet seiner Tochter die Hochzeit aus" – auf solche Kunde kommt diese ganze Welt zusammen.

Der Mann der Tvahstar-Tochter ist der Sonnengott.

Rig-Veda 10, 8:

Dieser, der Aptya, der väterlichen Waffen kundig, von Indra aufgefordert, bestand den Kampf.

Als er den Dreiköpfigen, der sieben Zügel braucht, erschlagen hatte, ließ Trita die Kühe sogar des Tvastrisohnes heraus.

Indra enthauptete ihn, der große Stärke erstrebte, der wahre Herr ihn, der sich dafür hielt.

Nachdem er einen Teil der Kühe des Tvastri-Sohnes Visvarupa heimgetrieben hatte, beseitigte er dessen drei Köpfe.

Dreiköpfiger Visvarupa = Sonnengott (auch der ehemalige germanische Sonnengott-Göttervater Tyr wird manchmal dreiköpfig dargestellt)

Rig-Veda 10, 76:

Denn diese Trankspende hat sein Werk vollbracht – wie sie ehedem dem Manu den Weg geebnet hat

– bei dem Tvastrisohn, der eine Masse von Kühen hatte und mit seinen Rossen Staat machte. Sie haben Opfer zu Opfer gefügt.

Tochtermann (Schwiegersohn) des Tvashtar = Sonnengott

Rig-Veda 6, 47:

Seine beiden Falbinnen an den Wagen spannend lenkt Tvastri hier viel.

Hier scheint Tvashtar selber in dem Wagen des Sonnengottes zu fahren.

Rig-Veda 8, 26:

Deine Gnaden erbitten wir uns, Vayu, Herr der Wahrheit, Tvastri´s Tochtermann, Wunderbarer.

Des Tvastri Tochtermann, den Mächtigen, bitten wir um Reichtümer, um Herrlichkeit, den Vayu wir Leute bei gepreßtem Soma.

Hier ist der Luftgott Vaju (wie es in vielen Religionen geschehen ist) dem Sonnengott gleichgesetzt worden.

3. Tvashtar erschafft den Samen

Rig-Veda 2, 1:
Du, Agni, schenkst als Tvastri dem Verehrer gute Söhne; Deine Genossenschaft sind
* die Weiber, Du Weiberfreund, Du wie Mitra Geehrter.*
Du schenkst als der Treiber von Rennpferden gute Rosse; Du, der Güterreiche, bist
* die Stärke der Männer.*

Rig-Veda 1, 142:
Möge uns Tvastri freundlich reichlich Tau senden, wundersamen, reich an
* Geschenken*
damit unser Gut und unser Wohlstand wächst – Tvashtar, unser Verwandter und
* Freund.*

Der „wundersame Tau" ist vermutlich der Samen der Männer.

Rig-Veda 2, 3:
Ein bräunlicher Sohn, der nicht zur Last fällt, ein Stärkebringer, wird pünktlich
* geboren, ein Götterliebender.*
Tvastri soll uns den Nabel der Nachkommenschaft entbinden. Nunmehr soll es in die
* Obhut der Götter übergehen!*

Rig-Veda 3, 4:
Und Du, Gott Tvastri, entbinde uns freigiebig den fruchtbaren Samen, aus dem ein
* tatkräftiger,*
verständiger Sohn geboren wird, der die Preßsteine in Gebrauch nimmt und die
* Götter liebt!*

Preßsteine benutzen = Soma auspressen und den Göttern opfern

Rig-Veda 3, 55:
*Gott Tvastri, der Bestimmer, der alle Formen bildet, hat den Nachwuchs vermehrt
und in großer Zahl erzeugt und all diese sind seine Geschöpfe.*

Rig-Veda 7, 34:
*Wenn die Gattinnen zu uns kommen werden, so soll Tvastri mit den geschickten
Händen uns Söhne schaffen.*
*Tvastri soll unser Loblied gern annehmen, Aramati, die Schätze begehrende, gehöre
uns!*

Auch bei den Kelten trägt der Sonnengott Lugh den Beinamen „der mit den geschickten Händen": „Lugh lamhfada".

Rig-Veda 10, 10:
*Schon im Mutterleib hat uns der Schöpfer zu Ehegatten gemacht, der Gott Tvastri,
der Bestimmer, der alle Formen bildet.*
Nicht übertreten sie seine Gebote; dessen sind uns Erde und Himmel Zeugen.

Rig-Veda 10, 18:
*Möge Tvastri, der gute Geburten gibt, damit einverstanden sein, euch hienieden
eine lange Frist zum Leben zu gewähren.*

4. Die Kuh des Tvashtar

Rig-Veda 1, 84:
*Da erinnerten sie sich an den geheimen Namen der Kuh des Tvastri daselbst im
Hause des Mondes.*

Diese „Kuh des Tvashtri" könnte mit Audhumbla identisch sein, die den Ymir säugt – die Muttergöttin und Erdgöttin, die auch an jedem Morgen den Tyr gebiert, der bei den Germanen dem Ymir gleichgesetzt worden ist. Das Bild der Kuh-gestaltigen Muttergöttin reicht bis in die späte Altsteinzeit zurück (siehe „Rind" in Band 42).

Mit dem „Haus des Mondes" ist vermutlich ein Hügelgrab, d.h. das Jenseits gemeint – auch bei den Germanen konnte ein Hügelgrab „Mond-Hügel" genannt werden.

18

5. Der Soma des Tvashtar

<u>Rig-Veda 1, 95:</u>
Die zehn Töchter des Tvashtar erschufen dieses Kind.

> Kind = Soma-Trank
> zehn Töchter = zehn Finger = zwei Hände (sie pressen den Soma-Saft aus)

<u>Rig-Veda 1, 95:</u>
Beide Welten haben Furcht vor dem Sproß des Tvastri.

> Sproß des Tvahstar = Soma (das ergibt sich aus dem Zusammenhang)

<u>Rig-Veda 1, 117:</u>
Dem Dadhyac, dem Atharvansohn, gabt ihr einen Pferdekopf zum Ersatz.
Er verriet euch wahrheitsgetreu die tvastrische Süßigkeit, die euch verborgen war, ihr Meister.

> Süßigkeit des Tvashtar = Soma (er wurde mit Honig gesüßt)

<u>Rig-Veda 4, 18:</u>
Im Hause des Tvastri trank Indra den Soma, der hundert Kühe wert war, von dem in den Gefäßen Gepreßten.

<u>Rig-Veda 9, 50:</u>
Den Tvastri rufe ich her, den erstgeborenen Hüter und Anführer. Der goldgelbe Saft ist Indra, der Bulle, der Sich-Läuternde ist Prajapati.

> Saft = Soma
> läutern = durchseihen (den frisch gepreßten Soma-Saft)

6. Der Kelch des Tvashtar

Der Kelch des Tvashtar ist das Gefäß, in dem der Soma-Trank bereitet oder aus dem er getrunken wird. Der Besitz eines solchen Kelches ist daher das Kennzeichen eines Priesters.

Solch einen Kelch besaß auch Tyr. Über diesen Kult-Kelch wird im Hymir-Lied berichtet, in dem Hymir, d.h. der alte Tyr als Riese im Jenseits, einen solchen Ritual-Kelch besaß, der für ihn eines seiner wichtigsten Besitztümer gewesen ist. Derartige Schalen, Kelche und Gefäße sind auch in den germanischen Tempeln gefunden worden.

<u>Rig-Veda 1,161:</u>

Die Ribhus sprechen:
„Ist der Erste, ist der Jüngste zu uns gekommen? Welche Botschaft bringt er? Was war es, das wir gesagt haben?
Wir haben den Becher nicht getadelt, der von guter Herkunft ist. Nur von der Entstehung des Holzes haben wir gesprochen, Bruder Agni."

Agni spricht:
„'Aus dem einen Becher machet vier!' Das sagten euch die Götter, darum bin ich zu euch gekommen.
Ihr Söhne des Sudhanvan, wenn ihr also tun werdet, so sollt ihr zusammen mit den Göttern opferberechtigt werden.
Was ihr dem Boten erwidertet: 'Wir müssen noch ein Roß anfertigen und den Wagen hier anfertigen,
eine Kuh anfertigen und zwei jung machen. Wenn wir das getan haben, dann kommen wir euch nach, Bruder.'
Als ihr Ribhu's das gemacht hattet, frugt ihr: 'Wo ist der hin, der zu uns als Bote gekommen war?'
Als Tvastri die vier farbigen Becher erblickt hatte, da versteckte er sich unter den Götterfrauen.
Als Tvastri sprach: 'Wir wollen sie erschlagen, die die Becher für den Göttertrank getadelt haben',
da nahmen sie bei dem Somaopfer andere Namen an. Unter anderen Namen brachten sie die Jungfrau in Sicherheit.
Indra schirrte das Falbenpaar an, die Asvin ihren Wagen, Brihaspati trieb die Kuh Visvarupa ein.
Als Ribhu, Vibhvan, Vaja ginget ihr unter die Götter, als Künstler kamet ihr zu einem Opferanteil.
Aus dem Fell ließet ihr durch eure Erfindungsgabe die Kuh herauslaufen; die beiden Alten machtet ihr jung.

Ihr Söhne des Sudhanvan, aus einem Pferd zimmertet ihr ein zweites Pferd. Ihr
  schirrtet den Wagen an und fuhret zu den Göttern.
'Trinket ihr dies Wasser', so sprachet ihr, 'oder trinket diese Überreste des Seihens!
Ihr Söhne des Sudhanvan, wenn ihr das nicht recht möget, so sollt ihr euch an der
  Somaspende ergötzen.'
'Das Wasser ist das Wichtigste', so sprach der eine. 'Das Feuer ist das Wichtigste',
  so sprach der andere.
Der eine gab der Gewitterzeit vor vielen den Vorzug. Wahre Reden führend schnitztet
  ihr die Becher.
Einer treibt die lahme Kuh zum Wasser hinab; einer zerlegt das Fleisch, das im Korb
  gebracht wird.
Bis Sonnenuntergang trug einer den Dung fort. Haben wohl die beiden Eltern ihren
  Söhnen dabei geholfen?
Auf den Höhen legtet ihr für ihn Gras an, in die Niederungen leitetet ihr Männer mit
  Kunstfertigkeit das Wasser,
als ihr im Hause des Agohya geschlafen hattet: Das macht ihr Ribhu's heute nicht
  mehr nach.
Als ihr mit geschlossenen Augen die Wesen umschlichet, wo waren da eure zärtlichen
  Eltern?
Ihr fluchtet dem, der euch am Arme faßte. Wer euch anredete, dem standet ihr Rede.
Als ihr Ribhu's ausgeschlafen hattet, da fragtet ihr: 'Agohya! Wer hat uns da
  geweckt?'
Der Bock nannte den Hund als Weckenden. Nach Jahresfrist habt ihr euch heute in
  dieser Welt umgeschaut.
Am Himmel gehen die Marut, auf der Erde Agni, der Wind geht im Luftraum;
in den Wassern, in den Meeren geht Varuna, indem sie euch suchen, ihr Kinder der
  Kraft."

Dieser Kelch ist ein magischer Gegenstand. Daher ist auch seine Herstellung ein Geheimnis, das hier mit vielen Gleichnissen und Hinweisen auf andere Mythen geschildert wird.

Die beiden Ribhus entsprechen den beiden Söhnen des Tyr, die „Alcis" genannt werden und die u.a. die Schmiede des Schwertes des Tyr und die Schöpfer der magischen Gegenstände der Götter (Thors Hammer, Sifs Haar, Freyrs Skidbladnir und Sonneneber, Odins Ring und Speer) sind.

Rig-Veda 4, 33:
Zu den Ribhus entsende ich die Rede wie einen Boten – ich rufe zum Aufguß nach
  der Svaitari-Kuh

– zu den Ribhu's, die als Künstler schnell wie der Wind durch ihren ausdauernden Eifer alsbald den Himmel erreicht haben.

Als die Ribhus den Eltern gedient hatten mit Aufwartung, Besorgung und Kunstfertigkeiten,

da erst erlangten sie die Freundschaft der Götter. Die Werkkundigen brachten der Dichtung Zuwachs;

Die die Eltern wieder jung machten, die alt wie zerfallene Pfosten dalagen, Vaja, Vibhvan,

Ribhu, die Honiggenießer, sollen nebst Indra unser Opfer bevorzugen!

Als die Rhibu's ein Jahr lang die Kuh gehütet hatten, als sie ein Jahr lang das Fleisch zerlegt,

als sie ihr ein Jahr lang Futter gebracht hatten, erlangten sie durch diese Dienste die Unsterblichkeit.

Der Älteste sprach: 'Ich will zwei Becher machen', der Jüngere sprach: 'Wir wollen drei machen',

der Jüngste sprach: 'Ich will vier machen'. Tvastri nahm euch beim Wort, o Ribhu's.

Die Männer hatten wahr gesprochen, denn sie taten also; sie gingen diesen ihren eigenen Weg.

Tvastri machte Augen, als er die vier Becher erblickte, die wie die neuen Tage erglänzten.

Als die Ribhus zwölf Tage lang schlafend in der Gastfreundschaft des Agohya sich's behaglich gemacht hatten,

da brachten sie die Felder in guten Stand, leiteten die Flüsse ab. Es zogen die Pflanzen in die Wüstenei ein, in die Niederung die Gewässer.

Die den leichtrollenden Wagen fertigten, der dem Manne still hält, die die allbelebende Kuh Visvarupa machten,

die Ribhu's sollen uns Reichtum beschaffen, die geschickt zur Hilfe, zum Werk und mit der Hand.

Denn an ihrem Werke fanden die Götter Gefallen, als die es mit Einsicht und Verstand betrachteten.

Vaja ward der Werkmeister der Götter, Ribhuksan des Indra, Vibhvan des Varuna.

Die, Loblieder jubelnd, mit Erfindungsgabe die Falben für Indra machten, die beiden leichtgeschirrten Rosse, gewähret ihr uns Zunahme des Reichtums, Güter;

schließt Freundschaft so wie die, die Frieden wünschen, ihr Ribhus.

Zu dieser Zeit des Tages haben sie euch Trank und Berauschung gewährt. Nicht ohne Mühe bekommt man die Götter zu Freunden.

So gewähret uns jetzt bei diesem dritten Trankopfer Schätze, ihr Ribhus!

Dieser Text schildert dieselben Vorgänge wie der vorige Text und auch hier wird die Herstellung der Ritual-Kelche durch mythologische Bilder,

Anspielungen und Hinweise beschrieben.

Die Zahlensymbolik ist bei den Indern dieselbe wie bei den Germanen. Die „2" ist der Gegensatz, die „3" ist der Sonnenzyklus", die „4" sind die vier Himmelsrichtungen und somit auch die Sonne, da man die Himmelsrichtungen damals nur anhand des Sonnenstandes erkennen konnte, und die „9" ist das Jenseits.

Rig-Veda 1, 20:
Und jenen Becher, das neue Werk des Gottes Tvastri, habt ihr vierfach wiederholt.

7. Tvashtar ist der Herr der Welt

Rig-Veda 2, 31:
Auch dieser Gott Tvastri, der die Welt mit Macht beherrscht, möge mit den Götterfrauen vereint den Wagen beschleunigen.

Rig-Veda 10, 10:
Schon im Mutterleib hat uns der Schöpfer zu Ehegatten gemacht, der Gott Tvastri, der Bestimmer, der alle Formen bildet.

Dieses Motiv findet sich auch bei den Ägyptern, in deren Mythologie sich sowohl Isis und Osiris als auch Nephthys und Seth, die Vierlinge sind, bereits in dem Bauch ihrer Mutter Nut vereint haben. Horus, der Sohn der Isis und des Osiris, wurde sogar gleichzeitig mit seinen Eltern geboren.

Dies scheint daher ein altes Motiv zu sein, das noch aus der frühen Jungsteinzeit von den gemeinsamen Vorfahren der Indogermanen und der Ägypter stammt.

8. Tvashtar ist der Schöpfer und Spender aller Dinge

Rig-Veda 3, 54:
Der Gutes wirkende, schönhändige, huldreiche, gesetzestreue Gott Tvastri möge uns diese Dinge zu unseren Gunsten gewähren.

Rig-Veda 4, 42:

Ich Varuna, ich bin Indra. Diese beiden weiten tiefen, festbegründeten Räume kenne ich in ganzer Größe und alle Geschöpfe wie Tvastri;
ich habe die beiden Welten zustande gebracht und erhalte sie.

> zwei Welten = Diesseits (Erde) und Jenseits (Himmel)
> Der Vergleich mit Tvashtar ergibt nur dann eine Sinn, wenn man davon ausgehen kann, daß Tvashtar alle Dinge kennt – vermutlich weil er sie erschaffen hat (wie Tyr) oder sie ein Teil von ihm sind (wie bei Ymir).

Rig-Veda 10, 53:

Tvastri kennt die Verwandlungen, der Werkkundigen Kundigster, der die am meisten frommenden Schalen, aus denen die Götter trinken, bringt.
Er schärft jetzt das Beil aus gutem Erze, mit dem der Buntfarbige Brahmanaspati behauen soll.

> Die „Schalen" sind die Soma-Gefäße (Kelche), die die beiden Ribhus erschaffen haben.

Rig-Veda 10, 49:

Ich erhalte in ihnen, was in ihnen nicht einmal Gott Tvastri festgehalten hat, die weiße, begehrte Milch in der Kühe Euter,
in den Bäuchen, die süßer als süß ist, um den schwellenden Soma zu mischen.

Rig-Veda 10, 65:

Den Tvastri, Vayu, wer sich als Ribhu rühmen darf, ihr Ribhus, die beiden göttlichen Priester, die Usas bitten wir um Glück,
Brihaspati, den Vritra-Vernichter, den Weisen, den Soma des Indra, die wir den Preis verdienen.

Rig-Veda 10, 70:

Gott Tvastri, da Du die schöne Form fertig gebracht hast, da Du der Gefährte der Angiras' geworden bist
– bring es kundig in die Obhut der Götter, opfere willig, Du Reichtumspender, schönen Lohn gewährend!

Rig-Veda 10, 110:

*Der diese beiden Erzeugerinnen, Himmel und Erde, alle Wesen mit ihren Formen
geziert hat,
diesen Gott Tvastri verehre heute, o Priester, als der besser Opfernde, kundig, dazu
aufgefordert!*

9. Tvashtar hilft den Menschen

Rig-Veda 5, 5:

*Komm wohlwollend hierher, o Tvastri, wirksam bei der Aufzucht, hilf uns selbst bei
jedem Opfer!*

Rig-Veda 6, 49:

*Den Gott, dem der Vorrang gebührt, den angesehenen, kraftverleihenden,
schönhändigen, schönarmigen,
geschickten soll der erstrahlende Agni, der Priester, anbeten, den Angebeteten
der Häuser, den leicht zu errufenden Tvastri.*

Rig-Veda 7, 34:

*Tvastri soll uns mit den Schützerinnen gute Zuflucht gewähren, beide Rodasi mögen
uns ringsum schützen.*

Rig-Veda 10, 64:

*Und die Mutter, die im hohen Himmel wohnt, soll unser Wort hören, Tvastri mit den
Göttern und ihren Frauen,
der Vater, Ribhksan, Vaja, der Wagenherr Bhaga. Der erfreuende Preis des
Opferzurichters soll uns schützen.*

Rig-Veda 10, 66:

*Indra mit den Vasu´s soll unser Haus ringsum schützen, Aditi mit den Aditya´s soll
uns Zuflucht gewähren.
Gott Rudra soll sich mit den Rudra´s unser erbarmen, Tvastri mit den Götterfrauen
soll uns zu guter Fahrt stärken.*

10.   Tvahstar erschafft die Keule des Indra

Rig-Veda 1, 32:
Er erschlug den Drachen, der sich auf dem Berge gelagert hatte. Tvastri hatte ihm
die sausende Keule geschmiedet.
Wie die brüllenden Kühe zu den Kälbern eilend liefen die Gewässer stracks zum
Meere.

Indra befreit mit seiner Keule den Regen nach der Trockenzeit.

Rig-Veda 1, 52:
Denn wie Wogen einen See erfüllen Dich die feierlichen Worte, die Deine Stärkung
sind, o Indra.
Tvastri selbst stärkte Dir die eigene Kraft; er zimmerte die Keule von überlegener
Wucht.

Rig-Veda 1, 61:
Ihm zimmerte Tvastri die Keule, die sehr kunstreiche, sausende zum Kampfe, mit der
er sogar des Vritra verwundbare Stelle fand,
als er mit der losfahrenden Keule auf ihn losfuhr, allvermögend, was es auch sei,
schaffend.

Der Kampf des Donnergottes Indra gegen die Regenräuberschlange Vritra
entspricht dem Kampf des Donnergottes Thor gegen die Midgardschlange
Jörmungandr.

Rig-Veda 1, 85:
Als Tvastri, der Künstler, die wohlgearbeitete, goldene, tausendzackige Keule gedreht
hatte,
nimmt sie Indra, um Manneswerke zu tun. Er erschlug den Drachen, ließ die Flut der
Gewässer heraus.

Rig-Veda 5, 31:
Die Anus zimmerten Dir für das Roß den Wagen; Tvastri die glänzende Keule, Du
Vielgerufener.

Rig-Veda 6, 17:
Und Tvastri drehte Dir, dem Großen, Du Gewaltiger, die tausendzackige,
*   hundertkantige Keule,*
die zugetane, willfährige, mit der Du den brüllenden Drachen zerschmettertest, Du
*   Trinker des Trestersafts.*

Rig-Veda 10, 48:
Für mich hat Tvastri die eherne Keule geschmiedet; nach mir haben die Götter
*   ihren Willen gerichtet.*

11.   Indra ist dem Tvashtar überlegen

Dieses Motiv zeigt deutlich, daß Indra einst dem Tvashtar untergeordnet gewesen ist, denn sonst wäre dieses Motiv überflüssig. Dies spricht dafür, daß Tvashtar einst ein Urgott, Göttervater o.ä. gewesen ist.

Sowohl bei den Indern als auch bei den Germanen hat der Donnergott (Indra / Thor) den Sonnengott-Göttervater (Dhyaus-Tvashtar / Tyr) abgelöst.

Rig-Veda 1, 80:
Bei Deinem Donnergebrüll, Du Herr des Preßsteins, zittert was steht und geht.
Selbst Tvastri erbebt vor Deinem Grimm aus Furcht, o Indra. – Sie sollen in Dein
*   Selbstlob einstimmen.*

Rig-Veda 3, 48:
Gewaltig, die Mächtigen bezwingend, von überlegener Stärke, hat er nach Belieben
*   seinen Leib gewandelt.*
Von Natur dem Tvastri überlegen, raubte Indra den Soma und trank ihn aus den
*   Gefäßen.*

12.   Dem Tvahstar wird geopfert

Rig-Veda 1, 13:
Den Tvastri lade ich als ersten hierher, der alle Formen besitzt; er soll uns ganz
*   allein gehören.*

Rig-Veda 1.22:

Agni, fahr die willigen Göttergemahlinnen und den Tvastri zum Somatrank her!

Rig-Veda 1, 162:

Dieser Ziegenbock, für alle Götter bestimmt, wird mit dem siegesgewohnten Roß
   vorausgeführt als Anteil des Pusan.
Wenn sie den Bock als willkommenes Voropfer mit dem Rennpferd führen, so
   ermuntert ihn Tvastri zu rühmlichem Werke.

Rig-Veda 1, 162:

Einer ist der Zerleger des Rosses des Tvastri, zwei sind es, die es halten. So ist das
   richtige Verhältnis.
So viele seiner Körperteile ich nach der Reihenfolge herrichte, so viele Klöße
   opfere ich ins Feuer.

Rig-Veda 1, 186:

Auch Tvastri soll zu uns zusammen mit den freigebigen Ahnen am Abend kommen.

Rig-Veda 2, 36:

So kommet denn zu uns wie nach Hause, ihr leicht zu Errufenden; setzet euch auf das
   Barhis, seid fröhlich!
Und berausche Du Dich gern am Trank, o Tvastri, mit dem lieben Gefolge der
   Götter und ihrer Frauen.

Rig-Veda 5, 41:

Ich besinge opferspendend für euch die Gedeihenbringer der Menschen, den
   Vastospati und Tvastri.

Rig-Veda 6, 52:

Indra mit dem Gefolge der Marut, Mitra mit Tvastri und Aryaman sollen an dem
   Loblied, an diesen Opferspenden von uns Gefallen finden.

Rig-Veda 9, 81:

Es sollen uns Pusan, Pavamana, die Gabenreichen, Mitra und Varuna einträchtig
    kommen,
Brihaspati, die Marut, Vayu, die Asvin, Tvastri, Savitri, Sarasvati, die Lenksame!

Rig-Veda 5, 46:

Auch Vishnu und Vata, die keinen Unfall erleiden, der Schätzegeber und Soma mögen
    uns Freude bringen.
Auch die Ribhus sollen uns zum Reichtum ihre Erlaubnis geben und die Asvins,
    Tvastri und Vibhvan.

Rig-Veda 6, 50:

Auch der Gott Savitri, Bhaga, Apam Napat, der Gaben Spendende, sollen uns ihre
    Gunst schenken,
Tvastri zusammen mit den Göttern und ihren Frauen, der Himmel mit den Göttern,
    die Erde mit den Meeren.

Rig-Veda 7, 35:

Zum Glück soll uns Gott Indra mit den Vasus sein, zum Glück Varuna, der segnende,
    mit den Adityas,
zum Glück uns der kühlende Rudra mit den Rudras, zum Glück soll uns Tvastri mit
    den Götterfrauen hier zuhören.

Rig-Veda 10, 92:

Denn diese beiden, Himmel und Erde, die Samenreichen, Narasamsa, der
    Viergliedrige, Yama,
Aditi, Gott Tvastri, Dravinodas, die Rhibuksans, Himmel und Erde, die Marut,
    Vishnu haben den Vorrang.

Rig-Veda 10, 125:

Ich trage den stürmischen Soma, den Tvastri und Pusan, Bhaga. Ich schaffe dem
    Opferspender Reichtum,
dem Somapressenden, Opfernden, der gut zuzusprechen versteht.

Tvashtar ist ein Urgott, der alle Dinge erschaffen hat und sie den Menschen schenkt, die ihm Opfer darbringen.

Tvashtar ist der Vater des Sonnengottes und auch selber der Sonnengott – er hat also große Ähnlichkeit mit dem germanischen Tyr, der dem Urriesen Ymir gleichgesetzt worden ist. Diese Gleichsetzung ist offenbar ein altes indogermanisches Motiv.

Da der Sonnengott sich im Jenseits mit der Muttergöttin wiederzeugt, ist Tvashtar auch zum Erschaffer des männlichen Samens geworden.

Auch das Soma, das eng mit der Wiedergeburt assoziiert worden ist, gehört zu den Mythen des Tvashtar. Für ihn wurde der Kelch hergestellt, in dem das Soma zubereitet und aus dem es anschließend getrunken wurde.

Die Vierzahl der Kelche bestätigt die Auffassung des Tvashtar als Sonnengott, da die „4" ein Symbol der vier Himmelsrichtungen gewesen ist, die man damals nur anhand des Sonnenstandes erkennen konnte.

Die Kuh des Tvashtar ist vermutlich die Jenseitsgöttin, mit der sich der Sonnengott wiederzeugt und die ihn anschließend wiedergebiert.

Als Urgott und Schöpfer ist Tvashtar auch der Herr der Welt – er wird jedoch später in dieser Funktion von Indra abgesetzt, nachdem Tvashtar diesem zuvor noch seine Keule geschmiedet hat. Da Indra dem Thor entspricht, wird Tvashtar vermutlich dem Tyr entsprechen.

Der Schmied Tvhashtar ist zudem eine Analogie zu dem Schmied Wieland (Tyr in der Unterwelt).

In späteren Texten zeugt der Sonnengott mit Tvashtars Tochter Saranyu sowohl die beiden Pferdezwillinge Ashvins (Alcis) als auch das Zwillingspaar Yama und Yima (die beiden ersten Menschen) sowie den dreiköpfigen Sonnengott Vishvarupa, der später von Tvashtar getötet wurde und der sich dann in in den Drachen Vritra verwandelte, der anschließend von Indra getötet wurde.

Im Mahabharata und im Harimvamsa erscheint Tvashtar als Sonnengott.

Tvashtar ist auch in diesen Texten deutlich als der Sonnengott-Göttervater-Urriese zu erkennen, der einst offenbar eine wesentliche Gestalt in den indogermanischen Mythen gewesen ist.

I 2. c) Mitanni

Auch bei dem Volk der Mitanni, das die nächsten Verwandten der Inder und Perser sind, wird Tvashtar erwähnt – allerdings nur in einem Friedensvertrag der um 1380 v.Chr. zwischen dem Hethiter-König Shuppiluliuma und dem Mitanni-König Shattiwaza abgeschlossen worden ist. Daher ist über Tvashtars Funktion in den Mythen der Mitanni leider nichts genaueres bekannt.

Es ist jedoch immerhin anzunehmen, daß Tvashtar auch bei den Mitanni ein dem Königtum nahestehender Gott gewesen sein muß, da er sonst kaum in einem solchen Zusammenhang angerufen worden wäre.

Der mitannische Männername „Tvaisharatha", der „Streitwagen des Tvashtar" bedeutet, zeigt, daß Tvahstar in einem Streitwagen gefahren ist und daher ein Sonnengott oder Kriegsgott oder beides gewesen sein muß, was zu der bisherigen Charakterisierung des Tuisto-Tvashtar paßt.

I 2. d) Indogermanen

Tuisto-Teutates-Tvashtar ist einer der Namen des Sonnengott-Göttervater-Urriesen der Indogermanen gewesen.

- - -

Für die weiteren Zusammenhänge siehe den Band 3 über den ehemaligen Göttervater Tyr und den Band 33 über den Urriesen Ymir.

I 3. lyrische Zusammenfassung

Über den germanischen Gott Tuisto ist zwar kaum etwas bekannt, aber aufgrund der Überlieferungen der Kelten, der Mitanni und vor allem der Inder läßt sich doch ein detailreiches Bild des Tuisto zeichnen. Dies ist möglich, weil zum einen Tuisto offenbar eine ältere Form des Tyr-Ymir ist, über den im Gegensatz zu Tuisto sehr viel bekannt ist, und zum anderen die wenigen Informationen aus der germanischen Überlieferung so gut zu den Überlieferungen der drei anderen Völker passen.

An Tuisto

Tuisto, Du trittst hervor
als Tag aus der Erde;
die alte All-Mutter Audhumbla[1]
öffnet Dir das Alfen-Tor[2].

---

1 Audhumbla = Urkuh
2 Alfen-Tor = Jenseitstor, durch das die Sonne am Morgen in das Diesseits (und am Abend
   in das Jenseits) gelangt

Sohn des hohen Himmels,
Sohn der Heim-behütenden Erde:
komme mildgesonnen jeden Morgen
zu uns Menschen nach Midgard!

Vater des vielbesungenen Mannus[3]
Ahnherr der drei großen Völker:
Leuchte über dem weiten Land
und schütze unsere Leben!

Großvater des Ingwaz, des Istwaz
und des Hermaz – der drei Iwaldi[4];
Gewähre uns gütig Deine Gaben,
Geban[5], zusammen mit Gefion[6].

Mit strahlenden Gliedern steigst Du auf
auf goldenem, rossegezogenem Streitwagen:
der siegreiche Gott der Sonne
im Saal des Windes und der Wolken[7].

Du hast das ganz Niflheim[8] geschaffen
Du hast uns das große Midgard[9] gegeben;
Du kennst den Gold-Weg[10] über den Gjallar[11] –
Du bist der Goldene, der Göttervater!

Tyr, Zwillingsbruder des tückischen Loki[12]:
Täglich gehst Du zweimal den Helweg;
Gott des warmen, sonnigen Sommers:
Schaden droht Dir von Loptr[13] dem Listigen.

---

3   Mannus = der erste Mensch
4   Iwaldi = Allherrscher
5   Geban = „Geber" = Beiname des Tyr oder des Freyr
6   Gefion = „Gebende" = Freya
7   Saal des Windes und der Wolken = Himmel
8   Niflheim = „Nebelheim" = Jenseits
9   Midgard = „Mittel-Ort" = Erde, Diesseits
10 Gold-Weg = Gold-bedeckte Brücke über den Jenseitsfluß
11 Gjallar = Jenseitsfluß
12 Loki ist der Wintergott und daher der Feind des Sommergottes Tyr
13 Loptr = Loki

Ymir, Erster aller Riesen,
auf Deiner Weite leben alle Wesen;
Du bist selber das Land
und Du bist sein Erschaffer!

Dein Weg durch die Welten
ist ein weiter, endloser Kreis:
Tod in den Wassern der Unterwelt,
Wiederzeugung mit der Göttin der Erde,

Wiedergeburt im Dunkel des Wild-Waldes[14],
Wiederstillen am Fuß des Weltenbaums,
Rückkehr an Rindrs Rand[15] am Morgen –
wir rufen Dich in der Dämmerung[16]!

Im Hügel-Haus des Mondes[17],
im hohlen Berg der Hindin[18]
wirst Du zu Deinem eigener Vater[19],
der sich dann strahlend wieder erhebt[20].

Du vereinst[21] Dich in jeder Nacht
mit den Disen[22] an dem dunklen Ort:
Du bist der Freund der Frauen:
sie geben Dir Freude und uns die Sonne[23]!

---

14 Wild-Wald = Jenseitswald (auch: „Myrkvid" = „Düsterwald")

15 Rindr = Erdgöttin; ihr Rand = Horizont

16 in der Dämmerung rufen = morgendliche Anrufung der Sonne (das zentrale Ritual der
    Indogermanen)

17 Hügel-Haus = Hügelgrab; Hügel des Mondes = Hügelgrab

18 Hindin = Hirschkuh = Jenseitsgöttin bei der Wiederzeugung und bei der Wiedergeburt; ihr
    Berg = Hügelgrab

19 der eigene Vater sein = durch die Wiederzeugung wurde der Sonnengott zu seinem eigenen
    Vater, da er mit dem von ihm gezeugten Sohn, als der er am Morgen wiedergeboren wird,
    identisch ist

20 der sich strahlend erhebt = Sonnengott am Morgen

21 sich vereinen = Wiederzeugung

22 Dise = Göttin

23 die Frau gibt uns die Sonne = die Göttin gebiert die Sonne am Morgen

Du bist der Schöpfer des Samens,
der strahlenden Stärke der Männer;
Du Gütiger hilfst uns bei Geburten,
das Geschenk vieler Kinder gibst Du uns!

Du läßt die Herden, die wir hüten,
wachsen zur Freude der Hirten;
Du förderst die weiten Felder
und läßt Flachs und Getreide wachsen!

Du kennst das große Geheimnis:
die Gabe der Unsterblichkeit –
die Verwandlung des verfallenden Alters
zu neuer Jugend in der Fülle der Kraft!

Du gibst uns ein langes Leben –
Leid-arm und Lust-reich –
auf den weiten Weiden
und in den Wäldern von Midgard.

Schaue friedlich und freundlich auf uns,
daheim und in fernen Ländern;
sei uns wohlgesonnen, Strahlender –
Du und die alle beschützende Göttin.

Dich, Tuisto, rufen wir zum Opfertrank,
Dich bitten wir als ersten an den Gabentisch,
Dich, den Herrn der Welt, den Hilfsbereiten,
der gerne kommt zu den Hütern des Feuers[24].

Du erschaffst den süßen Met der Götter[25] –
Golden strahlt er in der Schale! –
voller Honig und milder Milch:
Du bist Kwasir[26], der mächtige Asen-Trank!

---

24 Hüter des Feuers = Priester
25 Der Göttermet machte einst unsterblich; später gab er nur noch die Dichtergabe.
26 Kwasir = der Göttermet als personifiziertes mythologisches Wesen

Vier Kelche in vier Richtungen[27],
vier Hörner voller Met,
vier Becher, die Du täglich trinkst,
vier Gaben, die Dir Leben geben!

Wir singen alte Lieder am Saum des Tages[28],
loben Dich, den Schönen, Hellen, Goldenen;
Gewähre uns die Gabe des Dichtens,
damit wir Gottes-Verse schaffen können!

Du bist der Starke und der Seher,
der Freund der Suchenden, der Priester;
der gütige Gefährte der Weisen,
das ganze Glück des Diars[29].

Gott mit den schönen Gliedern – komme!
Gott mit den schönen Armen – komme!
Gott mit den geschickten Händen – komme!
Gott mit den schönen Fingern – komme!

Hilf' uns bei unse'rem Handwerk,
erschaffe auch mit uns'ren Händen
kunstfertig schöne Formen,
so wie Du alles am Anfang gefertigt hast[30].

Du gibst uns Menschen das Rad der Richtigkeit[31],
die Gebote, die uns auf uns'rer Lebenreise leiten;
Du lenkst das Geschick der Gestirne,
und Du gibst uns alles, was wir brauchen.

---

27 Die „4" ist die Zahl der Himmelsrichtungen und daher sekundär auch die Zahl der Sonne, da man die Himmelsrichtungen vor der Erfindung des Kompasses nur anhand des Sonnenstandes erkennen konnte.

28 Saum des Tages = Rand des Tages = Abend und Morgen; Gesang zu diesen Zeitpunkten = morgendliche und abendliche Sonnenhymne

29 Diar = Tyr-Priester

30 am Anfang fertigen = Tuisto hat die Welt erschaffen.

31 Richtigkeit = das Passende, Schöne, Harmonische, Effektive, Wirksame, Gedeihende; diese Richtigkeit wird bei den Indogermanen durch das Rad und durch die Harfe symbolisiert; Diese Richtigkeit ist der zentrale Begriff in vielen frühen Kulturen.

Du bist der Güter-Reiche, Gaben-Frohe,
Glück-Verschenker, Reichtum-Spender,
Herden-Mehrer, Heim-Beschützer,
der huldreich uns Menschen begleitet.

I 4.   Traumreise zu Tuisto

„Tuisto, ich möchte Dich gerne besser kennenlernen. "

„Warum? "

„Hm ... ich schreibe gerade Bücher über die germanischen Götter und die germanische Religion und da möchte ich möglichst nichts Falsches schreiben und deshalb versuche ich auf alle Arten herauszufinden, wie das damals gewesen ist. "

„ Und warum willst Du das? "

„Naja, die germanische Religion ist ja eine der Wurzeln unserer Kultur hier – und ich hab' gemerkt, daß es mir guttut, wenn ich diese Wurzeln bewußt habe, also wenn ich die wirklich wahrnehme und benutze und durch sie Halt bekomme und Bilder, die mich nähren. ... Fragst Du das, weil Du ein Urgott bist? "

„Nicht nur – Du solltest nichts tun, was nicht nahrhaft ist, was nicht effektiv ist, was nicht geradlinig ist, was Dich nicht direkt zu Deinem Ziel führt. "

„Hm ... ist das Deine Qualität, Tuisto? "

„Ja – geradlinig, direkt, effektiv und nahrhaft. "

„Hm ... habe ich das richtig erkannt, daß Du ... ja ... daß Du so eine Mischung aus Tyr und Ymir bist, die sich ja auch später in der germanischen Religion dann findet? "

„In etwa – die Betonung liegt mehr auf dem Urahn als auf dem Göttervater und dem Urriesen. Ich bin auch der Urmensch – also mehr der Urmensch-Aspekt des Ymir als der Urriesen-Aspekt des Ymir. "

...

„Hm – gibt es etwas, was Du mir sagen möchtest oder wovon Du möchtest, daß es in diesem Buch steht? "

...

„Nichts Bestimmtes, nein. "

...

„Gibt es eine Situation, in der es sinnvoll ist, daß wir uns an Dich wenden? "

„Das, was ich gesagt habe – eben: Wenn ihr merkt, daß ihr nicht klar und geradlinig und effektiv das tut, was ihr tatsächlich wollt. ... Ich bin der Urahn – ich konnte das nur werden, weil ich diese Eigenschaften habe. "

...

„*Hm ... das ist nicht speziell kriegerisch, oder?*"

„*Nein. Das ist einfach sinnvoll und effektiv und wirksam.*"

...

„*Hm ... sozusagen das Gegenteil von Unklarheit und Energieverschwendung und Ersatzhandlungen, oder? Und von Verdrängungen?*"

„*Ja. ... Das ist Geradlinigkeit oder man könnte es auch das 'Strahlen' nennen.*"

...

„*Danke, Tuisto, vielen Dank! ... Das war jetzt wieder sehr unerwartet.*"

„*Dafür machst Du ja auch diese Reisen.*"

...

„*Danke.*"

„*Bitteschön.*"

„*Ho!*"

II Mannus

II 1. Mannus in der germanischen Überlieferung

II 1. a) Tacitus: Germania

Die Textstelle in der „Germania", in dem Tacitus über Manu berichtet, lautet:

„In ihren alten Liedern, die bei ihnen die einzige Form von Aufzeichnung und Geschichtsschreibung sind, feiern sie den Tuisto, einen Gott, der aus der Erde entsprungen ist, und dessen Sohn Mannus, als die Väter und Gründer des Volkes.

Dem Mannus schreiben sie drei Söhne zu, nach denen die ganzen Stämme benannt wurden: die Ingväonen, die am Meer wohnen, die Hermionen, die im mittleren Land wohnen, und die der ganze Rest, die Istväonen."

Der Name „Tuisto" des ersten Gottes bedeutet „Zweifacher, Zwilling" – er ist der Urgott-Göttervater Tyr-Ymir.

Der Name „Mannus" bedeutet „Mensch" und könnte dem Riesen Aurgelmir, dem Sohn des Ymir, entsprechen. Im Indogermanischen und im Altindischen und im Altpersischen bedeutet „manu" schlicht „Mann". „Mannus" könnte somit der erste Mensch gewesen sein.

Die Namen der drei Söhne des Mannus könnten in etwa „Ingwaz", „Hermaz" und „Istwaz" gelautet haben. Diese drei Götter repräsentieren die drei Stände (Krieger, Priester, Bauern).

„Ingwaz" könnte evtl. der „Jüngling" sein, „Hermaz" könnte mit dem griechischen Seelenführer „Hermes" und somit mit dem germanischen Seelenführer Odin verwandt sein, während die Bedeutung von „Istwaz" ganz unklar ist.

Falls die Deutung von „Hermaz" als Seelenführer und somit als Priester zutreffen sollte, müßten „Ingwaz" und „Istwaz" der Krieger und der Bauer sein. Aufgrund des Charakters des „Yngvi-Freyr" sollte „Ingwaz" der Bauer und „Istwaz" der Krieger sein.

Diese Deutung ist zwar gut denkbar, aber aufgrund der sehr spärlichen Überlieferung doch sehr unsicher.

Vermutlich ist „Mannus" mit dem ersten Menschen „Ask" („Esche") und mit „Lifthrasir", dem Überlebenden des Ragnarök, identisch.

II 1. b) Zusammenfassung

Der Name „Mannus" des Vaters der drei Ahnherren der drei Urstämme der Germanen bedeutet „Mensch, Mann".

Da Tuisto, der Vater des Mannus, ein Gott ist, sollte auch Mannus ein Gott und kein Riese sein – wofür auch schon sein Name spricht.

Die Man-Rune ist wahrscheinlich nach „Mannus" benannt worden.

II 2. Mannus in der indogermanischen Überlieferung

II 2. a) Inder

Der Urahn Mannus ist zwar außer von den Germanen nur noch von den Indern bekannt, aber da Manu auch bei den Indern der Urmensch ist und zudem als der Sohn des Tvashtar (der dem Mannus-Vater Tuisto entspricht) angesehen wird, ist anzunehmen, daß „Manu" schon bei den Indogermanen der Name des ersten Menschen gewesen ist.

Bei den Germanen ist Tuisto der „erdentsprungene" Vater des Mannus – bei den Indern ist Tvashtar der alte Sonnengott-Göttervater und der Sohn des dreiköpfigen jungen Sonnengottes Vishvarupa.

Mannus und Tuisto		
	Germanen	*Inder*
Vater	Tuisto „erdentsprungen" = die Erde = Ymir = Sonnengott-Göttervater	Tvashtar alter Sonnengott-Göttervater, Schmied (=Wieland), Schöpfer der Welt
Sohn	Mannus Urahn der Menschen	Manu junger Sonnengott-Göttervater; seine Leiche verwandelte sich in den Drachen Vritra

Die Übereinstimmung zwischen Tuisto und Tvashtar sowie zwischen Mannus und Manu wird noch größer, wenn man bedenkt, daß bereits bei den Indogermanen der

Sonnengott-Göttervater als das rangmäßig erste Wesen mit dem Urriesen als dem altersmäßig ersten Wesen gleichgesetzt worden ist:

Tuisto-Tvashtar ist der Urriese und der alte, sterbende Sonnengott-Göttervater; er ist auch schon der Schmied im Jenseits gewesen, der bei den Germanen Wieland hieß.

Mannus-Manu ist der erste Mensch und der junge, wiedergeborene Sonnengott-Göttervater.

Die alltägliche Wiedergeburt der Sonne ist auch damals schon der Geburt des Ersten Menschen gleichgesetzt worden.

Die Überlieferung der Inder über Manu ist ungleich größer als die germanische Überlieferung über Mannus:

1. Manu ist der Urahn der Menschen

Rig-Veda 3, 3:
Manus Volk

„Manus Volk" = Inder

Rig-Veda 7, 100:
Über diese Erde schritt Vishnu mit mächtigen Schritten, bereit, sie dem Manu als Heim zu geben.

Die Germanen nannten die Erde in ganz ähnlicher Weise „Man-Heim".

Rig-Veda 4, 26:
Er (Savitar) *veteilt Wohlstand an Manus Nachkommen.*

Rig-Veda 10, 62:
(über den Opfernden)
Heißt den Sohn des Manu willkommen, ihr, die ihr am allerweisesten seid!

Rig-Veda 1, 45:

Verehre die Vasus, Agni! Und die Rudras hier, die Aditias, alle,
die von Manu entsprungen sind, die die schönen Riten kennen, die ihren Segen
  hernieder strömen lassen.

Rig-Veda 1, 114:

Welche Gesundheit und Stärke unser Vater Manu auch immer durch Opferungen
  erlangt haben mag – mögen wird diese durch Deine (Rudras) *Führung erhalten!*

Rig-Veda 1, 68:

Als Priester mit Manus Nachkommen sitzend, ist er allein der Herr aller dieser
  Schätze.

    „Manus Nachkommen" = Inder

2.   Manu ist der erste Priester

Rig-Veda 1, 31:

Wie einst zu Manu, zu Yayati, zu Angiras; so komme Du, Angiras, reiner Agni, in
  unsre Halle!

Rig-Veda 7, 2:

Wir werden für immer das Opfer loben, so wie die die Menschen tun: Agni, den Manu
  entfacht hat.

Rig-Veda 10, 69:

O Agni, den Manu und Sumitra entfacht haben!

3.   Manu ist das Vorbild aller Priester

Rig-Veda 1, 14:

Von Manu zu unserem Priester bestimmt, sitzt Du, Agni, bei jedem Ritual:
Heilig ist Dein Opfer!

Rig-Veda 1, 13:
Agni, Verehrter, bringe auf Deinem allerschnellsten Streitwagen die Götter hierher:
Manu hat Dich zum Priester bestimmt.

Agni = Feuer, Feuergott

Rig-Veda 5, 21:
(über Agni, das Feuer)
Wir richten Dich auf, wie es Manu tat; so wie Manu es tat, entzünden wir Dich;
Wie Manu verehrt der ehrfürchtige Mann, Angiras, Agni und die Götter.

Rig-Veda 1, 44:
Wir werden wie Manu Dich aufrichten, Agni, Durchführer des Rituals,
Anrufer, helfender Priester, überaus Weiser, der schnelle, unsterbliche Bote.

4. Manu ist das Vorbild in allen Dingen

Rig-Veda 8, 30:
Führe uns nicht von dem Pfad unserer Väter und des Manu fort in die Ferne!

Rig-Veda 8, 22:
Ihr mit eurem Pflug: Möge euch Manu mit seiner Hilfe begünstigen, der die erste
Ernte unter dem Himmel gepflügt hat.

Rig-Veda 3, 3:
Durch Manus Gesetz wurde dieser Agni geboren, der allergeschickteste Priester –
geboren für das heilige Werk derer, die sich danach sehnen, ja, die für dieses heilige
Werk geboren wurden.

5. Die Menschen opfern dem Manu

Rig-Veda 4, 26:

Er brachte Manu, dem von den Göttern Geliebten, Opfergaben.

6. Indra identifiziert sich mit Manu

Rig-Veda 4, 26:
Indra spricht:
Einst war ich Manu. Ich war Surja.

Surja = Sonne

Rig-Veda 8, 10:
Gedenkt Kanvas Sohn, wenn ihr das Opfer für Manu bereitet.

6. sonstige

Rig-Veda 8, 96:
Du, Shakra, trankst mit Manu, der Vivasvan genannt wurde, den Soma-Trank.

Vivasvan = Sonnengott

Rig-Veda 5, 45:
Wohlan! Wir wollen das Gebet verrichten, ihr Freunde, durch das die Mutter den Pferch der Kuh aufschloß,
durch das Manu den wandernden Händler besiegte, durch das der wandernde Händler die Wasser des Himmels erlangte.

Rig-Veda 10, 63:
Wer opfert euch euren Lobgesang, den ihr annehmt, o all ihr Götter des Manu – soviele wie ihr seid?

- - -

Für die weiteren Zusammenhänge des Mannus mit dem Urriesen Ymir siehe den Band 33 über Ymir.

II 3. lyrische Zusammenfassung

Wie bei Tuisto und Tvashtar passen auch bei Mannus und bei Manu die germanische und die indische Überlieferung so gut zusammen, daß man aus ihnen die früheren Mythen des Mannus rekonstruieren kann.

Mannus

Mannus, erster der Menschen,
erster Mann, Tuisto-Sohn[32]!
Wir singen morgens die Man-Rune für Dich[33],
damit Dein mächtiger Geist uns erfüllt!

Du bist Lifthrasir, der letzte Lebende[34],
Du bist Ask, der dem lebenden Holz entsprang[35];
Du bist der Urahn der Menschen in Midgard
und wir sind Deine Kinder: Manus Volk.

Dein milder Vater erschuf Man-Heim[36]:
Du hast es am Morgen der Zeiten verteilt
an Deine starken Söhne Ingwaz und Hermaz
und Istwaz – all die Steppen und Wälder!

---

32 Tuisto = Urgott (Tyr-Ymir)
33 morgens singen = morgendliche Sonnenhymne
34 Lifthrasir überlebte zusammen mit seiner Frau Lif den Ragnarök im Weltenbaum; von ihm stammen die neuen Menschen nach diesem Weltenbrand ab.
35 Die Asen erschufen Ask und seine Frau aus dem Holz einer angeschwemmten Esche und einer Ulme – sie waren die beiden ersten Menschen.
36 Man-Heim = Menschen-Welt

Du warst der erste Priester und Weise –
Ich bin Dein Sohn, Mannus, am Wiesenaltar;
Du hast das erste Opferfeuer entfacht –
nun entzünde ich die Flamme der Götter.

Du hast uns das Gesetz gegeben,
die Gebote des Mannus, den weisen Pfad;
Du hast uns das Rad der Richtigkeit[37] gelehrt,
das vollkommen Runde, Deine Schöpfung.

Du bist die Sonne als Sohn,
Tuisto ist der Strahlende[38] als Vater;
Du erhellst die weite Welt:
Du bist der täglich Wiedergeborene.

II 4.   Traumreise zu Mannus

„Mannus – ich würde Dich gerne besser kennenlernen."

„Du bist schon bei Tuisto gewesen. Ich bin nur ein anderer Name für Tuisto. Ich werde als sein Sohn aufgefaßt, aber ich bin der Mensch, der Erste Mensch. Das ist ein anderer Name für Tuisto. Von daher kann ich Dir nur dasselbe erzählen."

...

„Danke, Mannus – das leuchtet ein."

...

„Normalerweise hat auch Tyr die drei Söhne – und Tuisto ist derselbe wie Tyr."
„Ja."

„Das ist die Erklärung dafür, warum ich und nicht Tuisto die drei Söhne hat – denn ich und Tuisto sind derselbe."

...

„Danke, Mannus!"
„Bitte."
„Ho!"

---

37 Das runde Rad und die gestimmte Harfe waren die beiden indogermanischen Symbole der Richtigkeit, Harmonie, Schönheit, Effektivität und Wirksamkeit.

38 Strahlender = Sonne

III Istwaz

III 1. Istwaz in der germanischen Überlieferung

III 1. a) Tacitus: Germania

Die Existenz dieses Gottes läßt sich nur aus der schon angeführten Textstelle in der „Germania", in dem Tacitus um ca. 100 n.Chr. über die Germanen berichtet, erschließen.

Diese Passage lautet:

„In ihren alten Liedern, die bei ihnen die einzige Form von Aufzeichnung und Geschichtsschreibung sind, feuern sie den Tuisto, einen Gott, der aus der Erde entsprungen ist, und dessen Sohn Mannus, als die Väter und Gründer des Volkes.

Dem Mannus schreiben sie drei Söhne zu, nach denen die ganzen Stämme benannt wurden: die Ingväonen, die am Meer wohnen, die Hermionen, die im mittleren Land wohnen, und die der ganze Rest, die Istväonen. "

Der Name „Tuisto" des ersten Gottes bedeutet „Zweifacher, Zwilling".

Der Name „Mannus" bedeutet „Mensch" und könnte dem Riesen Aurgelmir, dem Sohn des Ymir, entsprechen.

Die Namen der drei Söhne des Mannus könnten in etwa „Ingwaz", „Hermaz" und „Istwaz" gelautet haben. Diese drei Götter sind vermutlich eine Variante der Götterdreiheit der Indogermanen, die die drei Stände (Krieger, Priester, Bauern) darstellen.

„Ingwaz" könnte evtl. der „Jüngling" bedeuten – aus ihm wurde später der Gott Yngvi.

„Hermaz" bedeutet „Mächtiger" und könnte mit dem griechischen Seelenführer „Hermes" und somit mit dem germanischen Seelenführer Odin verwandt sein.

Die Bedeutung von „Istwaz" ist jedoch gänzlich unklar. Mit ihm sind die beiden germanischen Personennamen „Istaevo" und „Istio" verwandt.

Da „Hermaz", der später „Irmin" genannt wurde, sowie „Ingwaz", der später „Yngvi" genannt wurde, beide Urahnen und Göttervater sind, sollte dies auch für „Istwaz" zutreffen.

III 1. b)   Zusammenfassung

Die Bedeutung des Namens „Istwaz" ist leider unbekannt. Da seine beiden Brüder „Hermaz" („Irmin") und „Ingwaz" („Yngvi") Urahnen und Götterväter, d.h. genauer gesagt Göttervater-Söhne sind, sollte dies auch für „Istwaz" zutreffen. Er wird daher recht wahrscheinlich der Urahn und der Göttervater-Sohn des Germanenstammes der Istväonen gewesen sein.

III 2.   Traumreise zu Istwaz

„Istwaz?"

„Ja?"

„Ich würde Dich gerne besser kennenlernen."

...

„Was willst Du denn wissen?"

„Zum Beispiel, ob ihr drei Götter Istwaz, Hermaz und Ingwaz, ob ihr den drei Ständen entsprecht."

...

„Nur lose ... Die Dreizahl war auch schon zur Zeit von Tacitus bei den Germanen hin und wieder etwas ungenau. ... Das mußten halt drei sein, damit das den drei Ständen entspricht."

...

„Hm ... bist Du dann einfach der Urahn der Istwäonen?"

„Ja."

„Gibt es da sonst noch etwas zu zu sagen?"

„Nein."

„Danke, Istwaz."

„Bitteschön."

„Ho!"

IV   Wili und We

IV 1.   Wili und We in der germanischen Überlieferung

IV 1. a)   Die Namen „Wodan", „Wili" und „We"

Der Name „Wodan" bzw. „Odin" bedeutet „Ekstase"; der Name „Wili" oder „Vili" bedeutet „Wille"; und der Name „We" oder „ve" bedeutet „das Geweihte, Heiligtum, Priester".

Diese drei Namen bildeten im Germanischen den Stabreim „Woden, Wili, We". Im Proto-Germanischen hießen diese drei Götter „Wodinaz, Wilijon, Wähaz".

„Wodinaz" ist die Ekstase, die Wahrsagung, die Kenntnis des Jenseits und allgemein die Magie. „Wilijon" ist der Wille, die Absicht und die planende Vorstellung. „Wähaz" ist schließlich die magisch-spirituelle Kraft oder der Ahn bzw. die Gottheit, die nach einer Weihung in einem Gegenstand weilt.

In dem um 950 in England verfaßten „Exeter-Buch" finden sich viele Gedichte, Rätsel u.ä. der Angelsachsen. In einem dieser Gedichte findet sich der Vers: *„Woden worhte weos"*, der „Wodan wirkte Weihe" bedeutet. Dieser Vers besteht aus den drei Gottesnamen Wotan, Wili und We – in dem Vers ist lediglich der Gottesnamen „Wili" in das Verb „wollen, bewirken" umgewandelt worden.

Diese drei Namen scheinen damals recht geläufig gewesen zu sein.

IV 1. b)   Gylfis Vision

Die Bedeutung dieser Götterdreiheit wird am ausführlichsten in „Gylfis Vision" beschrieben:

Da frug Gangleri: „ Wo wohnte Ymir? Oder wovon lebte er? "
Har antwortete: „Als das Eis auftaute und schmolz, entstand die Kuh, die Audhumla hieß, und vier Milchströme rannen aus ihrem Euter; davon ernährte sich Ymir. "
Da frug Gangleri: „Wovon nährte sich die Kuh? "
Har antwortete: „Sie beleckte die Eisblöcke, die salzig waren, und den ersten Tag, da sie die Steine beleckte, kam aus den Steinen am Abend Menschenhaar hervor, den andern Tag eines Mannes Haupt, den dritten Tag war es ein ganzer Mann, der hieß Buri. Er war schön von Angesicht, groß und stark und gewann einen Sohn, der Bör

hieß. *Der vermählte sich mit Bestla, der Tochter des Riesen Bölthorn; da gewannen sie drei Söhne: der eine hieß Odin, der andere Wili, der dritte We. Und das ist mein Glaube, daß dieser Odin und seine Brüder Himmel und Erde beherrschen."*

Da frug Gangleri: „Wie vertrugen sich diese mit Ymir, und welcher war der Stärkere?"

Har antwortete: „Börs Söhne töteten den Riesen Ymir, und als er fiel, da lief so viel Blut aus seinen Wunden, daß sie darin das ganze Geschlecht der Hrimthursen ertränkten bis auf einen, der mit den Seinen davon kam: den nennen die Riesen Bergelmir. Er bestieg mit seinem Weib ein Boot (Wiege) und rettete sich so, und von ihm kommt das (neue) Hrimthursengeschlecht, wie hier gesagt ist:

Im Anfang der Zeiten vor der Erde Schöpfung
Ward Bergelmir geboren.
Des gedenk ich zuerst, daß der altkluge Riese
Im Boot geborgen ward."

Da frug Gangleri: „Was richteten die Söhne Börs aus, daß Du sie für Götter hältst?"

Har antwortete: „Davon ist nicht wenig zu sagen. Sie nahmen Ymir und warfen ihn mitten in Ginnungagap und bildeten aus ihm die Welt: aus seinem Blut Meer und Wasser; aus seinem Fleisch die Erde; aus seinen Knochen die Berge, und die Steine aus seinen Zähnen, Kinnbacken und zerbrochenem Gebein."

Da sprach Jafnhar: „Aus dem Blut, das aus seinen Wunden geflossen war, machten sie das Weltmeer, festigten die Erde darin und legten es im Kreis um sie her, also daß es die meisten unmöglich dünken mag, hinüber zu kommen."

Da sprach Thridi: „Sie nahmen auch seinen Hirnschädel und bildeten den Himmel daraus, und erhoben ihn über die Erde mit vier Ecken oder Hörnern, und unter jedes Horn setzten sie einen Zwerg; die heißen Austri, Westri, Nordri, Sudri.

Dann nahmen sie die Feuerfunken, die von Muspelheim ausgeworfen umherflogen, und setzten sie an den Himmel, oben sowohl als unten, um Himmel und Erde zu erhellen. Sie gaben auch allen Lichtern ihre Stelle, einigen am Himmel, andere lose unter dem Himmel (Planeten) und setzten einem jeden seinen bestimmten Gang fest, wonach Tage und Jahre berechnet werden.

So wird in alten Sagen erzählt und so heißt es in der Wöluspa:

Die Sonne wußte nicht wo sie Sitz hätte,
Der Mond wußte nicht was er Macht hätte,
Die Sterne wußten nicht wo sie Stätte hatten."

Da sagte Gangleri: „Das sind merkwürdige Dinge, die ich da höre; ein großes

Gebäude ist das und sehr künstlich gebildet. Wie war die Erde beschaffen?"

Har antwortete: „Sie ist außen kreisrund und rings umher liegt das tiefe Weltmeer. Und längs den Seeküsten jenseits gaben sie den Riesengeschlechtern Wohnplätze, und nach innen rund um die Erde machten sie eine Burg wider die Anfälle der Riesen, und zu dieser Burg verwendeten sie die Augenbrauen Ymirs des Riesen und nannten die Burg Midgard. Sie nahmen auch sein Gehirn und warfen es in die Luft und machten die Wolken daraus, wie hier gesagt ist:

Aus Ymirs Fleisch ward die Erde geschaffen,
Aus dem Schweiße die See,
Aus dem Gebein die Berge, die Bäume aus dem Haar,
Aus der Hirnschale der Himmel.

Aus den Augenbrauen schufen gütge Asen
Midgard den Menschensöhnen;
Aber aus seinem Hirn sind alle hartgemuten
Wolken erschaffen worden."

Da sprach Gangleri: „Großes dünken sie mich vollbracht zu haben, da sie Himmel und Erde geschaffen, die Sonne und das Gestirn geordnet, und Tag und Nacht geschieden hatten; aber woher kamen die Menschen, welche die Erde bewohnen?"

Har antwortete: „Als Börs Söhne am Seestrand gingen, fanden sie zwei Bäume. Sie nahmen die Bäume und schufen Menschen daraus. Der erste gab Geist und Leben, der andere Verstand und Bewegung, der dritte Antlitz, Sprache, Gehör und Gesicht.

Sie gaben ihnen auch Kleider und Namen: den Mann nannten sie Ask und die Frau Embla, und von ihnen kommt das Menschengeschlecht, welchem Midgard zur Wohnung verliehen ward.

Danach bauten sie sich eine Burg mitten in der Welt und nannten sie Asgard. Da wohnten die Götter und ihr Geschlecht und manches trug sich da zu, davon erzählt wird auf Erden und in den Lüften.

In der Burg ist ein Ort, der Hlidskialf heißt, und wenn Odin sich da auf den Hochsitz setzt, so übersieht er alle Welten und aller Menschen Tun und weiß alle Dinge, die da geschehen."

Odin, Wili und We haben somit die Welt inklusive Midgard, Asgard und den Menschen erschaffen.

Die Abstammungslinie „Buri – Burr – drei Söhne" wird auch schon von Tacitus berichtet: „Tuisto – Mannus – drei Söhne". Die Herkunft der drei Götter-Brüder von den Riesen ist ein bei den Indogermanen weitverbreitetes Thema. Am bekanntesten sind sicherlich Zeus, Hades und Poseidon, die von den Titanen abstammen.

IV 1. c)   Die Vision der Seherin

In diesem Lied wird ebenfalls die Erschaffung der Menschen beschrieben, wobei hier auch angegeben wird, welcher der drei Götter den beiden ersten Menschen welche Gabe schenkte.

Der Name Odin ist in beiden Götterdreiheiten identisch; Hönir entspricht dem Priestergott Ve; und Lodur (Loki) ist identisch mit Wili.

Gingen da drei aus dieser Versammlung,
Mächtige, milde Asen zumal,
Fanden am Ufer unmächtig
Ask und Embla und ohne Bestimmung.

Besaßen nicht Seele, und Sinn noch nicht,
Nicht Blut noch Bewegung, noch blühende Farbe.
Seele gab Odin, Hönir gab Sinn,
Blut gab Lodur und blühende Farbe.

Die Gaben der drei Brüder an die ersten Menschen			
Gott		*Gabe*	
Seherin	*Gylfi*	*Die Vision der Seherin*	*Gylfis Vision*
Odin	Woden (Odin)	Seele	Geist, Leben
Lodur	Wili (Vili)	Blut, blühende Farbe	Verstand, Bewegung
Hönir	We (Ve)	Sinn	Antlitz, Sprache, Gehör, Sehen

Die Reihenfolge, in der die drei Götter in „Gylfis Vision" erscheinen („der erste …, der zweite …, der dritte …."), scheint festgelegt zu sein, da sie der Folge „Woden, Wili, We" entspricht. Die Folge „Odin, Hönir, Lodur" weicht jedoch von dieser Reihenfolge ab, da Hönir dem We entspricht.

Die Zuordnung der Aspekte der Menschen zu diesen drei Göttern ist recht deutlich:

Die Aufgabenbereiche der drei Brüder-Götter			
Gott		*Wesen des Gottes*	
Gott	*Bedeutung des Namens*	*Gabe an die Menschen*	*Grundqualität*
Woden/ Odin	Ekstase, Wahrsagung, Jenseits-Kenntnis, Magie	Seele; Geist, Leben	Bewußtheit
Wili/ Lodur	Wille, Absicht, planende Vorstellung	Blut, blühende Farbe; Verstand, Bewegung	Tat
We/ Hönir	Weihe, magisch-spirituelle Kraft, Kontakt zu Ahnen und Göttern	Sinn; Antlitz, Sprache, Gehör, Sehen	Lebenskraft

IV 1. d) Gylfis Vision

Die drei Götter erscheinen in Gylfis Vision auch als „Har" („Hoch"), „Jafnhar" („Ebenso-Hoch") und „Thridi" („Dritter"). Da Odin in der Regel der erstgenannte Gott in diesen Götter-Dreiheiten ist, aber auch „Tveggi" („Zweiter") und „Thridi" („Dritter") genannt werden konnte, läßt sich bei diesen drei Namen keine eindeutige Zuordnung mehr finden. Die drei Götter „Woden, Wili, We" scheinen hier zu drei Aspekten des Odin verschmolzen zu sein.

Er (Gangleri) *sah drei Hochsitze, einen über dem andern, und auf jedem saß ein Mann. Er fragte, wie die Namen dieser Häuptlinge wären.*

Sein Führer antwortete: der in dem untersten Hochsitz sitze, sei ein König und heiße Har (der Hohe)*; der im nächsten heiße Jafnhar* (der Ebenhohe)*, und der im obersten heiße Thridi* (der Dritte)*.*

IV 1. e) Huldar-Saga

In dieser Saga werden Wili und We zwar erwähnt, aber nichts näheres über sie erzählt:

Nun geschah es, daß König Svegdir auf der Suche nach Odin in einen Stein (Hügelgrab) *eintrat, 'wie der Skalde Thjodolfr singt', und nicht mehr zurückkam. Sein Nachfolger in Schweden war sein junger Sohn Vanlandi.*

Himinleyr hatte einen Sohn Namens Haddbroddr. Himinleyrs Frau hatte bereits vier Söhne, welche Hundingr, Hemnigr, Vili und Ve hießen.

IV 1. f) Heimskringla

In einem in der Heimskringla zitierten Lied des Thjodolfr von Hvini wird Vanlandi der *„Bruder des Wili"* genannt.

IV 1. g) Gesta danorum

Auch in der „Gesta danorum" („Geschichte der Dänen") des Mönches Saxo grammaticus („Saxo der Schriftkundige") erscheint Odin in den drei Gestalten des Woden (Krieger), des Wili (Schmied) und des We (Heiler). Dies entspricht der Auffassung des Har, des Jafnhar und des Thridi als drei Aspekten des Odin.

Dem Bericht merkt man an vielen Stellen die Haltung des Mönches Saxo an, der zum einen möglichst genau berichten, aber zum anderen die Dinge auch aus christlicher Sicht erklären will.

Odin begann jedoch, obwohl er als der Oberste der Götter angesehen wurde, sich bei den Sehern und Wahrsagern sowie bei allen anderen, von denen er gehört hatte, daß sie in den fortgeschrittensten Formen der Wahrsagung geübt waren, nach einer Möglichkeit zu erkundigen, seinen Sohn zu rächen. Denn die Gottheit, die unvollkommen ist, benötigt oft die Hilfe der Menschen.

Rostioph der Finne verkündete ihm, daß ihm ein weiterer Sohn geboren werde müßte – von Rinda, der Tochter des Königs von Lithauen. Diesem Sohn war es bestimmt, die Bestrafung für den Mord ans einem Bruder durchzuführen, denn die Götter hatten es festgelegt, daß dieser Bruder, der erst noch geboren werden mußte, die Aufgabe erhielt, seinen Verwandten zu rächen.

Odin verbarg sein Gesicht, als er dies hörte, hinter einer Kapuze, damit sein Antlitz ihn nicht verraten würde, und trat als Söldner in den Dienst des besagten Königs; und nachdem er von ihm zu einem Anführer der Soldaten gemacht wurde und ihm ein Heer gegeben hatte, errang er einen ruhmvollen Sieg über den Feind.

Für seine beachtlichen Leistungen in dieser Schlacht gewährte der König ihm den Hauptplatz in seinen Freundschaften und hob ihn sowohl durch großzügige

Geschenke als auch durch Ehrungen über alle anderen empor.

Nur wenig später vernichtete Odin ganz alleine den Feind und kehrte sowohl als der Bote seiner Tat als auch als der Vollbringer seiner Tat wieder zurück. Alle bewunderten die Stärke des Mannes, der alleine ein solches zahlloses Heer töten konnte.

Auf diese Dienste vertrauend, ließ er den König im Vertrauen von seiner Liebe wissen und wurde von ihm mit dem großzügigsten Zuspruch ermuntert; aber als er einen Kuß von der Maid zu erlangen versuchte, erhielt er einen Korb. Aber er ließ trotz seiner Wut über diese Zurückweisung und die Abscheulichkeit dieser Beleidigung nicht von seinem Vorhaben ab.

Über die Werbung um eine Frau und auch über die Stellung der Frau allgemein scheint man damals noch deutlich andere Vorstellungen als heute gehabt zu haben …

Im darauffolgenden Jahr nahm Odin das Aussehen eines Ausländers an und kehrte an den Hof des Königs von Litauen zurück, denn er wollte seine Absicht, mit der er voller Verlangen gekommen war, nicht einfach aufgeben. Es war für die, die ihm begegneten, kaum möglich, ihn wiederzuerkennen, denn er hatte sein Gesicht unter Schmutz verborgen und seine alten Gesichtszüge waren von frischem Ruß verdeckt.

Er sagte, daß sein Name „Roster" sei und daß er ein geschickter Schmied sei. Und das, was er anfertigte, war eine Ehre für sein Handwerk, denn er bildete die Köpfe vieler Menschen in allerschönster Weise aus Bronze nach, so daß er große Mengen an Gold von dem König erhielt und von ihm damit beauftragt wurde, Schmuck für die Frauen herzustellen. Nachdem er viele schöne Dinge für die Frauen, die sie nun trugen, hergestellt hatte, bot er der Jungfrau Rinda einen Armreif an, den er mit viel mehr Aufwand poliert hatte als alle anderen und dazu noch einige Ringe, die er mit genausoviel Mühe verziert hatte.

Odins Schmied-Name „Roster" ist ein Kurzform von „Hrosstheow" und bedeutet schlicht „Ruß-Diener".

Das Herstellen von lebensechten Köpfen wird in der Thidrek-Sage auch von Wieland berichtet.

Aber keine Dienste konnten den Zorn der Rinda besänftigen; als er sie zu küssen versuchte, stieß sie ihn fort – denn Geschenke, die von jemandem angeboten werden, den wir hassen, sind nicht annehmbar, während solche, die uns von einem Freund gebracht werden, mehr Gnade erhalten: So sehr hängt der Wert des Geschenkes von dem Schenkenden ab.

Denn diese stark-herzige Maid zweifelte keinen Augenblick daran, daß der geschickte alte Mann seine Großzügigkeit nur vorgab, um der Lust, die er leben wollte, eine Tür zu öffnen. Sein Wille war jedoch nach wie vor entschlossen und unbeugsam.

Sie aber wußte, daß seine Verehrung für sie eine List verbarg und daß unter seinem Anbieten von Geschenken das Verlangen lag, ein Verbrechen zu begehen.

Ihr Vater begann sie heftig für ihre Ablehnung des Freiers zu tadeln, aber sie verabscheute den alten Mann zu heiraten und die Bitte ihrer jungen Jahre verlieh dem Zurückhalten ihrer Hand einige Unterstützung, denn sie sagte, daß ein junges Mädchen nicht vor ihrer Zeit heiraten sollte.

Aber Odin, der erfahren hatte, daß nichts den Wünschen eines Liebenden mehr dient als feste Entschlossenheit, ging, obwohl er von der Schande der zweifachen Zurückweisung verletzt worden war, ein drittes mal zu dem König und bot ihm die vollkommensten Dienste in der Kriegskunst an.

Zu dieser Tat wurde er nicht nur durch sein Verlangen nach Vergnügen, sondern auch durch sein Verlangen, seine Schmach auszumerzen, angetrieben. In den früheren Zeiten besaßen diejenigen, die in den magischen Künsten bewandert waren, die Macht, ihr Aussehen im Nu zu verändern und die verschiedensten Gestalten anzunehmen. Sie waren in der Tat sehr geschickt darin, das verschiedenste Alter vorzuspielen – nicht nur in ihrer körperlichen Erscheinung, sondern auch in ihrem Wesen; und so begann der alte Mann, um gefällig zu erscheinen, unter den Stolzesten der Krieger auf und ab zu reiten.

Doch nicht einmal solch eine Präsentierung konnte die Entschlossenheit der Maid erweichen, denn es fällt dem Geist schwer, zu einer echter Zuneigung für jemanden zurückzukehren, gegen den man einmal eine heftige Abneigung empfunden hat. Als er versuchte, sie bei seinem Abschied zu küssen, stieß sie ihn so heftig zurück, daß er stolperte und sich sein Kinn auf dem Boden stieß.

Daraufhin berührte er sie sofort mit einem Stück Rinde, auf das Zaubersprüche geschrieben waren, und ließ sie dadurch wie jemanden erscheinen, der einen Anfall hat: Dies war eine kleine Rache für all die Beleidigungen, der er von ihr erhalten hatte.

Diese Szene ist auch eine Anspielung auf den Namen der Königstochter, da „Rinda" die Bedeutung „Rinde" hat.

Aber noch immer gab er das Erreichens eines Zieles nicht auf, denn das Vertraute in seine eigene göttliche Größe erfüllte ihn mit Zuversicht; daher nahm dieser unermüdliche Wanderer die Gestalt einer jungen Frau an und kehrte ein viertes mal zu dem König zurück und zeigte sich, nachdem er von ihm aufgenommen worden war, hilfreich, ja zuvorkommend. Die meisten Menschen nahmen ihm ab, daß er eine Frau sei, denn er war in weibliche Gewänder gekleidet. Er sagte zudem, daß sein Name „Wecha" sei, und sein Beruf Heilerin: und diese Behauptung bewies er durch seine bereitwilligsten Dienste.

Der Name „Wecha" ist von dem germanischen Wort „wäha" für „weihen" abgeleitet. Er ist eine Weiterentwicklung des Gottesnamen „We", mit dem in der Dreiheit „Woden, Wili, We" der Stand des Priesters/Heilers bezeichnet wird.

Schließlich wurde er in den Haushalt der Königin aufgenommen und erhielt dort die Aufgabe der Kammerzofe der Königstochter und wusch sogar regelmäßig am Abend den Schutz von ihren Füßen; und als er mit dem Wasser sie beim Waschen netzte, konnte er sogar ihre Waden und ihre Oberschenkel berühren.

Doch das Glück geht mit wechselhaften Schritten voran und so führte der Zufall in seine Hände, was seine Absicht nie erreicht hatte. Denn es geschah, daß das Mädchen erkrankte und nach Heilung suchte; und sie rief zum Schutze ihrer Gesundheit eben jene Hände herbei, die sie zuvor zurückgewiesen hatte und bat jenen um Erhaltung ihres Lebens, den sie zuvor verabscheut hatte.

Er untersuchte genauestens alle Zeichen ihrer Krankheit und sagte schließlich, daß es, um die Krankheit so bald wie möglich aufzuhalten, notwendig sei, einen bestimmten Heiltrank anzuwenden; aber daß dieser Trank derart bitter zusammengemischt sei, daß die Maid niemals eine solch heftige Heilung ertragen könnte, wenn sie nicht bereit wäre, sie anbinden zu lassen; denn die Säfte der Krankheit müßten aus den innersten Fasern herausgeworfen werden.

Als der Vater dies hörte, zögerte er nicht, seine Tochter zu binden; und nachdem er sie auf das Bett gelegt hatte, bat er sie, geduldig alle Heilmittel der Heilerin zu ertragen. Denn der König wurde durch das Frauengewand getäuscht, das der alte Mann trug, um seine nicht ermüdende List zu verbergen; und so wurde die scheinbare Heilung zu einem Ereignis der Empörung.

Denn der Heiler ergriff die Gelegenheit zur Liebe und ließ von seiner Tätigkeit des Heilens ab und eilte zu der Arbeit – nicht zu der Vertreibung des Fiebers, sondern zu den Arbeiten der Lust; er nutzte die Krankheit der Königstochter, die ihm bei guter Gesundheit widerstanden hatte.

Ich werde nicht langweilen, wenn ich eine weitere Version dieser Angelegenheit hinzufüge. Denn es gibt einige, die sagen, daß der König, als er sah, wie der Heiler unter seiner Liebe litt, aber trotz all seiner geistigen und körperlichen Anstrengungen nichts erreichte, ihn nicht seines ihm zustehenden Lohnes, den er sich so redlich verdient hatte, berauben wollte und ihm deshalb erlaubte, mit seiner Tochter ungestört zusammenzuliegen.

So fällt die Verdorbenheit des Vaters manchmal auf die Tochter zurück, wenn starke Leidenschaft die natürliche Milde verzerrt.

In den früheren Versionen der Verbindung zwischen Odin und Rindr wie z.B. der Vereinigung von Wieland und Bödwild oder von Odin und Gunnlöd ist noch nicht von solch einer Vergewaltigung die Rede, denn dort wird das Verhältnis als von beiden gewollt beschrieben.

Vielleicht liegt dieser Umdeutung schon der christliche Einfluß, der Sexualitäts-feindlich war, zugrunde.

Die drei Götter Woden, Wili und We erscheinen in dieser Sage als Odin der Krieger („Woden"), Odin der Schmied („Wili" = „Wieland") und Odin die Heilerin („We").

IV 1. h) Sonatorrek

Odin wurde mehrfach „Wilis Bruder" genannt. Ein Beispiel dafür findet sich in dem Klagelied des Wikingers, Politikers und Skalden Egil Skalagrimsson über den Tod seiner beiden Söhne:

Ich verehre Vilis Bruder,
den Fürsten der Götter,
nicht deshalb,
weil es mich so danach verlangt.

Mimirs Freund hat mir
jedoch einen Ausgleich für meine
Unglücke gegeben, die ich
als eine erhebliche Unterstützung erlebe.

„Wilis Bruder" und „Mimirs Freund" sind beide Odin.

IV 1. i) Hymir-Lied

In diesem Lied versucht Thor mit einem Walfisch als Köder an einem Stierkopf als Haken die Midgartschlange zu angeln.

Bereit war Weor (Thor) *ins Wasser zu rudern,*
Wenn der kühne Jötun (Hymir) *den Köder gäbe.*
'Geh hin zur Herde, wenn Du das Herz hast,
Zerschmetterer (Thor) *des Berggeschlechts* (Riesen), *und suche den Köder.*

„Weor" ist von „We" („geweiht, heilig") abgeleitet bedeutet „der Weihende" und bezeichnet Thor in seiner Priester-Funktion. Diese Seite des Thor erscheint in der

Edda am deutlichsten in der Szene aus dem Lied „Des Hammers Heimholung", in der dem als Braut verkleideten Thor bei der Heiratszeremonie dessen Hammer in den Schoß gelegt wird. Eine weitere Szene findet sich in „Gylfis Vision", wo Thor durch das Weihen der Felle und Knochen der verspeisten Ziegen diese wieder zu neuem Leben erweckt.

IV 1. j) Heimskringla

In diesem halbhistorischen Bericht über die Frühzeit Skandinaviens berichtet Snorri nebenher auch über Wili und We, die hier als die Untergebenen und die Boten des Göttervaters erscheinen.

Dort verläuft ein großer Gebirgszug von Nordwest nach Südost, der Groß-Swithiod von den anderen Königreichen trennt. Südlich dieser Bergzuges ist es nicht weit bis zu dem Türkenland, wo Odin viel Land besaß.

Zu dieser Zeit zogen die römischen Herrscher durch die Weite der Welt und unterwarfen sich alle Völker und aus diesem Grund flohen viele Fürsten aus ihren Ländern. Aber Odin, der die Zukunft vorhersehen konnte und den magischen Blick besaß, wußte, daß sich seine Nachkommen in der Nordhälfte der Welt niederlassen und dort wohnen würden. Daher sandte er seine Brüder Ve und Vilje nach Asgard und wanderte selber mit allen Göttern und einer Menge anderer Völker zunächst westlich nach Gardarike (Baltikum) *und dann ins Sachsenland.*

IV 1. k) Lokasenna

In der Lokasenna („Lokis Schmähreden") finden sich ein Hinweis darauf, daß nicht nur Odin, sondern auch seinen Brüder Wili und We die Männer der Frigg gewesen sind.

Loki:
„Schweig Du, Frigg! Fiörgyns Tochter bist Du
Und den Männern allzumild,
Die Wili und We als Widrirs Gemahlin
Beide bargst in Deinem Schoß."

IV 1. l)   Heimskringla

Dieselbe Szene findet sich auch in in dem mythologisch-historischen Geschichtswerk des Snorri Sturluson:

Odin hatte zwei Brüder, der eine wurde Ve genannt, der andere Vilje, und sie regierten das Königreich, als er (Odin) abwesend war. Es geschah einst, daß Odin sehr weit fort gezogen war und schon so lange fort geblieben war, daß die Leute des Asen-Landes bezweifelten, daß er jemals zurückkommen werde. Da teilten sich die beiden Brüder das Land und beide nahmen Frigg zur Frau.
Bald danach kehrte Odin jedoch zurück und nahm sich seine Frau zurück.

In der „Gesta danorum" des Saxo grammaticus ist es der Gott Ullr, der an Odins Stelle regiert, solange Odin in der Fremde war. Da Ullr vermutlich der Göttervater Tyr in der Unterwelt ist, ist Odins Abwesenheit vermutlich ursprünglich ein Bild für seine winterliche Jenseitsreise gewesen, die sich als Thema u.a. auch bei Njörd findet, der in den neun Wintermonaten bei seiner Frau Skadi in den Gebirgen von Utgard lebte und in den drei Sommermonaten am Meer.

Diese Mythe ist offensichtlich schon sehr alt, da sie sich auch bei den Griechen findet: Zeus und seine Schwester Demeter haben zusammen die Tochter Persephone, die letztlich mit Demeter als der wiedergeborenen Korngöttin identisch ist: Zeus und ihr zweiter Bruder Poseidon haben zusammen die Kinder Areion und Despoina; und schließlich ist Demeters dritter Bruder Hades der Mann ihrer Tochter Persephone, die die wiedergeborene Demeter ist.

Demeter ist in diesen Mythen die Große Mutter im Jenseits, die die Toten und auch die Götter, d.h. insbesondere den Göttervater, wiedergebiert und sich dafür vorher mit ihm bei der Wiederzeugung vereint.

Man kann daher zumindestens den begründeten Anfangsverdacht hegen, daß auch die Vereinigung von Woden, Wili und We mit der Frigg aus der Wiederzeugung des Sonnengott-Göttervaters Tyr bei seiner nächtlichen bzw. winterlichen Jenseitsreise stammt.

IV 1. m)   Skaldskaparmal

Snorri Sturluson zitiert in seinem Skaldenkunst-Lehrbuch den Skalden Skuli Thorsteinsson. Im zweiten Vers dieser Strophe wird der „Tempel" der Sonne „Ve" genannt. Dieses „Ve" ist identisch mit dem Namen des Gottes „Ve".

Glens Gottes-froher Bett-Genosse watet
in den Tempel der Göttin der Strahlen;
später scheint dann das gute Licht
des grau-gekleideten Mani herab.

In dieser „mythologischen Abendstimmung" ist die Göttin der Strahlen die Sonne und Glen deren Mann. Das „Waten" weist auf das Meer hin, in dem die Sonne versinkt. Mani ist der Mond.

IV 1. n)   Ortsnamen mit „We"

Es gibt eine Vielzahl mit „Ve" gebildete Ortsnamen. Sie werden allerdings auf konkrete heilige Orte hinweisen und nicht auf den Gott „Ve". Sie werden jedoch alle auch mit diesem Gott assoziiert worden sein, da er eben das Wesen eines heiligen Ortes, einer heiligen Statue und schließlich des ganzen Priesterstandes verkörperte.

Das im folgenden mit „Tempel" übersetzte „Ve" war ein Ort, an dem zugleich religiöse Rituale durchgeführt, die Thing-Treffen abgehalten sowie Märkte veranstaltet wurden.

Ortsnamen mit „Ve"		
Ortsname	*Übersetzung*	*Land*
Odensvi (sehr häufig)	Odins Tempel	Schweden
Odense (fünfmal)	Odins Tempel	Dänemark
Thorvi	Thors Tempel	Schweden
Torsvi	Thors Tempel	Schweden
Ullevi	Ullrs Tempel	Schweden
Ullavi	Ullrs Tempel	Schweden
Njördvi	Njörds Tempel	Schweden
Nalavi	Njörds Tempel	Schweden
Mjärdevi	Njörds Tempel	Schweden
Freyavi	Freyas Tempel	Schweden
Härnevi	Freyas Tempel	Schweden

Järnevi	Freyas Tempel	Schweden
Freyrvi	Freyrs Tempel	Schweden
Frösvi	Freyrs Tempel	Schweden
Rindrvi	Rindas Tempel	Schweden
Vrinnevi	Rindas Tempel	Schweden
Skadivi	Skadis Tempel	Schweden
Skövde	Skadis Tempel	Schweden
Skedvi (mehrfach)	Skadis Tempel	Schweden
Skedevi (mehrfach)	Skadis Tempel	Schweden
Disevid	Tempel der Dise (Göttin)	Schweden
Ve (achtmal)	Tempel	Norwegen
Veboldstadr	Tempel-Hof	Norwegen
Vedalr	Tempel-Tal	Norwegen
Velo	Tempel-Aue	Norwegen
Vesetr	Tempel-Bauernhof	Norwegen
Vestainn	Heiliger Stein	Norwegen
Vevatn	Heiliger See	Norwegen
Veöy	Heilige Insel	Norwegen

IV 1. o) Die drei Brüder

Die drei Brüder stellen in der Mythologie der Germanen vor allem die drei Stände der Fürsten und Krieger, der Priester und Heiler sowie der Bauern und Handwerker dar.

Sie haben aber auch einen Bezug zu der Jenseitsreise des Sonnengott-Göttervaters und stellen manchmal auch drei Naturelemente (Wind-Kari, Feuer-Logi und Wasser-Hler) dar.

die drei Brüder									
Stand	**Rigr**	**Asen**				**Wieland-sage**	**Siegfried-sage**	**Gesta Danorum**	**Mär-chen**
Krieger Fürsten	Jarl	Woden	Odin	Helblindi	Hler	Egil	Fafnir	Odin als Krieger	Bogen-schütze
Priester Heiler		We	Hönir	Byleist	Kari	Slagfid	Oter	Odin als Heiler	Heiler
Bauern Hand-werker	Karl	Wili	Loki	Loki	Logi	Völund	Regin	Odin als Schmied	Schmied
Skla-ven	Thräl								

Es gab auch noch andere Dreiheiten wie z.B. die drei in dem Tempel von Uppsala („Hoher Tempel") in Schweden in der Gestalt von geschnitzten Statuen verehrten Götter Odin, Thor und Freyr. Diese Dreiheit scheint jedoch keine „Stände-Dreiheit" zu sein.

Vermutlich bedeutete die „3" zur Zeit der Wikinger immer mehr einfach „heilig", da die Bedeutung der Stände sowie die Assoziation zum Sonnenzyklus zunehmend verblaßt sein wird. Auch in den Grimm'schen Märchen ist die „3" nur noch eine „magische Zahl", die anzeigt, daß eine Sache wichtig ist.

IV 1. p) Zusammenfassung

Die drei Götter Woden, Wili und We verkörpern die Seele, den Willen und die Lebenskraft. Sie wurden zwar auch als Elemente des Menschen angesehen, aber wurden in erster Linie doch als die drei Stände aufgefaßt: Fürsten/Krieger (Odin), Priester/Heiler (We) und Bauern/Handwerker (Wili).

Siehe auch den Zwerg „Wili" in Band 32.

IV 2. Wili und We bei den Indogermanen

Bei den Indogermanen gibt es eine sehr große Anzahl von Götterdreiheiten, die die drei Stände verkörpern.

Diese Stände-Dreiheiten scheinen jedoch recht unabhängig voneinander entstanden zu sein bzw. immer wieder neu erschaffen worden zu sein, sodaß man zwar von einer durchgängig existierenden sozialen Dreiteilung sprechen kann, aber nicht von drei Göttern, die durchgehend bei den meisten indogermanischen Völkern diese drei Stände dargestellt haben.

Die drei Brüder bzw. der dreifache Gott und der dreiköpfige Gott sind bei vielen indogermanischen Völkern ein Symbol für den täglichen bzw. jährlichen Zyklus des Sonnengott-Göttervaters Dhyaus (Germanen: Tyr).

Diese beiden Dreier-Symboliken haben sich des öfteren miteinander vermischt.

IV 3. lyrische Zusammenfassung

Wodan, Wili und We

Wodan, Wili, We,
erweckt das Leben in mir!
Wodan, wirke Weihung
in meinem Leben!

Odin, laß meine Seele strahlen,
stärke mich, daß ich ein Krieger werde!
Loki, gib' mir Verstand, Bewegung
und Gedeihen, daß ich ein Bauer werde!

Hönir, schärfe meine Sinne,
daß ich das Jenseits sehe und ein Priester werde!
Ihr drei Brüder, formt mich wie einst Ask[39],
daß ich alles in mir entfalte!

---

39 Ask = „Esche" = der erste Mann

Har und Jafnhar und Thridi,
hohe Söhne des Bör und der Bestla:
ihr schuft Midgard aus Ymirs Leiche –
laßt mein Leben gedeihen!

IV 4.   Traumreise zu Wili und We

„Wili und We, ich würde euch gerne besser kennenlernen."

„Ja? Warum denn?"

„Hm ... weil ich schauen will, ob ihr mir noch etwas sagen könnt zu eurem Wesen, was ich noch nicht verstanden habe."

„Und warum willst Du das wissen?"

„Damit ich in meinem Buch möglichst nichts Falsches schreibe."

„Was ist denn Deine Meinung?"

„Daß Wodan, Wili und We die Repräsentanten der drei Stände sind; daß der Stabreim möglicherweise recht neu ist; und daß ihr auf Tyr, Hönir und Loki zurückgeht – woraus dann später Odin, Hönir und Loki wurde, also Tyr-Odin der Krieger und Fürst, Hönir der Priester und Heiler, und Loki steht für die Bauern und Handwerker. ... Ist das so zutreffend?"

„Ja. ... Wir sind keine eigenständigen Namen – also 'Wili' und 'We' – sondern Umschreibungen für Hönir und Loki. Das stimmt so."

„Könnt ihr mir denn sonst noch etwas sagen?"

„Da gibt es sonst nichts dazu zu sagen ... außer daß es gut ist, wenn ihr alle drei Aspekte in euch habt."

„Du meinst den Krieger, den Priester und den Bauern?"

„Ja. ... Ihr könnt einen Schwerpunkt bei einem der drei haben, aber wenn euch einer fehlt, ist das Gedeihen schwierig."

...

„Hm, interessanter Blickwinkel ... so hab' ich das noch nicht angeguckt ... aber das leuchtet ein ... ohne Priester keine Geborgenheit ... ohne Krieger keine Taten ... und ohne Bauer kein Gedeihen ... hm ... Dankeschön! ... Ihr überrascht mich einfach immer wieder! ... Danke!"

„Bitteschön!"

„Ho!"

V   Vilja

V 1.   Vilja in der germanischen Überlieferung

V 1. a)   Der Name „Vilja"

Der Name „Vilja" bedeutet „Wille, Wunsch". Dieser Name ist eine seltene Variante des Asen-Namens „Wili" bzw. „Vili".

V 1. b)   Ynglingatal

Über den 3. König, der den Namen „Vanlandi" trägt, wird im Ynglingatal das Folgende berichtet:

Eine Menschenfresserin / ließ Vanlandi
den Bruder des Vilja besuchen, / als die Troll-geborene Grimhild
auf dem Schlichter / der Streitenden trampelte
und der, der den Halsreif fallen läßt, / der von der Nacht-Mähre
getötet worden war, / in dem Bett
des Flusses Skuta / verbrannt wurde.

Menschenfresserin = Riesin
Bruder des Vilja = Odin; Odin besuchen = nach Walhalla gehen = sterben
Schlichter der Streitenden = König
Troll-geboren = Troll; von Troll-Frau (Grimhild) zertrampelt = sterben
der den Halsreif fallen läßt = großzügiger Fürst
von der Nacht-Mähre getötet = von einer Riesin in Stuten-Gestalt getötet
(Vanlandi wurde von einer Riesin in Stuten-Gestalt im Schlaf getötet.)

B Tyr-Götter

VI Itreksjod

VI 1. Itreksjod in der germanischen Überlieferung

VI 1. a) Der Name „Itreksjod"

Der Name dieses Asen setzt sich aus der Odin-Kenning „Itrek", die „Hoher, Ruhm-reicher, Vorzüglicher" bedeutet (siehe „Itrek" in Band 5), und „jod" für „Baby, Sohn, Nachkomme" zusammen. Itreksjod bedeutet daher „Odins-Sohn" – was ein sehr unspezifischer Göttername ist, da er auf viele Asen passen würde.

VI 1. b) Thulur

Dieser Gott wird lediglich in Snorri Sturlusons Thulur genannt:

Burir erzeugte Odin;
Baldur und Meili,
Widar und Nepr,
Vali, Ali,
Thor und Hildolfr
Hermodr, Sigi,
Skjöldr, Yngvi-Freyr
und Itreksjod,
Heimdallr, Saemingr,
Hödr und Bragi.

VI 1. c)   Zusammenfassung

> „Itrek" bedeutet „Hoher, Ruhmreicher, Vorzüglicher" und ist ein Beiname des Odin. „Ireksjod" ist in den Thulur ein Sohn des Odin und auch sein Name bedeutet „Odins-Sohn".
>
> Vermutlich ist „Itreksjod" ursprünglich eine Kenning für einen der anderen Odins-Söhne gewesen – vermutlich für Tyr, da dieser als der ehemalige Göttervater der Nordgermanen der wichtigste Odins-Sohn gewesen ist.

VI 2.   Traumreise zu Itreksjod

„Itreksjod?"

„Ja?"

„Ich würde Dich gerne besser kennenlernen."

„Du hast doch schon eine klare Meinung zu mir."

„Ist die denn auch richtig so?"

„Was meinst Du?"

„Naja, ich meine natürlich, daß sie richtig ist, aber stimmt das auch? Itrek ist Tyr und später Odin – und Itreksjod ist dann der Sohn des Odin ... das würde am besten auf Tyr passen. Und Tyr-Itrek und Loki-Andad spielen zusammen Tafl, was ursprünglich mal ein Orakel gewesen ist, das den Kampf zwischen dem Sommergott Tyr und dem Wintergott Loki dargestellt hat – sozusagen ein Jahreszeiten-Orakel."

„Das stimmt so."

„Ist dann Itrek einst Tyr gewesen? Und Odin hat diesen Titel, der 'Hoher, Berühmter' bedeutet übernommen? Und hat dann Tyr zu seinem Sohn gemacht und ihn dann 'Itreksjod', also 'Itreks Sohn' genannt? Wobei er darauf zurückgreifen konnte, daß Tyr durch die Wiedergeburtssymbolik ja auch sein eigener Sohn gewesen ist?"

„Ja."

„Kannst Du mir noch etwas zu Itreksjod sagen?"

„Lausche in Dich. Nimm Dir Zeit dafür."

„O.K. ... ..."

„Ich bin der Verehrte ... ich bin der König ... ich bin der Ehrwürdige ... ich bin der Goldene ... ich bin die Sonne ... ich bin der in dem goldenen Tempel ... ich bringe die Wärme ... ich bin der Beschützer ... ich bin der Friedens-Herr ... und der Kriegsherr ... ich bin der Starke ... ich bin Tyr."

... ...

„Danke, Itreksjod. ... ... Hm ... das klingt mehr nach Itrek als nach Itreksjod?“
„Ich bin noch immer 'Itrek', auch wenn ich jetzt 'Itreksjod' genannt werde.“
... ...
„Hm ... Danke, Itrek ... Danke Itreksjod!“
„Bitte.“
„Ho!“

VII Irmin

VII 1. Irmin in der germanischen Überlieferung

Der germanische Gott Irmin ist vor allem als der Gott, nach dem die Irmin-Säule benannt worden ist, bekannt.

VII 1. a) Der Name „Irmin"

Dieser Name ist eine Bildung zu dem germanischen Adjektiv „ermanaz, irmanaz" für „groß, erhaben, gewaltig".

Mit diesem Adjektiv wurden viele Personennamen gebildet, zu denen u.a. die folgenden gehören:

mit „ermanaz" gebildete Personennamen			
Name		*Bedeutung*	*Anmerkung*
Ursprung	*Varianten*		
Hermi (Gott)	Hermi-ones (Volk), Irmin (Gott), Hermi, Ermin, Ermin-o, Ermin-us, Herme-r	Mächtiger	
Irmin-rik	Erme-lin, Irme-linn, Erme-line, Erme-lina, Irme-la, Irme-li, Irmi, Irmy, Irma	Mächtige	„lin" = Feminin-Endung
Herme-ric	Hermana-ric, Hrman-ric, Erman-rich, Ermana-ric, Ermana-ric-us, Ermana-reiks, Erme-rich, Eme-rich, Emme-rich	Mächtiger König	„ric" = lateinisch „rex" und keltisch „rig" für „König"; dies wäre auch ein passender Name für den Götterkönig Tyr

69

mit „ermanaz" gebildete Personennamen			
Name		**Bedeutung**	**Anmerkung**
Ursprung	*Varianten*		
Irmen-gardh	Erme-gard, Ermen-gard, Ermen-gari, Irmen-gard, Irmen-garde, Irmen-gardt, Irmen-garth, Irmen-gart, Irmen-gaart, Irmin-gard, Hermin-ari, Irme-gard, Irm-gard, Erme-gard	Mächtige Beschütze-rin	
Hermina-frid	Hermen-fred, Ermen-fred	Mächtiger Frieden/ Freund/ Schützer	
Ermin-meraz	Ermin-meruz, Ermin-merus, Armi-nius, Erme-mir	Berühmter Mächtiger, Ruhm-reicher Mächtiger	
Erme-gundis	Ermen-gon, Ermen-gont	Mächtiger Kampf/Käm pfer	
Erm-ulf		Mächtiger Wolf	Wolf = Krieger (Kampf-Ekstase in Wolfsgestalt)
Erman-berth	Em-bert	Mächtiges Licht/Leuch ten	vermutlich die Sonne bzw. der Sonnengott-Göttervater Tyr
Ermene-gild	Erme-gild, Erme-gild-us	Mächtiges Gold, Mächtiger Goldener	möglicherweise ist dies eine Umschreibung für die Sonne; die Deutung als „Geld" ist unwahrscheinlich
Herme-gisl		Mächtige Säule	„geisli" = „Pfosten, Säule; Stiel einer Waffe"
Irmin-sul			
Ermen-eldes		Mächtiger Alter	„alda" = „alt"

Ermun-duri	Ermun-dus	Mächtiger Mutiger	„durzu" = „kühn, mutig, tapfer, verwegen"
Irm-mar	Arm-inius	Mächtiger Berühmter	
Erm-vipia		Mächtige Waffe	„wepna" = „Waffe"

Mit dem Namen „Irmin" wurden verschiedene Dinge assoziiert: Der „Mächtige" war ein berühmter alter König, der beschützt und mit seiner Waffe in Kämpfen, in denen er mutig wie ein Wolf war, den Frieden erhält. Mit ihm ist auch das goldene Licht der Sonne und eine Säule verbunden, die der Weltenbaum sein könnte.

Diese Beschreibung paßt gut auf den ehemaligen Göttervater Tyr: Er ist der Götterkönig, seine berühmte Waffe ist sein Schwert, er ist der Gott der Wolfskrieger („Ulfhedin"), er wird entweder in Analogie zur Sonne gesehen oder ihr sogar gleichgesetzt, er ist mit dem Jenseitsweg und somit auch mit dem Weltenbaum verbunden, und er ist der Beschützer seines Volkes.

Es wäre denkbar, daß die mit „hermin" (woraus später „jormun" wurde) gebildeten Worte alle derselben mythologischen Schicht entstammen und einst Teil eines zusammenhängenden Weltbildes waren.

Diese Worte könnte die Welt beschrieben haben:

- Jormungrund	= Mächtige Erde	= Erde, Erdgöttin
- Erman-berth	= Mächtiges Licht	= Sonne
- Ermene-gild	= Mächtiger Goldener	= Sonne
- Irminsul	= Mächtige Säule	= Weltenbaum
- Jormungandr	= Mächtiger Gürtel	= Migard-Schlange
- Irmin-gard	= Mächtige Beschützerin	= Muttergöttin
- Jormunrek	= Mächtiger König	= Göttervater Tyr
- Jormun	= Mächtiger	= Göttervater Tyr
- Irmin-fried	= Mächtiger Freund	= Göttervater Tyr
- Irmin-mar	= Mächtiger Berühmter	= Göttervater Tyr
- Erme-gundis	= Mächtiger Kämpfer	= Göttervater Tyr
- Erm-ulf	= Mächtiger Wolf	= Fenrir oder Tyr
- Ermen-eldes	= Mächtiger Alter	= Göttervater Tyr
- Ermun-duri	= Mächtiger Mutiger	= Göttervater Tyr
- Erm-vipia	= Mächtige Waffe	= Tyrs Schwert
- Jörmuni	= Mächtiger	= Stier-Heiti

Falls diese Namen einst Teile eines Weltbildes gewesen sein sollten, würde dieses aus der Erde, der Sonne, dem Weltenbaum, der Riesenschlange, der Muttergöttin und dem Göttervater sowie dessen Schwert bestanden und dem Stier als dem wichtigsten Opfertier für den Gott Tyr bestanden haben.

Es läßt sich zwar nicht beweisen, daß diese Namen einst Bezeichnungen der wesentlichen Teile des germanischen Weltbildes vor 500 n.Chr., also vor der Absetzung des nordgermanischen Sonnengott-Göttervaters Tyr durch Thor und Odin gewesen sind, aber sie umfassen immerhin alle wichtigen Bestandteile des alten, Tyr-zentrierten mythologischen Weltbildes der Germanen.

VII 1. b) Tacitus

Die Textstelle in der „Germania", in dem Tacitus über den Germanenstamm der Hermionen berichtet, die sich nach ihrem Gott-Urahn „Hermi" benannt haben, lautet:

„In ihren alten Liedern, die bei ihnen die einzige Form von Aufzeichnung und Geschichtsschreibung sind, feiern sie den Tuisto, einen Gott, der aus der Erde entsprungen ist, und dessen Sohn Mannus, als die Väter und Gründer des Volkes.

Dem Mannus schreiben sie drei Söhne zu, nach denen die ganzen Stämme benannt wurden: die Ingväonen, die am Meer wohnen, die Hermionen, die im mittleren Land wohnen, und der ganze Rest, die Istväonen."

Der Name „Tuisto" des ersten Gottes bedeutet „Zweifacher, Zwilling".

Der Name „Mannus" bedeutet „Mensch" und könnte dem Riesen Aurgelmir, dem Sohn des Ymir, entsprechen.

Die Namen der drei Söhne des Mannus könnten in etwa „Ingwaz", „Hermaz" und „Istwaz" gelautet haben. Diese drei Götter sind vermutlich eine Variante der Götterdreiheit der Indogermanen, die zum einen die drei Welten (Erd-Diesseits, Unterwelt, Himmels-Jenseits) und zum anderen die drei Stände (Krieger, Priester, Bauern) darstellen.

„Ingwaz" könnte evtl. der „Jüngling" sein, „Hermaz" könnte mit dem griechischen Seelenführer „Hermes" und somit mit dem germanischen Seelenführer Odin verwandt sein, während die Bedeutung von „Istwaz" ganz unklar ist.

Falls die Deutung von „Hermaz" als Seelenführer und somit als Priester zutreffen sollte, müßten „Ingwaz" und „Istwaz" der Krieger und der Bauer sein. Aufgrund des Charakters des „Yngvi-Freyr" sollte „Ingwaz" der Bauer und „Istwaz" der Krieger sein.

Diese Deutung ist zwar gut denkbar, aber aufgrund der sehr spärlichen Überlieferung doch sehr unsicher.

Hingegen ist sicher, daß „Hermaz" mit „Irmin" identisch ist und daß er als der Urahn des Stammes der Hermionen angesehen wurde. Diese Funktion paßt gut zu der Deutung des des Namens „Irmin/Hermaz" als eines Beinamens des ehemaligen germanischen Göttervaters Tyr.

VII 1. c)   Adam von Bremen

Der Hamburger Bischof Adam hat in seiner „Hamburgischen Kirchengeschichte um ca. 1070 n.Chr. u.a. auch eine kurze Schilderung des „Aberglaubens" der Sachsen verfaßt, in der auch „Irmin" erwähnt wird:

Auch verehrten sie einen hölzernen Pfahl von nicht geringer Höhe, der unter freiem Himmel aufgerichtet war, und den sie in ihrer Landessprache Irminsul nannten, das heißt Allsäule, welche gleichsam alles trägt.

Die Übersetzung „Allsäule" für „Irminsul" trifft nicht ganz zu, da „Irminsul" entweder „mächtige Säule" oder „Irmins Säule" bedeutet. Es ist allerdings gut denkbar, daß die Vorstellung, daß diese Säule „alles trägt" durchaus von den Sachsen stammt. Diese Säule wäre demzufolge eine Himmelssäule. Sie wird vermutlich dem Weltenbaum entsprechen.

Die Deutung des Namens „Irminsul" als „Irmins Säule" würde durchaus zu der Deutung des Irmin als eines Beinamens des Tyr passen, da in den indogermanischen Mythen die wesentlichen Dinge der Welt meistens mit dem Göttervater verbunden sind.

VII 1. d)   Annales regni Francorum

In dem Kloster Lorsch in Südhessen wurden von 749-829 n.Chr. die zeitgenössischen politischen Ereignisse niedergeschrieben – das wichtigste von ihnen ist die Krönung Karls des Großen zum Römischen Kaiser im Jahre 800 n.Chr.

In diesen „Fränkischen Reichsannalen" heißt es über einen Kriegszug Karls des Großen aus dem Jahr 772 n.Chr:

„Er eroberte die Eresburg und gelangte an den Ort, der Ermensul heißt und setzte diese Orte in Brand."

Die Eresburg war die größte altsächsische Volksburg und daher ein wichtiger Ort bei der Eroberung des Landes durch Karl den Großen. Man kann daher davon ausgehen, daß sich in dieser „Hauptstadt" der Sachsen auch zentrale Symbole befanden. Wenn von ihnen nur die Irminsul genannt wird, muß sie aus der Sicht der christlichen Eroberer und Berichterstatter das wesentliche Symbol gewesen sein. Das wichtigste Symbol einer „Hauptstadt" sollte eigentlich auch mit dem Göttervater assoziiert worden sein.

Der Tafelberg im Hochsauerland, auf dem sich diese Volksburg befand, trägt auch den Namen „Marsberg". Da der Gott „Tyr" von christlichen Autoren in der Regel mit „Mars" übersetzt wurde, weil der kriegerische Charakter und das Schwert des Tyr sie am deutlichsten an Mars-Ares erinnerte, spricht auch der Name „Marsberg" dafür, daß es sich bei dem Namen „Irmin" um einen Beinamen des „Tyr" handelt.

VII 1. e)   Res Gestae Saxonicae

Der Verfasser dieser „Geschichte der Sachsen" ist der sächsische Benediktiner-mönch Widukind von Corvey (ein Kloster bei Höxter in Westfalen), der von 925 oder 935 bis 973 n.Chr. lebte.

Er berichtet über die Schlacht bei Burgscheidungen, einem Ort in der Nähe der Mündung der Unstrut in die Saale, an dem um 531 die merowingischen Franken unter ihrem Anführer Irminfried mithilfe einiger Sachsenverbände die Thüringer besiegten.

„Als es Tag geworden war, legten sie am Osttor den Adler nieder und errichteten einen Siegesaltar, um nach den Irrglauben der Väter das ihnen Heilige mit jeweils eigener Verehrung zu verehren:

- mit dem Namen den Mars,
- mit der Nachbildung von Säulen den Herakles
- und mit der Wahl des Ortes des Sol, den die Griechen Apollo nennen.

Daraus geh hervor, dass auf jeden Fall die Meinung derjenigen glaubwürdig ist, die der Ansicht sind, daß die Sachsen von den Griechen abstammen, denn Hirmin oder Hermis ist der griechische Name des Mars. "

Diese Schilderung zeigt erfreulich deutlich, daß „Irmin" mit „Tyr" identisch ist:

- Dem „Hirmin" wird ein Sieges-Altar errichtet, d.h. er wurde vor der Schlacht um den Sieg gebeten. „Hirmin" ist somit der Gott „Sig-Tyr".

74

- Zu dem Gott gehörte ein Adler im Osten, d.h. der am Morgen wiedergeborene Adler-Seelenvogel des Göttervaters Tyr.

- „Hirmin" wird mit „Mars" übersetzt, d.h. er ist der Gott „Tyr".

- Die „Säulen des Herakles" sind die beiden Säulen, die den Himmel an seinem westlichen Ende tragen (an den anderen drei Enden gab es ebenfalls ein Säulenpaar), d.h. diese Säule für den Siegesgott „Hirmin" entspricht der „alles tragenden Irminsul" in dem Bericht des Adam von Bremen.

- Die Säule und der Altar stehen an dem Ort des Sol-Apollo, d.h. Tyr wurde als Sonnengott-Göttervater aufgefaßt, was der altnordischen Tradition entspricht.

Die Argumentation, daß die Sachsen von den Griechen abstammen, trifft natürlich nicht zu, aber der germanische Gott Irmin-Tyr und die beiden griechischen Götter Mars und Apollo haben denselben Ursprung in dem indogermanischen Sonnengott-Göttervater Dhyaus.

VII 1. f) Zusammenfassung

Der Name des Gottes „Irmin" bedeutet „Mächtiger, Gewaltiger". Er ist ein Beiname des Kriegsgottes, Schwertgottes, Sonnengottes und Göttervaters Tyr.

Den Irmin-Tyr rief man vor Schlachten um Hilfe an und errichtete ihm anschließend zum Dank einen Altar und eine Säule an einem der Sonne geweihten Platz. Irmin-Tyr ist sowohl der Siegesgott als auch der Sonnengott.

Ihm zu Ehren wurde eine hölzerne Säule errichtet, die die Himmelssäule symbolisierte.

Sein Seelenvogel war der Adler, der mit dem Osten, d.h. mit der aufgehenden Sonne assoziiert wurde.

Sein Name wurde von den Christen mit „Mars" übersetzt.

VII 2. lyrische Zusammenfassung

Irmin

Irmin, starker Mannus-Sohn,
Schwertgott und Sonnen-Ase:
Sohn der Erde – gewähre mir Gedeihen!
Großer Wolf – gib' mir Kraft!

Yngvis Bruder, Dir bereite ich den Sieg-Altar,
Hermaz' Bruder, Dir bringe ich Opfer dar:
Großer, Gewaltiger – erhalte den Frieden!
Adler im Osten – bringe alle guten Gaben!

Berühmter Asen-König aus dem Sonnen-Berg,
Ruhmreicher Gott vor der allbekannten Irmin-Säule:
Midgards Gebieter – gewähre mir Wohlstand!
Ase der Säule in Rindrs[40] Mitte – gib' mir Hilfe!

VII 3. Traumreise zu Irmin

„Irmin?"
„Ja?"
„Bist Du Tyr, ein Beiname des Tyr?"
„Zum größten Teil"
„Und der andere Teil?"
„Ist einfach der Titel 'der Große'."
„Gibt es noch etwas dazu zu sagen?"
„Ich bin auch einfach ein Wort gewesen, mit dem alle Bestandteile der Mythen bezeichnet wurden: Der Irminbaum ist der Weltenbaum, das Irminmeer ist die Wasserunterwelt und die Irminrosse die beiden Pferde vor dem Sonnenstreitwagen des Tyr."
„Das heißt, Du bist nicht primär ein Beiname des Tyr, sondern ein 'Adjektiv-Beiname' oder 'Titel' der Bestandteile der Tyr-Mythen?"

---

40 Rindr = Erdgöttin

„So kann man es nennen."
„Hm … Danke, Irmin."
„Bitteschön."
„Ho!"

VIII   Saxnot

VIII 1.   Saxnot in der germanischen Überlieferung

Dieser Gott ist nur aus dem sächsischen Taufgelöbnis und aus dem Stammbaum der Könige von Essex bekannt.

VIII 1. a)   Der Name „Saxnot"

Der Name setzt sich aus „sax" für „Schwert" und „not" für „Genosse" (germanisch: „genoz") zusammen. Eine ähnliche Bildung findet sich z.B. bei der Bezeichnung „walgenoz" für „Kampf-Genosse" (wörtlich: „Genosse auf dem Totenfeld"). Die Bezeichnung „Schwertgenossen" für eine Gruppe von Kriegern ist sehr naheliegend und findet sich u.a. auch in dem lateinischen „gladii consors" („Schwertgenosse").

Die Angelsachsen nannten sich auch insgesamt „sweordweras", also „Schwertgenossen". Selbst der Stammesname „Sachsen" stammt von „sax" für „(eisernes) Kurzschwert" ab.

Es ist recht wahrscheinlich, daß dieses „Schwert" das Schwert des Tyr gewesen ist, der zu der Zeit, als sich die Sachsen ihren Namen gegeben haben, noch der Göttervater der (Nord-)Germanen gewesen ist.

VIII 1. b)   Das sächsische Taufgelöbnis

Der Passus in dem sächsischen Taufgelöbnis, das sich in einer Handschrift aus Fulda aus dem Jahr 772 n.Chr. befindet und in dem Saxnot genannt wird, lautet:

> „ ... und ich entsage ... dem Donar und dem Woden und dem Saxnot und allen Unholden."

Donar ist Thor und Woden ist Odin, also der neue Göttervater und sein Sohn, die um ca. 500 n.Chr. den ehemaligen Göttervater Tyr gestürzt hatten. Anscheinend war Tyr jedoch um 772 n.Chr. zumindestens bei den Sachsen noch so einflußreich, daß er als dritter Gott unter dem Namen „Saxnot" genannt wurde.

Der Schamanengott Odin ist dem römischen Historiker Tacitus zufolge bereits um 100 n.Chr. in Südgermanien der wichtigste Gott gewesen. Bei den Nordgermanen ist hingegen der Gott Tyr bis ca. 500 n.Chr. der Göttervater geblieben. Da die Sachsen ursprünglich aus Schleswig-Holstein und Süd-Dänemark stammten, wäre es durchaus plausibel, wenn bei ihnen der Gott Tyr auch nach ihrer Wanderung nach Süden noch längere Zeit wichtig geblieben wäre.

VIII 1. c) Angelsächsische Stammtafeln

In den von Jacob Grimm rekonstruierten angelsächsischen Stammtafeln taucht einmal Saxnot als Sohn des Odin auf. Beide Gottheiten sind in diesem Zusammenhang als Könige der Vorzeit angesehen worden.

Im fünften und sechsten jahrhundert bei der überfahrt nach Britannien brachten die Angelsachsen kunde von der abstammung ihrer edelsten geschlechter mit aus Deutschland. Alle führen sich auf Vôden zurück, steigen aber zum theil noch höher, und nennen eine reihe götter oder vergötterter helden als Vôdens ahnen.

Nach der bekehrung zum christenthum wurde es unternommen, den stamm dieser könige und götter an die hebräische tradition des Alten Testaments vom ersten menschengeschlecht zu knüpfen. ein solcher versuch, die unaufgegebnen vorfahren des heidenthums mit dem Noah und Adam der heiligen schrift in einklang zu bringen, kann, wie mich dünkt, nur sehr frühe, unmittelbar nach dem übertritt zur christlichen lehre gemacht worden sein, zu einer zeit, wo das gemüt schon von der wahrheit der biblischen sage eingenommen den inhalt seiner einheimischen, heidnischen noch nicht wollte fahren lassen.

Wie man kirchen an die stätte der heidentempel setzte, christlichen und heidnischen brauch zu verschmelzen wuste, und zu des neuen glaubens festigung den schutt des alten erdreichs mit verwandte; so konnte auch geduldet werden, daß die naive ansicht des volks jene mit seiner ehre verwachsenen stammsagen aufrecht erhielt und ihnen gleichsam neue unterlagen verlieh. Späterhin wäre eine solche vereinigung unvereinbarer thatsachen weder gewagt noch für nöthig erachtet worden.

Vorchristlich, den Angeln und Sachsen schon in ihrer heimat bekannt, folglich auch unter andern deutschen völkern des festen lands verbreitet muß diese stammsage auf jeden fall erscheinen, allenthalben blickt zusammenhang durch mit volksnamen und altheidnischer dichtung. ich wäre geneigt, den Friesen, Westfalen, auch den Franken, ähnliche genealogien, deren aufbewahrung wir bloß den ausgewanderten Angelsachsen verdanken, beizulegen.

Zwar ist Beda († 735) für die angelsächische geschlechtssagen das frühste zeugnis und er gedenkt bloß der kentischen, jedoch auf solche weise, daß man annehmen darf, auch die übrigen seien ihm bekannt gewesen. die folgenden jahrhunderte bieten reichere verzeichnisse dar.

Chronologischen werth können für die älteste zeit diese namensverzeichnisse gar nicht haben; erst in den reihen der angelsächsischen könige werden sie geschichtlich. das benimmt aber der wichtigkeit der sage nichts.

Bekanntlich wurden unter den Angelsachsen sieben oder acht einzelne reiche gebildet, die sich auf ursprüngliche verschiedenheit der eingewanderten stämme gründen, also gerade mit dem unterschied der genealogien zusammenhängen. Nach der angelsächsischen chronik hatten die Juten Kent und Wight, die Sachsen Essex, Sussex und Wessex, die Angeln Eastangle, Mercia und Northumberland eingenommen. Am vollständigsten haben sich die genealogien von Wessex, als dem staat, der bald hervorragte und zuletzt alle in sich aufnahm, erhalten. auch die von Kent, Mercia, Deira (britisch Deifyr) und Bernicia (britisch Bryneich, Northumbrien) sind in alten denkmälern überliefert; weniger echt und beglaubigt in einzelnen namen erscheinen die stämme von Eastangle, Essex und Lindesfarney.

Diese geschlechtsregister lassen sich schicklich in zwei hälften sondern. Von Vôdens söhnen heben sie an sich zu spalten, in ihm treffen alle wieder zusammen. ich will daher zuerst die verschiedenen stämme von Vôden abwärts darstellen, und mich dann zu der älteren, für alle gerechten, fortführung wenden.

Folgende übersicht enthält Vôdens nachkommenschaft.

In allen diesen Stammbäumen ist Woden (Odin) der Urahn. Saxnot („Saxneat") ist grau hinterlegt.

Stammtafeln der angelsächsischen Könige

Kent	Eastangle	Essex	Mercia	Deira	Bernicia	Wessex	Lindesfaran
			Vôden (Wotan/Odin)				
Vecta	Câsere	Saxneât (= Tyr)	Vihtläg.	Vägdäg	Bäldäg		Winta
Vitta	Titmon	Gesecg	Værmund	Sigegâr	Brand		Cretta
Vihtgils	Trigel	Andsecg	Offa	Svæfdäg	Beonoc	Fridhogâr	Queldgils
Hengest († 489)	Hrôthmund	Sveppa	Angeltheov	Sigegeát	Aloc	Freávine	Ceadbed
Eoric (Oesc)	Hrippa	Sigefugel	Eomær	Sæbald	Angenvit	Vig	Bubba
Octa	Quichelm	Bedeca	Icel	Sæfugel	Ingvi	Gevis	Bedeca
Eormenrîc	Uffa	Offa	Cnebba	Vesterfalcna	Esa	Esla	Biscop
Äthelbeorht (527)	Tidel	Äscvine	Cynevald	Vilgisl	Eoppa	Elesa	Eanferth
	Rædvald (617)	Sledda	Creoda	Uscfreá	Ida († 560)	Cerdic († 534)	Eatta
	Eorpvald (632)	Sæbeorht (604)	Vibba	Yffe		Cynrîc	Ealdfrith
			Penda († 656)	Älle († 588)			

VIII 1. d)   Zusammenfassung

„Saxnot" bedeutet „Schwertgenosse" und ist eine Umschreibung für den Schwertgott-Göttervater Tyr, der offenbar als der Schutzgott der Krieger aufgefaßt worden ist.

In dem Stammbaum der Könige von Essex erscheint Tyr-Saxnot wie in Snorri Sturlusons „Edda" als Sohn des Wotan/Odin.

VIII 2.   Traumreise zu Saxnot

„Saxnot?"

„Ja?"

„Bist Du ein Beiname des Tyr?"

„Man kann es so nennen ... Ich bin Tyr als Göttervater der Sachsen. ... Die sind die 'Schwertleute' und ich bin ihr 'Schwertgenosse'. ... Das war eine kriegerische Zeit ..."

„Hm ... gibt es dazu etwas zu sagen? Bist Du als Saxnot anderes als als Tyr?"

„Der Aspekt des Sonnengottes ist da fast vollkommen in den Hintergrund getreten. Als Saxnot bin ich der Krieger gewesen, der Schwertgott."

...

„Das heißt, in der Völkerwanderungszeit bist Du ... ja, einfach der Kriegsgott gewesen, weil da das das Wichtigste war?"

„Ja."

...

„Das heißt, es hat die Möglichkeit gegeben, daß auch Du zu einem solchen reinen Kriegsgott geworden wärst wie das bei Odin der Fall gewesen ist?"

„Ja, es gab starke Tendenzen in diese Richtung – aber Odin hat sich durchgesetzt."

„Hm ... warum eigentlich?"

„Weil er beides hatte – die Priesterseite und die Kriegerseite ... und die spirituellen Krieger sind überall diejenigen gewesen, die sich letztlich durchgesetzt haben – ob Du nun die Tempelritter hast oder die Shaolin-Mönche ... das ist überall dasselbe ... oder die Leoparden-Bünde in Afrika ... das ist dasgleiche Konzept ... sozusagen der Gottkönig für alle."

„Oh ... ja ..."

„Bei dem Gottkönig gibt es das auch, daß Priester und Krieger bzw. Priester und Fürst dieselbe Person sind ..."

„Das hatte ich noch garnicht bemerkt ... In den Mysterien heißt es ja sozusagen 'Jeder sein eigener König!' ... und die Fortführung davon ist 'Jeder sein eigener König und ein Priester.'"

„Ja – und wie Du eben hier ja mal gehört hast (in der Traumreise zu Wili und We), sollte auch jeder sein eigener Bauer sein."

„Hm ... das ist echt ein interessanter Aspekt. ... Vielen Dank, Saxnot!"

„Bitteschön."

„Ho!"

IX   Hildolfr

IX 1.   Hildofr in der germanischen Überlieferung

XI 1. a)   Der Name „Hildolf"

Dieser Gott wird lediglich in Snorri Sturlusons Asen-Listen erwähnt. Sein Name bedeutet „Kampf-Wolf" – es handelt sich folglich um einen kriegerischen Gott. Vermutlich ist dieser Ase ursprünglich ein Beiname eines anderen Asen oder eine Kenning für ihn gewesen. Dafür kommt vor allem Tyr infrage, da er bis 500 n.Chr. der neue Kriegsgott der Germanen gewesen ist und zudem auch der Gott der Wolfs-Ekstasekrieger („Ulfhedinn") und als solcher der „Große Wolf" („Fenrir") gewesen ist.

XI 1. b)   Thulur

In den Thulur wird „Hildolf" als Sohn des Odin aufgefaßt, was zu der Deutung des Hildolf als Tyr paßt, der in den neueren Mythen als Odins-Sohn angesehen worden ist.

Dies sind Odins Söhne:
Baldr und Meili,
Vidarr und Nepr,
Vali, Ali,
Thor und Hildolfr,
Hermodr, Sigi,
Skjöldr, Ingvifreyr
und Itreksjod,
Heimdallr, Sämingr,
Hödr und Bragi.

IX 1. c)   Zusammenfassung

Der Gott „Hildolf" ist ein Sohn des Odin. Sein Name bedeutet „Kampf-Wolf". Dieser Asen-Name ist vermutlich eine Kenning für den ehemaligen Sonnengott-Göttervater, Kriegsgott und Schwertgott Tyr, der als Wolfskrieger „Fenrir" genannt wurde – und vermutlich auch „Hildolf".

IX 2.   Traumreise zu Hildolf

„Hildolf – bist Du Tyr als Fenrir? "

„Nicht speziell als Fenrir, sondern als Gott der Ulfhedin – was natürlich mehr oder weniger mit dem 'Großen Wolf' identisch ist."

...

„Gibt es dazu noch etwas, was Du sagen möchtest? "

„Nein."

„Dankeschön."

„Bitteschön."

„Ho!"

X   Jomali

X   Jomali in der germanischen Überlieferung

Jomali ist ein Gott der Bjarmi, eines Stammes der Perm in Russland. In der Saga über Bosi und Herraud reisen die beiden Helden der Saga zu diesem Tempel und plündern ihn.

„Jomali" bedeutet in den finnischen Sprachen „Gott". „Jomali" wurde mit dem Himmel und dem Blitz assoziiert und könnte daher in etwa dem indogermanischen Dhyaus (Zeus, Deus, Tyr usw.) entsprochen haben.

Im Baltikum war Jumis einer der beiden göttlichen Zwillinge, die die Söhne des Göttervaters waren (Alcis).

XI Delling/Dag

XI 1. Delling/Dag in der germanischen Überlieferung

Der Gott bzw. Riese Delling findet sich auch wird in Band 48 ausführlich beschrieben und der Zwerg Delling in Band 32. Vermutlich sind der „Mauer-Bauer" Delling, der Gott/Riese und der Zwerg dieselbe mythologische Gestalt.

XI 1. a) Zusammenfassung zu „Delling" aus Band 48

Der Name „Delling" ist eine Kurzform von „Daglingr" und bedeutet „Nachkomme des Dag". Da die Sonne auch als „Dellings Sohn" bezeichnet wird, kann „Dag" nicht nur „Tag" bedeuten, sondern muß auch die „Sonne" selber sein. Daher bedeutet „Delling" letztlich „Sohn der Sonne".

Delling ist seinem Namen zufolge der „Sohn des Dag" und seinen Mythen zufolge der Vater des Dag. Delling-Dag ist somit die Sonne, die dadurch, daß sie jeden Morgen bzw. in jedem Frühjahr als ihr eigener Sohn wiedergeboren wird, jeden Tag bzw. jedes Jahr einen Zyklus durchläuft, indem sie immer sie selber und zugleich aufgrund der Symbolik der Wiederzeugung und der Wiedergeburt auch ihr eigener Sohn und ihr eigener Vater ist.

Dellings Vater ist der Tyr-Riese Nörwi (Narfi) und seine Mutter ist Nidr, deren Namen entweder „Neumond" oder „die in der Tiefe" bedeutet, was wohl beides als Beiname der Hel zu verstehen ist.

Als ein Ase, der sich in der Nacht im Jenseits befindet, konnte Delling auch als ein Zwerg, d.h. als ein Totengeist und auch als einer der Erbauer der Jenseitsmauer aufgefaßt werden.

Das Jenseitstor als der Ort im Osten am Horizont, durch das die Sonne am Morgen aus dem Jenseits wiederkehrt, wird „Dellings Tor" oder „Helgis Tor" genannt, was beides „Tor der Sonne" bedeutet.

Der Ortsname „Dalbury", der ursprünglich „Dellingeberie" gelautet hat und „Sonnen-Hügel" bedeutet, könnte auf einen ehemaligen Kultplatz der Sonne schließen lassen – vermutlich ist dieser Hügel das Hügelgrab des Tyr-Delling gewesen, das des öfteren auch unter dem Namen „Arhaug" („Adler-Hügel") ein Kultplatz des Tyr gewesen ist.

XI 1. b)   Zusammenfassung zu „Dag" aus Band 48

„Dag" bedeutet „Tag", aber da er sehr eng mit der Sonne assoziiert wurde, ist „Dag" fast gleichbedeutend mit „Sonne". Auch die Sonnenrune ist nach Dag benannt worden: sie hieß „dagaz".

Dag ist der Sohn der Nott („Nacht") und des Delling („Tagesanbruch") und der Halbbruder der Erdgöttin Jörd sowie der Halbbruder der Aud, die die Verkörperung des Reichtums und der Fülle ist.

Dadurch, daß Dag in einem zweispännigen Streitwagen den Himmel hinauffährt, beginnt der Tag. Die beiden Rosse vor seinem Wagen heißen „Skinfaxi" („Lichtmähne") und „Glad" („Strahlender"). Dag wird zwar von der Sonne unterschieden, aber letztlich sind beide dieselbe Gestalt. An einer anderen Stelle wird gesagt, daß er auf „Drösull" („Umherstreifender") reitet – vermutlich ist dies ursprünglich der Name eines der beiden Rosse vor dem Streitwagen der Sonne gewesen.

Das Lied, das von den Priestern und Priesterinnen bei den meisten indogermanischen Völkern am Morgen gesungen wird, war eine Anrufung und Einladung des Dag bzw. der Sonne.

Dag stirbt vermutlich am Abend bzw. im Herbst wie die Sonne und wie das Getreide und wird am Morgen bzw. im Frühjahr wiedergeboren. Durch diese Kenntnis des Jenseits ist Dag auch ein weiser Gott.

Dag scheint auch ein Gott des Friedens gewesen zu sein, da die Friedensvermittler bei den Germanen „Dagmann" hießen.

Dag ist mit dem ehemaligen Sonnengott-Göttervater Tyr identisch, insbesondere mit seinem Aspekt als der wiedergeborenen Morgensonne.

XI 1. c)   Fiölswin-Lied

Im Fiölswin-Lied erscheint Delling als einer der zwölf Erbauer der Dinge, die sich vor der Brüstung der Halle der Freya-Menglöd befinden.

Windkald (Tyr-Svipdag)*:*

„Sage mir, Fiölswinn, was ich Dich fragen will
Und zu wissen wünsche:
Wer hat gebildet, was vor der Brüstung ist
Unter den Asensöhnen?"

Fiölswin (Odin)*:*

„Uni und In, Bari und Ori,
Warr und Wegdrasil,
Dori und Uri, Delling und Atward,
Lidskialf und Loki."

Das, *„was vor der Brüstung ist"* wird die Befestigungsanlage rings um das Heim der Freya-Menglöd sein, also die aus dem Fleisch des Urriesen Ymir-Mökkurkialfi erschaffene Erde/Unterwelt sowie der Wall rings um die Halle der Hel.

Die zwölf aufgezählten Asen werden in etwa dieselben wie die in anderen Aufzählungen von zwölf Asen in der Edda sein, zumal Loki wie auch sonst immer als Letzter erscheint. Diese zwölf Asen sind symbolisch wohl die Gesamtheit der Asen.

Die angeführten Namen sind vermutlich unbekanntere Beinamen der Asen. Ihre Deutung ist z.T. recht unsicher. Teilweise handelt es sich jedoch auch um die Namen wichtiger Zwerge, die demnach an dem Bau mitgewirkt haben.

Die Erbauer der Mauer um die Halle der Menglöd		
Name	*Bedeutung*	*Deutung*
Uni	„Glückliche(r)"	?
In	„Haus" (?) (von „Inni"?)	?
Bari	evtl. Kurzform von Borgtorr: „beschützender Thor"	Thor (?)
Ori	„Gewalttätiger"	Zwerg in der „Vision der Seherin"
Warr	„Wächter, Beschützer, Krieger" (englisch: „Warrior")	Widar (?)
Wegdrasil	„Weg-Pferd"	Odin (?), Hermod (?)
Dori	„Bohrer, Tunnelgräber"	Zwerg in der „Vision der Seherin"
Uri	„Regen"	Freyr (?)
Delling	„Glänzender, Tagesanbruch, Sonne"	Sonnengott, evtl. der ehemalige Göttervater Tyr

Atward	vermutlich identisch mit dem Zwerg Andvari aus der „Vision der Seherin" und aus der Nibelungensage: „Rächer"	eine Form des ehemaligen Sonnengott-Göttervaters Tyr, da Andvari den Ring Andvarinaut besitzt, der dem Ring Draupnir entspricht
Lidskialf	„(Jenseits-)Tor-Insel"	Odin (?)
Loki	„Eingesperrter"	Loki

Aus der Zusammensetzung dieser Gruppe von „Bauleuten" kann man schließen, daß es sich bei Delling entweder um einen Gott oder um einen Zwerg handelt, der einen Bezug zum Jenseits hat. Beides würde auf den alten, am Abend gestorbenen Sonnengott-Göttervater Tyr in der Unterwelt zutreffen.

XI 1. d)   Zusammenfassung

Der Gott, Riese oder Zwerg Delling (Tyr) ist einer der Erbauer der Mauer rings um die Halle der Freya-Menglöd, die mit der Halle der Hel identisch ist.

XII Swipdag

XII 1. Swipdag in der germanischen Überlieferung

„Swipdag" ist sehr wahrscheinlich mit „Dag" identisch und ist vermutlich als ein unterscheidender Name für eine bestimmte Mythe des Dag entstanden.

XII 1. a) Der Name „Swipdag"

„Swipdag" oder „Svipdag" bedeutet „schneller Tag" oder „geschwinder Tag", womit entweder der Tagesanbruch, d.h. der Sonnenaufgang gemeint sein wird oder die Tage im Frühling, die länger werden.

XII 1. b) Die Beschwörung der Groa

In diesem Lied ruft Swipdag seine tote Mutter aus ihrem Grab heraus, damit sie ihm Rat und Hilfe für seine Reise zu Menglöd gibt.

Die folgende Übersetzung folgt nicht ganz der „klassischen" Version von Karl Simrock, da er an einigen Stellen recht frei mit Original umgegangen ist – so hat das Original z.B. sechs statt vier Zeilen je Strophe.

Der Sohn sprach:

„Erwache Groa,
erwache, gute Frau,
ich rufe Dich hervor am Tor der Toten,
ich hoffe Du erinnerst Dich,
daß Du Deinen Sohn gebeten hast,
an Deinem Hügelgrab nach Hilfe zu suchen."

Totenbeschwörungen waren bei den Germanen, aber auch bei den Kelten und so gut wie in allen frühen Religionen die häufigste Methode, um an Rat und Hilfe zu gelangen. So gut wie der gesamte Ahnenkult beruht darauf, daß die Lebenden auch nach dem Tod ihrer Eltern noch weiterhin deren Unterstützung gesucht haben.

Die Germanen setzten sich dazu vor das (Hügel-)Grab des Betreffenden auf einem Herdentier-Fell auf den Boden und riefen dann die Ahnen herbei. Dieses Verfahren wurde „utiseta", d.h. „Draußensitzen" genannt. Das Wort „uti" in dieser Bezeichnung ist dasselbe wie in „Utgard", woraus man schließen kann, daß „uti" dieselbe doppelte Bedeutung wie „jenseits/Jenseits" im Deutschen gehabt hat: Beim Utiseta saß man im Jenseits bei den Ahnen.

Das Fell, auf dem man dabei saß, stammt aus den Bestattungsbräuchen: Man wickelte die Toten in das Fell eines Herdentieres ein, damit sie dadurch die Zeugungskraft bzw. Fruchtbarkeit erhielten, die sie im Jenseits für ihre Wiedergeburt brauchten, der (bei den Männern) eine Wiederzeugung vorausging.

Der „Sohn" wird in dieser Szene folglich vor dem Hügelgrab seiner Mutter auf einem Stierfell o.ä. sitzen.

Groa sprach:

„Was schafft Sorgen
meinem einzigen Sohn,
welches Unheil hat Dich heimgesucht,
daß Du nach Deiner Mutter rufst,
die tot und begraben liegt
und die Welt der Menschen längst verlassen hat?"

Der Sohn sprach:

„Eine gefährliche Aufgabe
wurde mir von der argen Frau gegeben,
von der, die meinen Vater umarmte;
sie gebot mir, an den Ort zu gehen,
der als unerreichbar bekannt ist,
um Menglöd zu treffen."

Im Fiölswin-Lied wird berichtet, wie Svipdag von weither gekommen ist, um zu Menglöd zu gelangen, die seine zukünftige Braut ist. Daraus ergibt sich, daß der *„Sohn"* in diesem Lied Svipdag sein muß.

Die *„Frau, die meinen Vater umarmte"* kann nicht mit Groa identisch sein, da dieses Gespräch sonst absurd wäre. Svipdags Vater scheint folglich nach dem Tod der Groa eine neue Frau genommen zu haben. Wenn Svipdag der am Morgen - Sonnengott-Göttervater Tyr ist, dann ist sein Vater symbolisch gesehen der am Abend gestorbene Tyr, der im Jenseits zusammen mit der Jenseitsgöttin einen Sohn gezeugt – eben den Svipdag. Daraus ergäbe sich jedoch daß Groa und die Frau von Svipdags Vater identisch sein sollten. Es hat daher den Anschein, als ob hier die Jenseitsgöttin

91

bereits in einen bösen Aspekt (die neue Frau des Vaters = Hel) und in einen guten Aspekt, (die Mutter des Tyr-Swipdag = Groa-Freya; und die Braut des Svipdag = Freya-Menglöd) zerfallen wäre.

Diese drei Aspekte der Ergöttin-Jenseitsgöttin haben sich aus der Wiederzeugungs- und Wiedergeburts-Symbolik ergeben: die Göttin als die Mutter, Frau und Tochter des Sonnengottes bzw. allgemein des Toten (siehe dazu auch „Wiederzeugung" in Band 51).

Das Fiölswin-Lied, in dem Svipdags Ankunft bei Freya-Menglöd beschrieben wird, folgt auch in der Lieder-Edda auf die „Beschwörung der Groa", in der die Vorbereitung zu dieser Reise geschildert wird.

Freya-Menglöd wohnt in ebenfalls in einem Berg, d.h. in einem Hügelgrab, was zeigt, daß die Reise des Svipdag eine Jenseitsreise ist – was auch ihre Gefährlichkeit erklärt. Im Fiölswinlied heißt es: *„Wie heißt der Berg, wo ich die Braut, die wunderschöne, schaue?" – „Hyfiaberg heißt er."*

Auf diese schwere Reise, die Svipdag von seiner Mutter Groa bestimmt worden war, bezieht sich auch eine andere Stelle des Fiölswin-Liedes: *„Kein Mann mag in Menglöds sanften Armen schlafen außer Svipdag allein: die Sonnenglänzende ist ihm seit langem verlobt."*

Svipdags Mutter macht ihrem Sohn Mut für seine lange Reise:

Groa sprach:

„Lang ist die Wanderung,
Lang sind die Weg,
lange währen die Sehnsüchte der Menschen;
wenn es sich fügt,
daß sich Dein Wunsch erfüllt,
dann ist Skulds Spruch gebrochen."

„Skuld" ist eine der drei Nornen Urd, Skuld und Verdandi.

Aus dem Fiölswin-Lied ergibt sich, daß die Nornen Svipdag und Menglöd füreinander bestimmt haben: *„Swipdag heiß ich, Solbiart hieß mein Vater, her führten mich windkalte Wege. Urds Ausspruch ändert niemand, auch wenn er unverdient träfe."*

Es hat den Anschein, als ob die Norne Skuld gegen den Erfolg der Reise des Svipdag wäre, aber die Norne Urd dafür. Vielleicht bedeutet dieser Ausspruch über die Norne Urd aber auch nur, daß man dem, was man will, folgen muß und dann schaut, was das Schicksal, d.h. Urd bestimmt hat.

Es könnte auch sein, daß die Norne Skuld den Tod der Sonne (Svipdags Vater) am Abend bestimmt hat und daß durch die Wiederzeugung der Sonne mit der Jenseitsgöttin und die anschließende Wiedergeburt die Wiedergeburt der Sonne in ihrem Sohn Svipdag die Aufhebung des Spruches der Skuld ist, weil die Sonne als ihr eigener Sohn und somit als sie selber ins Diesseits zurückkehrt.

Der Sohn sprach:

„Singe Zaubersprüche für mich,
die segensreich sind,
Mutter, schütze Deinen Sohn.
Ich fürchte, daß
auf meiner Fahrt fallen werde,
so jung, wie ich an Jahren bin."

Groa sprach:

„Ich singe Dir dies erste Zauberlied,
das vielerprobte,
das Rindr sang der Ran:
Mögest Du all das abwirfst,
was Dir von Übel zu sein scheint –
sei Dein eigener Herr!

Der Ausspruch *„Sei Dein eigener Herr!"* ist eine der zentralen Weisheiten überhaupt. Er entspricht der Inschrift „Erkenne Dich selbst!" über dem Tor des Orakels von Delphi und er ist auch die Essenz der Lehren und Mysterien, die um 600 v.Chr. entstanden sind (Buddha, Jaina, Zarathustra, Mithras, Eleusis, Samothrake, Dionysos, Sol invictus u.a.) und z.T. auch den Germanen bekannt waren.

„Rindr" ist die Erdgöttin und „Ran" die Meeresgöttin sowie eine Totengöttin. Aus den germanischen Mythen ist kein Zusammentreffen dieser beiden Göttinnen bekannt. Da es in diesem Vers so aussieht, als ob Rindr ihre Zaubersprüche der Ran gelehrt hätte, hat es den Anschein, als ob Rindr die Mutter der Ran wäre. Da beide als Riesinnen angesehen wurde, würde dies auch gut denkbar.

Ich singe Dir dies andere Zauberlied,
falls Du Wege gehen mußt
gegen Deinen Willen:
Mögen Urds Riegel
Dich von allen Seiten halten,
solange Du auf dem Weg bist!

In dieser Strophe wird die Norne *„Urd"* beschworen, damit sie dem Svipdag von allen Seiten her beschützt und diesen Schutz fest verriegelt. Dies ist ist den germanischen Mythen die größte Annäherung an einem magischen Schutzkreis. Ein ähnlicher

Schutzbann findet sich nur noch in der Heimskringla beschrieben, in der ein Magier des dänischen Königs Harald Blauzahn feststellt, daß Island in den vier Himmelsrichtungen von einem Drachen, einem Riesenvogel, einem Riesen und einem Stier geschützt wird – und deshalb seinem König von der Eroberung Islands abrät.

Ich singe Dir dies dritte Zauberlied,
falls Flüsse
Dich mit Tod bedrohen:
Horn und Rud
sollen dann zur Hel hinabfließen
und vor Dir schwinden!

In dieser Strophe ist nicht ganz deutlich, ob „*Horn und Rud*" zwei konkrete große Flüsse sind, die symbolisch für die gefährliche Überquerung von Flüssen stehen, oder ob es sich um zwei mythologische Flüsse handelt, die die Gefahren im Leben darstellen. Möglicherweise ist auch beides gleichzeitig gemeint. Auf jeden Fall bannt Groa dieses Hindernis in die Hel hinab – wobei es sehr wahrscheinlich eine mythologische Szene gegeben haben wird, in der diese Flüsse zur Hel fließen, auf den sich Groa hier bezieht. Dieser Spruch könnte daher in etwa Folgendes bedeutet haben: „So wie Horn und Rud zur Hel fließen, so soll auch die Kraft aller Flüsse und anderer Hindernisse zur Hel fließen und Dein Weg über diese Flüsse und Hindernisse einfach und ungefährlich werden!"

Die beiden Flüsse könnten dem Jenseitsfluß Gjallar entsprechen. Es wäre auch ein Zusammenhang zwischen dem Fluß „Horn" und Baldurs Schiff „Hringhorni" („Ring-Horn") denkbar.

Ich singe Dir dies vierte Zauberlied,
falls Dir kampfbereite Feinde
auf dem Galgenweg begegnen:
Mögen sie ihren Sinn wandeln,
Deine Freunde werden,
Frieden zu schließen wünschen!

Ich singe Dir dies fünfte Zauberlied,
falls Fesseln
Deine Arme und Beine binden:
Mögen dann Leifnirs Flammen
über Deinen Beinen gesungen
und Deine Glieder befreit
und Deine Füße entfesselt werden!

„*Leifnir*" ist ein Riese, über den sonst nichts bekannt ist. Sein Name bedeutet „der/das Übriggebliebene" (englsich: „to leave") oder „Erbe". Der einzige Riese, der mit mit dem Feuer assoziiert wurde, ist Surtur. Aufgrund seines Wohnortes im Süden und seines Schwertes ist es wahrscheinlich, daß er auf den ehemaligen Sonnengott-Göttervater und Schwertgott Tyr zurückgeht. Falls „Leifnir" ein Beiname des Tyr gewesen sein sollte (vielleicht als am Abend sterbender Gott), dann wären „Leifnirs Flammen" das wärmende Sonnenlicht.

Falls sich der Name „Leifnir" jedoch nicht von „leifr" für „übriglassen", sondern von „lif" für „Leben" ableitet, würde „Leifnir" „der Lebende" bedeuten und könnte den morgendlichen, wiedergeborenen Tyr bezeichnen – was für einen Segensspruch deutlich passender wäre.

Ich singe Dir dies sechste Zauberlied,
falls Du ein Meer befahren mußt
– größer als es Menschen je gesehen haben:
Mögen dann die Stille und das Meer
sich in der Mühle vereinen
und Dir stets eine friedvolle Reise schenken!

In der germanischen Mythologie gab es die Vorstellung einer riesigen Mühle auf dem Meeresboden, die durch die Riesinnen Fenja (Frigg – von „Fensalir") und Menja (Freya – von „Menglöd") gedreht wurde. Dadurch entstand (in den Mythen) u.a. ein riesiger Strudel im Meer, der von den Wikingern gefürchtet wurde. Groa wünscht hier ihrem Sohn, daß die Mühle stillsteht, falls er einmal in ihrer Nähe vorbeikommen sollte.

Ich singe Dir dies siebte Zauberlied,
falls Dir Frost begegnet
auf einem hohen Berg:
Möge dann nicht die Leichenkälte
Deinen Leib zerstören
und möge Dein Leib seine Glieder bewahren!

Ich singe Dir dies achte Zauberlied,
falls Du draußen gefangen wirst
von der Nacht auf einem Nebel-Weg:
Möge Dir kein Schaden
zugefügt werde
von einer toten Christenfrau!

Man fürchtete schon immer das Unbekannte ... in diesem Fall aus der Sicht der Germanen die fremde Religion und die „fremden Götter" der Christen – insbesondere, wenn diese aus dem Jenseits aus wirkten.

Ich singe Dir dies neunte Zauberlied,
falls Du Worte wechseln mußt
mit dem Speer-bewehrten Riesen:
Mögen Dir dann
aus dem Herzen des Mimir
genügend Worte und Klugheit gegeben werden!

Der Tyr-Riese Mimir wurde als eines der weisesten Wesen angesehen. Von ihm erlangte auch Odin sein Wissen über das Jenseits.

Groa hat inzwischen einen Bannkreis um Svipdag gezogen (Urds Riegel), den Segen der Sonne, d.h. vermutlich des Tyr (Flammen) in diesen Kreis gerufen und nun den Svipdag in diesem Kreis mit der Weisheit des Mimir erfüllt. Dies ist in fast allen Kulturen die übliche Vorgehensweise bei einem so gründlichen durchgeführten Schutzzauber.

Groa singt dem Tyr-Svipdag neun Schutzlieder, da „9" die Zahl des Jenseits ist und Tyr-Svipdag sich auf der Jenseitsreise zu Freya-Menglöd-Hel befindet.

Mögest Du nie Dich dorthin wenden,
wo Gefahren auf Dich warten!
Möge kein Unheil Deinen Wünschen im Wege steh'n!
Auf dem Stein, der fest in der Erde ruhte,
stand ich in der Tür,
während ich die Zaubersprüche für Dich gesungen habe.

Der „Stein in der Erde" ist allgemein die Grabkammer in Groas Hügelgrab und spezieller die Türschwelle zu ihrem Grab. Die „Tür" ist der Eingang zu ihrem Grab, der unter der Erde des Hügels verborgen liegt.

Mögest Du Deiner Mutter Worte
mit Dir tragen, mein Sohn,
und mögest Du sie in Deiner Brust wohnen lassen;
denn Du wirst in reichem Maße Glück haben
in Deinem ganzen Leben
solange Du Dich meiner Worte erinnerst!"

Das Schutz-Lied hat auffälligerweise neun Strophen, was ein ziemlich sicherer

Hinweis auf das Jenseits ist. Die Gefahren, vor denen dieses Lied den Svipdag bewahren soll, lassen sich zwar durchaus als Gefahren im Diesseits auffassen, aber sie sind auch Gefahren, mit denen man den Mythen der Germanen zufolge auf dem Weg ins Jenseits rechnen muß:

1. Sein eigener Herr zu sein, ist sowohl im Diesseits wie im Jenseits das grundlegende Ziel des Handelns.

2. Den Schutz der Norne Urd kann man ebenfalls sowohl im Leben als auch im Tod gebrauchen, da sonst nichts gelingen wird.

3. Das Überqueren der gefährlichen Flüsse kann sich auch auf den Jenseits-fluß Gjallar/Wimur beziehen.

4. Feinde sind eine sehr allgemein formulierte Gefahr. Die Erwähnung des Galgenweges in dieser Strophe ist jedoch ein Hinweis auf das Jenseits.

5. Fesseln als Mittel, ein Wesen im Jenseits zu binden und dort festzuhalten, sind vor allem von der Fesselung des Fenris-Wolfes, d.h. des Tyr (im Winter) und des Loki (im Sommer) bekannt. Eine solche Fesselung könnte also auch als eine Gefahr für einen Toten im Jenseits angesehen worden sein.

6. Manchmal muß das Meer und nicht der Jenseitsfluß auf dem Weg ins Jenseits überquert werden. Das bekannteste Beispiel dafür ist die Schiffs-bestattung des Baldur.

7. Das Jenseits wurde oft im Eliwagar („Eiswogen"), d.h. in den Gletschern im Norden („Niflheim") vermutet. Daher kann sich auch der befürchtete Frost auf das Jenseits beziehen.

8. Die Nacht war (nicht nur) für die Germanen ein Gleichnis für das Toten-reich.

9. Die Riesen waren die Ahnen und somit die Bewohner des Jenseits.

Diese neun Gefahren gibt es zwar alle auch im Diesseits, aber es fällt doch auf, daß sie sich alle auch als Jenseitsgefahren auffassen lassen.

Diese neun Zauberlieder könnten auf die morgendliche Sonnenanrufung zurück-gehen, von der wahrscheinlich auch der Spruch zur Man-Rune und das Segenslied der Walküre Sigdrifa abstammen (siehe dazu auch das Kapitel „Die berühmte Vision des Bölthorn" in Band 3 über den Sonnengott-Göttervater Tyr).

XII 1. c)   Das Fiölswin-Lied

Im Fiölswin-Lied wird geschildert, wie der junge Svipdag zu dem gut bewachten Haus der Freya-Menglöd kommt und dort von mit dem Wächter spricht, um eingelassen zu werden.

Das Fiölswin-Lied beginnt damit, daß sich Svipdag dem Heim der Menglöd nähert und von dem Wächter des Hauses erblickt wird.

Außerhalb der Mauern
sah er von unten her einen Fremdling,
der sich dem Riesen-Heim näherte.

„*Er*" ist in diesen beiden ersten Versen der Wächter Fiölswin („Vielwissender") vor dem bewachten Haus der Menglöd. Da dieses Haus als „Riesensitz" bezeichnet wird, muß Menglöd eine Riesin sein und sich ihr Haus folglich im Jenseits befinden.

Auch Gunnlöd, zu der Odin reist und sich mit ihr vereint, und Gerdr, zu der Freyrs Bote Skirnir als Brautwerber reist, sind Riesinnen. Es hat somit den Anschein, daß die Asen allgemein die Riesinnen freien wollten. Die Riesinnen sind die „Göttinnen der früheren Generationen" bzw. die Göttinnen im Jenseits.

In den Vorstellungen der (Indo-)Germanen vereinen sich die Toten im Jenseits mit der Muttergöttin, die dabei als die Geliebte der Toten erscheint. Nach dieser Wiederzeugung schenkt die Göttin den Toten dann deren Wiedergeburt. Im Zusammenhang mit der Wiederzeugung befindet sich die Göttin im Jenseits und hat daher oft die Gestalt einer Riesin. Manchmal sitzt diese Riesin auch in einer Burg, in einem Berg oder in der Unterwelt-Höhle – alle diese Orte sind letztlich die Grabkammer im Hügelgrab.

Auch Hel („Höhle") selber, die Herrin der Unterwelt, ist eine solche Riesin.

Fiölswin:

„*Eile hinfort von hier*
auf den feuchten Pfaden;
hier ist kein Tempel für Dich!

Das Wort „Tempel" ist in diesen Versen eine Umschreibung für „Obdach", das gewählt wurde, um in dem germanischen Original einen dreifachen Stabreim zu erhalten.

Welches Ungetüm ist's, das vor dem Eingang steht,
Die Waberlohe umwandelnd?
Wonach verlangt Dich hier, was erlauerst Du?
Was willst Du, Freudenloser, wissen?"

Svipdag, der sich dem Haus der Menglöd nähert, wird von dem Wächter als „*Ungeheuer*" bezeichnet.

Die „*Waberlohe*", also der Kreis aus Flammen, ist ein beliebtes Bild der Germanen für das Tor zwischen Diesseits und Jenseits. Es erscheint u.a. auch im Skirnir-Lied, in dem Freyrs Bote Skirnir durch eine Flammenwand reiten muß um zu der Riesin Gerdr zu gelangen. Auch in der Sigurd-Sage muß Sigurd/Siegfried durch eine Waberlohe treten, um zu der Walküre Brünhilde zu kommen. In der Isländersaga über die Wikinger-Anführerin Hervor, aber auch in anderen Isländersagas wird beschrieben, daß aus den Hügelgräbern, in denen noch der Geist eines Toten wohnt, des nachts Flammen herauslodern.

Die „*feuchten Wege*" könnten ein Hinweis auf die Wasserunterwelt sein, aber das ist recht unsicher.

Fremdling:

„Welch Ungetüm ist's, das vor dem Eingang steht,
Und weigert dem Wanderer Gastrecht?
Gönnst Du nicht Gruß und Wort, so bist Du gar nichts wert:
Hebe Dich heim von hinnen."

Der „*Fremdling*" ist Svipdag, der hier den Wächter auf die guten Sitten hinweist. Er bezeichnet nun auch seinerseits den Fiölswin als „Ungeheuer".

Fiölswin:

„Fiölswin heiß' ich und habe klugen Sinn,
Bin meines Mahls nicht milde.
Zu diesen Mauern magst Du nicht eingeh'n:
Rechtloser, hebe Dich von hinnen."

Der Wächter lobt sich hier als Entgegnung auf Svipdags Tadel seiner Manieren selber. „*Bin meines Mahls nicht milde*" ist eine altertümliche Entsprechung zu dem heutigen „Er ist sein Geld wert."

Fremdling:

„Von Augenweide wendet sich ungern
Wer Liebes sucht und Süßes.
Die Gürtung scheint zu glühen um goldne Säle:
Hier möcht' ich Frieden finden."

Die „*Augenweide*" ist die schöne Menglöd, zu der Svipdag gelangen will. Wie Sif und Freya wird auch Menglöd als „schön" bezeichnet – was allerdings aus dem Mund eines Verliebten nicht unbedingt ein Kriterium ist, aufgrund dessen man diese drei Göttinnen einander gleichsetzen könnte …

Die „glühende Gürtung" ist die Waberlohe. Die „goldenen Säle", die von der Waberlohe umgeben werden, sind vermutlich ein Hinweis auf den Grabschatz in dem Hügelgrab und wahrscheinlich auch eine Erinnerung daran, daß der Sonnengott-Göttervater Tyr in dem Hügelgrab ruht und sein goldenes Sonnenschwert, seinen goldenen Sonnenschild und seinen goldenen Sonnenhelm sowie weitere goldene Dinge wie z.B. seinen Streitwagen, in dem er über den Himmel fährt, bei sich hat.

Fiölswin:

„Welcher Eltern Kind bist Du, Knabe, geboren;
Welchem Stamm entstiegen?"

Fremdling:

„Windkald heiß ich, Warkald hieß mein Vater,
Dessen Vater war Fiölkald.

Sage mir, Fiölswinn, was ich Dich fragen will
Und zu wissen wünsche:
Wer schaltet hier, das Reich besitzend,
Mit Gut und milder Gabe?"

Der „Fremdling" Svipdag nennt sich hier „*Windkald*" („Windkalt"). Da damals anstelle eines Nachnamens die Nennung des Vaters und evtl. noch des Großvaters üblich war, nennt Svipdag auch deren Namen „*Warkaldr*" („Frühlingskalt") und „*Fiölskald*" („Vielkalt"). Diese drei Namen sind offensichtlich genauso allegorisch wie der Name „Svipdag", der „schneller Tag" bedeutet und sich auf den Tagesanbruch oder auf die im Frühling länger werdenden Tage bezieht. Die drei Kälte-Namen werden wohl auf den Winter hinweisen, dessen Ende Svipdag bringt. Sein Pseudonym „Windkald" ähnelt zudem dem Namen des Vaters des Winters: „Windswalr" („Eiswind").

Fiölswin:

„Menglöd heißt sie, die Mutter zeugte sie
Mit Swaf, Thorins Sohn.
Die herrscht hier, das Reich besitzend,
Mit Gut und milder Gabe."

Der Wächter Fiölswin stellt nun seinerseits auch Menglöd mitsamt ihrem Vater und dessen Vater vor – offenbar wurden auch Frauen durch ihren Vater und Großvater und nicht durch ihre Mutter und Großmutter „definiert".

„*Swaf*" bedeutet „Blitzender" und ist leicht abgewandelt als „Swafnir" auch als Name des Odin bekannt. Da der Blitz bei den Indogermanen allgemein ein Zeichen des Göttervaters ist, sollte Swaf entweder Odin oder dessen Vorgänger Tyr sein. Dadurch würde Menglöd jedoch zur Tochter des Göttervaters, die ursprünglich aufgrund der Wiederzeugungs- und Wiedergeburtssymbolik erst seine Geliebte und dann seine Mutter gewesen ist. Die Auffassung der Freya-Menglöd als Tochter des Odin/Tyr ergibt sich jedoch aus den Wiederzeugungs- und Wiedergeburtsvorstellungen, in denen die Jenseitsgöttin und der Sonnengott sich selber immer wieder aufs Neue zeugen und gebären und dadurch zu ihren eigenen Eltern und auch zu ihren eigenen Kindern werden.

Swafs/Odins Vater wird hier „*Thorin*", d.h. „Mutiger" genannt. Ansonsten ist in der Edda kein Vater des Odin bekannt.

Menglöd ist die Herrin in diesem Reich. Sie ist mit den Totengöttinnen Frigg, Freya und Hel identisch.

„Menglöd" bedeutet „die sich ihres Halsschmucks erfreut". Dieser Halsschmuck ist Freya Brisingamen („strahlender Halsreif"), das wie Draupnir und Andwarinaut ein Symbol der Sonne ist.

Windkald:

„Sage mir, Fiölswin, was ich Dich fragen will
Und zu wissen wünsche:
Wie heißt das Gitter? Nie sah'n bei den Göttern
So üble List die Leute."

Fiölswinn:

„Thrymgialla heißt es, das haben drei
Söhne Solblindis gemacht.
Die Fessel faßt jeden Fahrenden,
Der es hinweg will heben."

Das Haus der Menglöd wird anscheinend von einem Fallgitter o.ä. mit dem Namen „Donnerschall" („*Thrymgialla*") versperrt. Solch ein Gitter findet sich auch vor dem Eingang zur Halle der Hel – es ist somit recht wahrscheinlich, daß die Burg der Menglöd die Unterwelt ist. Das am schwersten zu beseitigende („üble") Hindernis ist natürlich das Tor zur Unterwelt …

„*Solblindi*" bedeutet „Sonnenblinder". Eine solche Gestalt ist ansonsten unbekannt, aber der Name erinnert an Odins Beiname „*Helblindi*" („Hel-Blinder"), der wohl darauf anspielt, daß er auf einem Auge blind ist, da er es Mimir für dessen Kenntnisse über die Unterwelt („Hel") gegeben hat. Die „blinde Sonne" ist jedoch auch die „Schwarzsonne" in der Unterwelt, d.h. Tyr in der Nacht bzw. im Winter.

Die „*drei Söhne Solblindis*" erinnern an die drei Vertreter der drei Stände, die in den germanischen Mythen des öfteren auftreten: Woden/Odin (Krieger und Fürsten), Wili (Bauern und Handwerker) und We (Priester und Heiler).

Die mit dem Gitter verbundene Fessel hangt sicherlich damit zusammen, daß Loki (im Sommer) und Tyr-Fenrir (im Winter) mit einer „magischen" Fessel in der Unterwelt gefangengesetzt wurden. Das Gitter und die Fessel müssen somit das Tor zur Hel in dem Wall und in der Waberlohe sein, die die Burg der Freya-Menglöd-Hel, d.h. die Unterwelt umgibt.

Windkald:

„*Sage mir, Fiölswin, was ich Dich fragen will*
Und zu wissen wünsche:
Wie heißt die Gürtung? Nie sahn bei den Göttern
So üble List die Leute."

Fiölswin:

„*Gastropner heißt sie, ich habe sie selber*
Aus des Lehmriesen Gliedern erbaut
Und so stark gestützt, daß sie stehen wird
So lange Leute leben."

Die „*Gürtung*" ist die Schutzanlage, die Menglöds Heim wie ein Gürtel rings umgibt. Sie besteht zum einen aus einer Waberlohe, aber zum anderen anscheinend auch aus einem Erdwall, da er von Fiölswin aus den Gliedern des Lehmriesen Mökkurkialfi erbaut worden ist. Der Name „*Gastropner*" dieses Walles bedeutet „Gäste laut herbeirufen" – ein für einen Schutzwall eigentlich recht seltsamer Name. Er ergibt jedoch Sinn, wenn man bedenkt, daß dieser Wall die Unterwelt umgibt, in die alle Menschen früher oder später gerufen werden.

Es ist fraglich, ob des „*Lehmriesen Glieder*" hier nur ein poetisches Bild sind, oder ob mit ihm auf etwas anderes angespielt wird. Da Fiölswin, der den Wall errichtet hat, als Wächter am Jenseitstor eine Funktion innehat, in der sich sonst des öfteren der Schamanengott Odin befindet (Harbard-Lied) und „Fiölswin" („Vielwissender") ein sehr passender Name für Odin ist, könnte der Lehmriese eine Anspielung auf das Erschaffen der Welt aus den Gliedern des Urriesen Ymir durch die drei Brüder Woden

(Odin), Wili und We sein. Da das Heim der Menglöd die Unterwelt, also ein wesentlicher Teil der gesamten Welt ist, wäre diese Anspielung recht passend.

Auch der Name „Mökkurkialfi" („Nebelkalb") des Lehmriesen würde gut zu dieser Deutung passen, da Ymir von der Kuh Audhumbla begleitet wurde – Tyr-Ymir wird einst der Sohn, d.h. das Kälbchen der Kuh-gestaltigen Jenseitsgöttin gewesen sein. Ein „Nebelkalb" könnte zudem ein „Kalb in der Unterwelt" sein, da die Unterwelt auch „Niflheim", also „Nebelheim" genannt worden ist.

Windkald:

„Sage mir, Fiölswin, was ich Dich fragen will
Und zu wissen wünsche:
Wie heißen die Hunde? Ich hatte so grimmige
Lange nicht im Land gesehen."

Fiölswinn:

„Gif heißt einer und Geri der andre,
Weil Du's zu wissen wünschest.
Elf Wachen müssen sie wachen
Bis die Götter vergehen."

„Geri" („Gieriger") und „Gif" („Frecher") sind offensichtlich mit „Geri" („Gieriger") und „Freki" („Fresser"), den beiden Wölfen des Odin, identisch. Dies bestätigt, daß Fiölswin eine Kenning für Odin ist. Auch die Unterwelt wird von einem Hund bewacht, der „Garm" („Hund") heißt.

Die *„ elf Wachen"* könnten die elf Monate sein, nach denen dann der Monat kommt, in dem die Götter vergehen, d.h. der Ragnarök. Dieses *„ Vergehen der Götter"* ist vermutlich der Winteranfang. Die Vorgänge im Fiölswin-Lied stellen den Gegenpol zum Ragnarök dar, also das Ende des Winters, den Frühlingsanfang und die Wiedergeburt der Asen als ihre eigenen Söhne nach dem Ragnarök.

Windkald:

„Sage mir, Fiölswin, was ich Dich fragen will
Und zu wissen wünsche:
Ob einer der Menschen eingehen mag
Während die Schnaufenden schlafen."

103

Fiölswin:

„Abwechselnd zu schlafen war ihnen auferlegt
Seit sie hier Wächter wurden:
Einer schläft tags, der andre nachts,
Und so kann niemand hinein."

Windkald:

„Sage mir, Fiölswin, was ich Dich fragen will
Und zu wissen wünsche:
Gibt es keine Kost, sie kirre zu machen
Und einzugehen, während sie fressen?"

Fiölswin:

„Zwei Flügel siehst Du an Windofnirs Seiten,
Weil Du's zu wissen wünschst.
Das ist die Kost, sie kirre zu machen
Und einzugehen, während sie essen."

„Windofnir" („Windweber") ist die Kenning der Wanen für den Himmel. Windofnir hat aber auch die Gestalt eines Vogels, wie man aus den beiden Flügeln schließen kann – er ist ein Hahn, wie sich später im Fjölswin-Lied zeigt. Auch auf dem Weltenbaum sitzt ein Hahn. Er wird „Fjalar" („Verberger") genannt und hat einen goldenen Kamm. Beide Hähne könnten somit identisch sein. Ein weiterer schwarzroter Hahn sitzt auf der Halle der Hel – er könnte mit Windofnir identisch sein.

Nur mit den Flügeln dieses Hahnes lassen sich die beiden Hunde „kirre machen", d.h. besänftigen. Der Hahn sollte daher, vom einem symbol-logischen Standpunkt her betrachtet, etwas sein, das in der Lage ist, in die Unterwelt und wieder heraus zu gelangen. Da Vögel in Mythen im allgemeinen Seelenvögel sind, würde dies zutreffen. Durch das weitverbreitete Gleichnis zwischen dem Tod und dem Sonnengang sowie zwischen der (Wieder-)Geburt und dem Sonnenaufgang könnte er auch mit der Sonne assoziiert worden sein und letztlich auf den Adler-Seelenvogel des Tyr zurückgehen.

Windkald:

„Sage mir, Fiölswin, was ich Dich fragen will
Und zu wissen wünsche:
Wie heißt der Baum, der die Zweige breitet
Über alle Lande?"

Fiölswinn:

„Mimameid heißt er, Menschen wissen selten
Aus welcher Wurzel er wächst.
Niemand erfährt je, wie er zu fällen ist,
Da weder Schwert noch Feuer ihm schaden.“

„Mimameid“ bedeutet „Mimirs Baum“. Da der Riese Mimir („Erinnerung“) an der Quelle Hvergelmir („brodelnder Kessel“) unter dem Weltenbaum Yggdrasil lebt, ist Mimameid mit Yggdrasil identisch. Dies ergibt sich auch schon dadurch, daß Mimameids Zweige über alle Länder ragen – was nur auf den Weltenbaum zutrifft.

Windkald:

„Sage mir, Fiölswin, was ich Dich fragen will
Und zu wissen wünsche:
Welchen Nutzen bringt der weltbekannte Baum,
Dem weder Feuer noch Schwert je schaden?“

Fiölswinn:

„Mit seinen Früchten soll man feuern,
Wenn Weiber nicht wollen gebären.
Aus ihnen geht dann das, was vorher innen blieb:
So wird er der Leute Lebensbaum.“

Windkald:

„Sage mir, Fiölswin, was ich Dich fragen will
Und zu wissen wünsche:
Wie heißt der Hahn auf dem hohen Baum,
Der ganz von Golde glänzt?“

Fiölswinn:

„Windofnir heißt er, der im Winde leuchtet
Auf Mimameidis Zweigen.
Beschwerden schafft er, und schwerlich raubt
Den Schwarzen jemand sich zur Speise.“

Da Fiölswin/Odin einige Strophen vorher dem Svipdag/Windkald gesagt hat, daß die beiden Wachhunde nur mit den Flügeln des Hahnes Windofnir beruhigt werden können, und Odin hier sagt, daß dieser Hahn auf Mimameids Zweigen sitzt und nur schwer zur fangen sei, befindet sich die ganze Szenerie im Fiölswin-Lied anscheinend in der Nähe des Weltenbaumes. Dies ist aus mythologischer Sicht auch notwendigerweise so, da der Weltenbaum den Weg zwischen Diesseits und Jenseits darstellt und sich somit in der Nähe des Jenseitstores befinden sollte, an dem Svipdag gerade steht und mit Odin spricht.

Windofnir auf dem Wipfel des Mimameid und Fjalar auf oben auf Yggdrasil sind offenbar beide derselbe Hahn auf dem Weltenbaum.

Windkald:

„Sage mir, Fiölswin, was ich Dich fragen will
Und zu wissen wünsche:
Ist keine Waffe, die Windofnir
Zu Hels Behausung zu senden vermag?"

Fiölswin:

„Häwatein heißt der Zweig, Lopt hat ihn gebrochen
Vor dem Totentor.
In eisernem Schrein birgt ihn Sinmara
Unter neun schweren Schlössern."

Es ist offensichtlich nicht einfach, an Odins Wölfen vorbeizukommen, die hier die Funktion der Wächter am Jenseitstor innehaben, die sonst von dem Höllenhund Garm eingenommen wird.

Der Hahn Windofnir läßt sich nur mit dem *„Häwatein"* („treffender Zweig") töten, den *„Lopt"* („der Luftige" = Loki) vor dem Totentor abgebrochen hat. Diesen Zweig bewahrt zudem Sinmara in einer eisernen Kiste mit neun Schlössern auf. Dieser „treffende Zweig" ist offensichtlich mit dem Mistelzweig („Mistiltein") identisch, den Loki dem Hödur als Pfeil gab, damit dieser mit ihm ohne es zu wollen seinen Bruder Baldur erschoß.

Die Kombination des Mistelzweiges mit Baldur und dem Hahn läßt vermuten, daß der Hahn eigentlich die Fylgia, also der Seelenvogel des Baldur ist – ähnlich dem Adler, der der Seelenvogel des Göttervaters Tyr/Odin ist.

Die Mistel als immergrüne Pflanze wird ursprünglich die Hoffnung auf ein Ende des Winters und die Wiederkehr des Sommers dargestellt haben. Genau dies will Tyr-Svipdag in dem Fiölswin-Lied auch erreichen – seine eigene Wiedergeburt durch Freya-Menglöd und seine Rückkehr in das sommerliche Diesseits.

Sinmara, die den Mistelpfeil bewacht, sollte eigentlich die Unterweltsriesin Hel sein. „Sinmara" bedeutet entweder „Große Stute". Sie ist die Jenseitsgöttin in Stuten-

Gestalt, wenn Tyr bzw. die Toten bei ihrer Wiederzeugung die Gestalt eines Hengstes annehmen.

Die „neun Schlösser" sind ein deutlicher Hinweis darauf, daß sich der Mistelpfeil in der Unterwelt befindet, da die „9" bei den Germanen sozusagen ein Adjektiv mit der Bedeutung „zum Jenseits gehörend" gewesen ist.

Windkald:

„Sage mir, Fiölswin, was ich Dich fragen will
Und zu wissen wünsche:
Kann lebend zurückkehren, der nach ihr verlangt
Und die Rute rauben will?"

Fiölswin:

„Lebend kann zurückkehren, der nach ihm verlangt
Und die Rute rauben will,
Wenn er das schenkt, was wenige besitzen,
Der Dise des leuchtenden Lehms."

Eine *„Dise"* ist eine Göttin. Der *„leuchtende Lehm"* ist wohl der Wall aus Erde mit der Waberlohe auf ihm, die die Burg der Menglöd umgibt, d.h. ursprünglich eigentlich das Hügelgrab, auf dem die Totengeister-Flammen brennen. Auch die Hügelgräber, die aus Stein und Lehm errichtet worden waren, leuchten in den Sagas der Germanen oft von lodernden Flammen, die durch die Anwesenheit der Totengeister in ihren Hügelgräbern entstehen.

Anscheinend muß man den Mistelzweig aus der Unterwelt rauben, um in die Unterwelt zu gelangen, um von dort den Mistelzweig zu holen – nicht gerade einfach …

Windkald:

„Sage mir, Fiölswin, was ich Dich fragen will
Und zu wissen wünsche:
Gibt's einen Hort, den man haben kann,
Der die fahle Vettel freut?"

Eine *„Vettel"* ist eine alte, häßliche Frau mit einem schlechten, unmoralischem Charakter, d.h. in etwa eine Hexe. Die *„fahle Vettel"* ist die Göttin-Riesin Hel, deren ständiger Aufenthalt unter der Erde sie hat blass werden lassen.

Mit *„Hort"* ist hier kein großer Goldschatz gemeint, sondern nur das Geschenk, über das Fiölswin eine Strophe vorher gesprochen hat.

Fiölswin:

„Die blinkende Sichel birg im Gewand,
Die in Windofnirs Schweife sitzt,
Gib sie Sinmara, so wird sie gerne
Die blutige Rute Dir borgen.“

Die „blutige Rute“ ist der Mistelpfeil, mit dem Hödur durch die List des Loki den Baldur erschossen hat.

Die Angelegenheit wird zunehmend schwieriger für Svipdag: Nun soll er eine Feder aus dem Schwanz des Hahnes Windofnir reißen, um diese Feder dann bei Hel gegen deren Mistelpfeil einzutauschen, um dann erst anschließend mit diesem Pfeil den Hahn zu erlegen, mit dessen Flügeln er die Hunde besänftigen muß, um in die Unterwelt gelangen zu können, in die er jedoch schon vorher zu seinem Tauschhandel „Feder gegen Pfeil“ mit Hel reisen muß.

Svipdag braucht also die Hahnenfeder, um den Hahn zu fangen und er muß in die Unterwelt reisen, um sich von dort das zu holen, mit dessen Hilfe er dann erst in die Unterwelt reisen kann.

Angesichts derartig gravierender logistischer Probleme ist es verständlich, daß die Menschen nicht allzuoft in die Unterwelt reisen und dort Hel besuchen gehen … Nicht ohne Grund, heißt es im Groa-Lied von dem Ort, an dem Menglöd wohnt, daß er unerreichbar sei …

Windkald:

„Sage mir, Fiölswin, was ich Dich fragen will
Und zu wissen wünsche:
Wie heißt der Saal, der umschlungen ist
Weise mit der Waberlohe?“

Fiölswin:

„Glut wird er genannt, der kreisend sich dreht
Wie auf des Schwertes Spitze.
Von dem seligen Hause soll man immerdar
Nur von Hörensagen hören.“

Das Heim („*Saal*“) der Menglöd ist nicht nur von einer Waberlohe umgeben, sondern heißt auch noch selber „*Glut*“. „Hels Halle“ ist offensichtlich eine Feuerunterwelt.

Das Kreisen dieser Halle ist zunächst einmal eine recht unerwartete Eigenschaft des

Saales der Menglöd. Das einzige Große, das in den Mythen der Germanen kreist, ist die Himmelkuppel. In der Mitte dieser Himmelkuppel berührt der Wipfel des Welten-baumes, der am Nordpol steht, genau am Polarstern den Himmel. Der Weltenbaum ist demnach das *„Schwert"*, auf dessen Spitze sich Ymirs Schädel, aus dem der Himmel von den Asen erschaffen wurde, dreht.

Dieses Jenseitsbild bezieht sich offenbar auf das Himmelsjenseits, also Odins Saal Walhalla in Asgard. In der Edda stehen die beiden Motiv „Halle der Hel" unter der Erde und „Walhalla" im Himmel nebeneinander. Walhalla ist für die im Kampf ge-fallenen Krieger reserviert, während alle anderen zur Hel fahren.

Da sich zum einen der Eingang zu den Hallen der Hel zwischen den Wurzeln des Weltenbaumes befindet und zum anderen der Stamm des Weltenbaumes nach Asgard im Himmel hinaufführt, ist der Weltenbaum der Weg zu beiden Formen des Jenseits.

Von dem Haus der Hel soll man besser nur erzählen hören als es selber zu sehen – da man in der Regel nur als Toter dorthin gelangt ...

Windkald:

„Sage mir, Fiölswinn, was ich Dich fragen will
Und zu wissen wünsche:
Wer hat gebildet, was vor der Brüstung ist
Unter den Asensöhnen?"

Fiölswin:

„Uni und In, Bari und Ori,
Warr und Wegdrasil,
Dori und Uri, Delling und Atward,
Lidskialf und Loki."

Das, *„was vor der Brüstung ist"* wird wohl die Befestigungsanlage rings um das Heim der Menglöd sein, also die aus dem Fleisch des Urriesen Ymir-Mökkurkialfi er-schaffene Erde/Unterwelt sowie der Menglöd-Wall. Die zwölf aufgezählten Asen werden wohl in etwa dieselben wie die in anderen Aufzählungen sein, zumal Loki wie auch sonst immer als Letzter erscheint. Diese zwölf Asen sind symbolisch wohl die Gesamtheit der Asen.

Die angeführten Namen sind vermutlich unbekanntere Beinamen der Asen. „Del-ling" bedeutet „Glänzender, Tag". „Wegdrasil" könnte wie „Wegtam" ein Beiname des Odin sein.

„Lidskialf" bedeutet „(Jenseits-)Tor-Insel" und ist der Name von Odins Thron. Ein Schelf ist eine flache Stelle im Meer, also eine Insel, die nur bei Ebbe aus dem Wasser ragt.

Windkald:

„Sage mir, Fiölswin, was ich Dich fragen will
Und zu wissen wünsche:
Wie heißt der Berg, wo ich die Braut,
Die wunderschöne, schaue?"

Fiölswin:

„Hyfiaberg heißt er, Heilung und Trost
Seit langem den Lahmen und Siechen.
Gesund ward jeder, wie verjährt war das Übel,
Der den Steilen erstieg."

Das Heim der Freya-Menglöd ist auch das Haus der Heilung, wie der Name „*Hyfiaberg*" („Heil-Berg") zeigt. Sein Bezeichnung als „*Steiler*" ist vermutlich vor allem eine poetische Übertreibung. Auch die Riesin Gunnlöd, zu der Odin in der Gestalt einer Schlange reist, wohnt in einem Berg. Diese beiden Berge sind sicherlich Hügelgräber, die von den Germanen als Eingang in die Unterwelt aufgefaßt wurden.

In sehr vielen Mythen ist die Tätigkeit des Schamanen zu der Tätigkeit des Heilers ausgeweitet worden, denn wer mit dem Tod umgehen kann, weiß auch, was er bei dem „kleinen Tod", also bei den Krankheiten tun muß. In gleicher Weise kann natürlich auch die Jenseitsgöttin selber alle Krankheiten heilen, da sie durch die Wiedergeburt der Toten sogar den Tod überwinden kann.

Die „Heilung" könnte auch eine Umschreibung für die Wiedergeburt der Sonne (Tyr-Svipdag) sein.

Windkald:

„Sage mir, Fiölswin, was ich Dich fragen will
Und zu wissen wünsche:
Wie heißen die Mädchen, die vor Menglöds Knien
Einig beisammen sitzen?"

Diese Szene erinnert an die neun Töchter der Meeres- und Jenseitsgöttin Ran. Da die „9" ein Jenseits-Symbol ist, sind diese neun Mädchen der Freya-Menglöd genauso die eine Jenseitsgöttin (hier Freya-Menglöd) sind wie die neun Töchter der Ran, die die „Mütter" des Tyr-Heimdall sind.

Fiölswin:

„Hlif heißt eine, die andere Hlifthursa,
Die dritte Dietwarta,
Biört und Blid, Blidur und Frid,
Eir und Örboda."

Da *„Eir"* („Hilfe") als die beste der Heilerinnen der Asen bekannt ist, werden diese neun Mädchen wohl die Heilkunst-Schülerinnen der Menglöd sein. Dazu paßt gut, daß *„Hlif"* „Schützende" bedeutet und *„Hlifthursa"* „beschützende Riesin". Auch die übrigen Namen der neun Mädchen fügen sich gut in diese Annahme: *„Blid"* und *„Blidur"* bedeuten „Sanfte"; *„Frid"* bedeutet wahrscheinlich „Freundliche" und *„Dietwarta"* vermutlich „Volksschützerin".

„Biört" ist die „Glänzende". Aus ihrem Namen wurde später „Bertha", die eine hilfreiche Wintergöttin ist, die in den Märchen auch als „Frau Holle" erscheint.

„Örboda" ist ein Beiname der Göttin Ran. An den Textstellen, an denen Ran „Örboda" genannt wird, heißt Rans Mann Ägir „Gymir". Der Name „Örboda" in dieser Aufzählung bestätigt die Vermutung, daß diese neun Mädchen mit Rans neun Töchtern identisch sind. „Örboda" oder „Aurboda" bedeutet „Meeresbotin". Sie ist u.a. die Mutter der Riesin Gerdr.

Da man davon ausgehen kann, daß die Schülerinnen der Menglöd Namen tragen, die Qualitäten ausdrücken, die Menglöd an ihren Schülerinnen schätzt, kann man aus diesen Namen eine Beschreibung der Heilerin Menglöd ableiten, da auch sie selber die Eigenschaften haben wird, nach denen sie ihre Schülerinnen ausgewählt hat.

Namen der neun Mädchen => Charakter der Heilerin Freya-Menglöd				
Name	*Bedeutung*	*Charakter der Freya-Menglöd*		
Eir	Hilfe	Helferin	sanfte Helferin	sanfte, sonnengleiche Helferin in der Unterwelt
Hlif	(Be-)Schützende			
Hlifthursa	(Be-)Schützende Riesin			
Dietwarta	Volksschützerin			
Blid	Sanfte	Sanfte		
Blidur	Sanfte			
Frid	Freundliche			
Biört	Glänzende (Sonne)	Sonnengöttin	sonnengleiche Unterweltsgöttin	
Örboda	Meeresbotin	Meeresgöttin		

111

Windkald:

„Sage mir, Fiölswin, was ich Dich fragen will
Und zu wissen wünsche:
Beschützen sie alle, die ihnen opfern,
Wenn sie dessen bedürfen?"

Fiölswin:

„Jeglichen Sommer, so ihnen geschlachtet
Wird an geweihtem Orte,
Welche Krankheit auch die Menschenkinder überkommt,
Jeden nehmen sie aus ihren Nöten."

Windkald:

„Sage mir, Fiölswin, was ich Dich fragen will
Und zu wissen wünsche:
Mag ein Mann wohl in Menglöds
Sanften Armen schlafen?"

Fiölswin:

„Kein Mann mag in Menglöds
Sanften Armen schlafen –
Nur Svipdag allein: die Sonnenglänzende
Ist ihm verlobt seit langem."

Die Bezeichnung der Menglöd als *„Sonnenglänzende"* („Solbiarta") gleicht dem Namen des Svipdag („schneller Tag"), da sich auch dessen Name auf die Sonne bezieht. Die Sonnensymbolik ist in diesem Lied offenbar wichtig. Dieser Name entspricht auch dem Namen „Biört" („Glänzende"), den eine ihrer Schülerinnen trägt. Die Verbindung der Freya-Menglöd zur Sonne ist offenbar recht eng sie ist die Wiederzeugungs-Geliebte, die Wiedergeburts-Mutter und die Wiederstillens-Amme des Sonnengott-Göttervaters Tyr-Svipdag.

Windkald:

„Auf reiß die Türe, schaff weiten Raum,
Hier magst Du Svipdag schauen.
Doch frage zuvor, ob noch erfreut
Menglöd meine Minne."

Fiölswin:

„Höre, Menglöd! Ein Mann ist gekommen:
Geh' und beschaue den Gast.
Die Hunde freuen sich, das Haus erschloß sich selbst,
Ich denke, es ist Svipdag."

Die unmöglichen Aufgaben, die Fiölswin dem Svipdag stellte, als dieser das Haus der Menglöd betreten wollte, braucht dieser nun nicht mehr zu erfüllen, da sich das Haus selber öffnet, um ihn einzulassen. Im übertragenden Sinne kann man dies evtl. so auffassen, daß sich mit dem Frühling die Erde durch die Rückkehr der Sonne von selber öffnet – und die Pflanzen einschließlich des Getreides wieder ins Diesseits zurückkehren läßt.

Menglöd (zu Fiölswin)*:*

„Glänzende Raben am hohen Galgen
Hacken Dir die Augen aus,
Wenn Du das lügst, daß der Verlangte endlich
Zu meiner Halle heimkehrt."

Menglöd (zu Svipdag)*:*

„Von wannen kommst Du? Wo warst Du bisher?
Wie hieß man Dich daheim?
Nenne genau Namen und Geschlecht,
Bin ich als Braut Dir verbunden."

Svipdag:

„Svipdag heiß ich, Solbiart hieß mein Vater,
Her führten mich windkalte Wege.
Urds Ausspruch ändert niemand,
Auch wenn er unverdient träfe."

Svipdags Vater heißt „*Solbiart*" („Sonnenglänzender"). Sein Name ist die männliche Form des Beinamens „Solbiarta" der Menglöd. Tyr-Svipdag und Freya-Menglöd scheinen somit derselben Sippe zu entstammen – was ganz ihrer gemeinsamen Wiedergeburt entspricht, durch die sie zu Geschwistern werden.

Die „*windkalten Wege*" sind wahrscheinlich ein Hinweis auf den nun vergangenen Winter.

„ Urds Ausspruch" ist hier wohl die Vorherbestimmung der Wiedergeburt der Sonne im Frühling und somit auch der Wiederkehr der Pflanzen. Mit diesem alljährlichen Schicksalsspruch der Norne ist auch der Mistelzweig verbunden, der in den neueren, Odin-zentrierten Mythen zwar den Tod des Sommers, aber in den älteren, Tyr-zentrierten Mythen die Hoffnung auf den nächsten Frühling symbolisiert.

Menglöd:

„Willkommen seist Du, mein Wunsch erfüllt sich,
Den Gruß begleite der Kuß.
Unversehenes Schauen beseligt doppelt
Wo rechte Liebe verlangt.

Lange saß ich auf liebem Berge
Auf Dich wartend Tag um Tag;
Nun geschieht, was ich hoffte, da Du heimgekehrt bist,
Süßer Freund, in meinen Saal."

Swipdag:

„Sehnlich Verlangen hatt' ich nach Deiner Liebe
Und Du nach meiner Minne.
Nun ist gewiß, wir beide werden
Miteinander ewig leben."

Das „ewige Zusammenleben" ist hier genaudieselbe Umdeutung des Frühlings (Rückkehr der Sonne) zu einem einmaligen Ereignis wie es sich beim (einmaligen) Ragnarök findet. Diese „Götterdämmerung" ist ursprünglich der zyklischen Tod des Sommers, des Getreides und des Göttervaters Tyr gewesen und wurde erst nach und nach zu dem Tod fast aller Asen umgedeutet.

Man kann zumindestens vermuten, daß es zu diesen regelmäßig wiederkehrenden Zeiten im Jahreslauf, die später zu einmaligen Ereignissen umgedeutet wurden, ursprünglich auch die jeweils entsprechende Mythe zu dem Gegenpol im Jahreskreis gegeben hat. Diese beiden Szenen werden dann mythologisch-rituelle Ereignis-Paare gebildet haben, die die beiden Wechsel zwischen Sommer und Winter dargestellt haben.

Die folgende Übersicht zeigt diese Mythen-Paare. Die rekonstruierten Szenen sind in Klammern gesetzt.

Die beiden Wechsel zwischen Sommer und Winter	
Sommer => Winter	*Winter => Sommer*
Tyr-Fenrir wird im Jenseits gefesselt	Loki wird im Jenseits gefesselt
Baldur stirbt durch Loki/Hödur	Baldur wird wiedergeboren
die Asen sterben im Ragnarök	die Sohn-Paare der Asen werden wiedergeboren
Tyr verliert seine rechte Hand	(Tyr erhält seine rechte Hand zurück)
Tyrs Schwert zerbricht	Tyrs Schwert wird neu geschmiedet
(Svipdag verläßt Menglöd)	Svipdag kehrt zu Menglöd zurück
(Freyr verläßt Gerdr)	Freyr/Skirnir reist zu Gerdr
Skadi und Niörd trennen sich	Skadi und Niörd werden ein Paar
Loki schert Sifs Haar ab	die Zwerge erschaffen Sifs neues Haar
Raub des Göttermets	Odin reist zu Gunnlöd

In vier Liedern der Edda findet sich eine Brautwerbung o.ä. Der Ursprung dieses Motivs, das in einer Mythensammlung wie der Edda mehr als eben nur eine Heirats-anbahnung sein könnte, findet sich am deutlichsten bei Odin und Gunnlöd als Jenseitsreise mit Wiederzeugung, Wiedergeburt und Wiederstillen (Göttermet) darge-stellt.

Auch im Fiölswin-Lied ist deutlich zu sehen, daß es sich um eine Unterweltsreise und ein Frühlings-Gleichnis handelt.

Skirnirs Werbung der Gerdr für Freyr ist dadurch als Jenseitsreise erkennbar, daß Gerdr eine Riesin ist und somit in der Unterwelt lebt.

Auch Skadi ist eine Riesin, die den Asen Niörd zum Mann wählt. Da jedoch keiner der beiden auf Dauer bei dem anderen leben kann, trennen sich beide wieder, nach-dem sie versucht hatten, abwechselnd neun Nächte in dem Heim der Skadi (= neun Winter-Monate) und drei Nächte in dem Heim des Niörd (= drei Sommer-Monate) zu wohnen.

Skadi wollte ursprünglich Rache für ihren von den Asen getöteten Vater Tyr-Thiazi nehmen, aber willigte darin ein, einen Asen als Mann zum Ausgleich für den Mord zu erhalten. Sie mußte ihn jedoch mit verbundenen Augen anhand seiner Füße auswäh-len. Sie wollte Baldur, da er der schönste der Asen war, aber sie hielt Niörds Füße für die des Baldur und erhielt somit den Meeresgott als Mann. Da das Motiv der Füße eng mit dem Sonnengott verbunden ist, der von den Indogermanen ursprünglich ein-mal als Himmelswanderer aufgefaßt worden ist, erhält Niörd hier eine Verbindung zu der „Frühlingssonne" Svipdag. Auch die Verwechselung des Niörd mit Baldur zeigt, daß es bei dieser Bräutigam-Wahl um eine Jenseitsreise als Bild für den Wechsel der Jahreszeiten geht.

In dem Edda-Lied „Des Hammers Heimholung" findet sich schließlich eine Parodie auf diese Brautwerbungen. Solche Parodien waren bei den Germanen offenbar sehr beliebt, wie u.a. auch die Lieder „Lokasenna" und die Erzählung über den Riesen Udgardloki zeigen.

XII 1. d)   Prolog der Prosa-Edda

Der Bericht über einen König Svipdag im Prolog zu Snorris Edda ist vor allem interessant, weil er Svipdag als einen Ururenkel des Odin auffaßt, da „Dag" und „Svipdag" ursprünglich vermutlich Beinamen des Sonnengott-Göttervaters Tyr gewesen sind.

Andererseits sagt diese Genealogie natürlich nicht allzuviel aus, da sich ein großer Teil der skandinavischen Könige in der einen oder anderen Weise als Nachkommen des Odin aufgefaßt haben.

In jenem Land ernannte Odin drei seiner Söhne zu Landherren.

Einer wurde Vegdeg genannt: Er war ein mächtiger König und herrschte über Ost-Sachsenland. Sein Sohn war Vitgils, dessen Söhne waren Vitta, Heingistrs Vater, und Sigarr, Vater von Svebdeg, den wir Svipdag nennen.

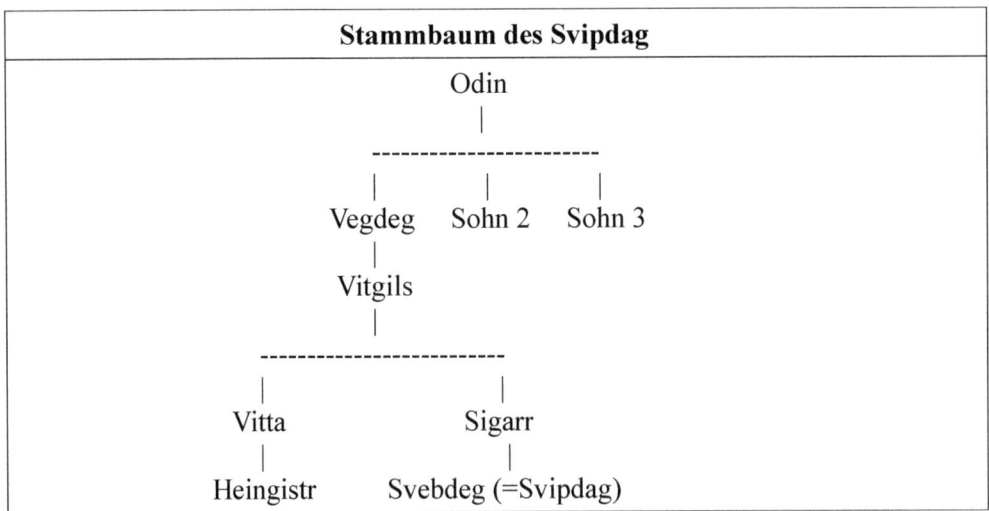

XII 1. e)   Gesta danorum

Auch der dänische Mönch Saxo der Schriftkundige berichtet in seiner „Geschichte der Dänen" über einen König Swipdag. Daraus läßt sich schließen, daß Svipdag einer der bekannteren und wichtigeren Götter gewesen sein muß, da er sonst nicht in diesem halb historischen und halb mythologischen Geschichtswerk erscheinen würde. Die Götter sind in Saxos historischem Werk der damaligen Auffassung gemäß zu Königen der Vorzeit umgedeutet worden.

In dieser kurzen Episode finden sich jedoch keinerlei Hinweise auf eventuelle umgedeutete frühere Mythen eines Gottes Swipdag.

Wie in dem ganzen Werk finden sich auch in den kurzen folgenden Szenen einige christliche Anspielungen und Urteile – schließlich war Saxo ein Mönch.

Danach vernichtete Swipdag, der König Norwegen, den König Gram, der versuchte, die Gewalt, die seiner Schwester angetan worden war und die Versuchung ihrer Keuschheit zu rächen.

Diese Schlacht war bemerkenswert wegen der Beteiligung der Heere der Sachsen, die dazu aufgehetzt worden waren, Swipdag zu helfen – nicht so sehr, weil sie Swipdag helfen wollten, sondern aus dem Verlangen heraus, Heinrich zu rächen.

... ...

Nachdem Swipdag den Gram besiegt hatte, wurde er durch die Reiche von Dänemark und Schweden bereichert.

XII 1. f)   Heimskringla

In der folgenden Episode, die u.a. über einen Wikinger namens Swipdag berichtet, gibt es einen Hinweise darauf, daß hier eine ehemalige Mythe zu einer Saga umgedeutet worden ist: „König Alf" lautet auf altnordisch „Alberich", was ein Beiname des Tyr als Totengott und Jenseitsherrscher gewesen ist. Daher könnte auch der Name „Svipdag" aus den Tyr-Mythen übernommen worden sein.

Auch „Starkad" ist ein ehemaliger Beiname des Tyr gewesen.

Hugleik war der Name von König Alfs Sohn, der im Königreich der Schweden auf die beiden Brüder als König folgte, da die Söhne des Ynge noch Kinder waren.

König Hugleik war kein Krieger, sondern saß still daheim in seinem Reich. Er war sehr reich, aber er hatte den Ruf, daß er sehr gierig war.

Er hatte an seinem Hof alle Arten von Musikanten versammelt, die auf Harfen, Fiedeln und Geigen spielten.

Und er hatte Magier und alle Arten von Zauberinnen um sich geschart.

Hake und Hagbard waren zwei Brüder, zwei sehr gefeierte See-Könige, die eine große Macht an Bewaffneten hatten. Manchmal zogen sie gemeinsam aus, manchmal jeder für sich, und viele Krieger folgen ihnen beiden.

König Hake zog mit seinem Heer nach Schweden gegen König Hugleik, der auf seiner Seite ein großes Heer versammelte, um ihn zurückzuschlagen. Ihm kamen zwei Brüder zu Hilfe, Svipdag und Geigad, beide sehr berühmte Männer und machtvolle Kämpfer. König Hake hatte zwölf Meisterkrieger um sich, unter denen sich Starkad der Alte befand – und König Hake selber war ein tödlicher Krieger.

Sie trafen sich auf Fyrisvold. Dort gab es eine große Schlacht, in der König Hugleiks Heer schon bald besiegt wurde. Da stürmten die beiden Krieger Svipdag und Geigad mannhaft vorwärts, aber gegen Hakes Meisterkrieger waren sie sechs gegen einen und sie wurden beide gefangengenommen.

Da durchbrach König hake den Schild-Kreis um König Hugleik und tötet ihn und auch seine zwei Söhne.

Danach flohen die Schweden und König Hake unterwarf das Land und wurde König von Schweden.

XII 1. g) Skaldskaparmal

In dieser Saga scheint über dieselben zwei Brüdern berichtet zu werden, die hier als Berserker bezeichnet werden. Vermutlich waren auch die zwölf Meisterkrieger des Königs Hake solche Berserker, da diese oft zu zwölft als „Leibgarde" deines Königs in Erscheinung treten.

Der Bruder des Svipdag heißt hier abweichend „Beigudr" statt „Geigad".

Ein anderes Beispiel erzählt man von Hrolf Krakis Kühnheit.

In der Saga über Hrolf Kraki findet sich eine große Anzahl von Elementen aus den Tyr-Mythen (siehe u.a. „Helgi" und „Alberich" in Band 39).

In Uppsala herrschte ein König, Adils genannt, der Yrsa, Hrolf Krakis Mutter, zur Frau hatte. Er war in Unfrieden mit dem König von Norwegen, der Ali hieß. Sie kämpften miteinander auf dem Eise des Sees, der Wänir heißt.

„König Ali" ist eine Variante von „König Alf" („Alberich").

118

Da sandte König Adils Boten zu Hrolf Kraki, seinem Stiefsohn, daß er ihm zu Hilfe käme, und versprach seinem ganzen Heer Sold, solange die Fahrt währte. Und der König selber sollte drei Kleinode erhalten, die er aus Schweden wählen würde.

Aber Hrolf Kraki konnte ihm nicht zuziehen wegen des Krieges, den er mit den Sachsen hatte. Doch sandte er ihm seine zwölf Berserker. Darunter waren Bödwar, Biarki und Hialti der Kühne, Hwitserk der Mutige, Wöttr, Widseti und die Brüder Swipdag und Beigudr.

XII 1. h) Die Chronik der Angelsachsen

In dieser Chronik wird über einen Swäbdäg berichtet, der einer der Ahnen von Aella, König von Deira gewesen ist.

Es findet sich jedoch kein Hinweis auf eine der Genealogie zugrundeliegende Mythe.

XII 1. i) Gesta danorum

In dieser mythologisch-historischen Geschichte der Dänen wird über einen König Swipdag von Norwegen berichtet. Da in dieser Geschichte aber (abgesehen von dem Auftreten einiger Riesen) keine mythologischen Elemente vorkommen, wird es sich bei diesem Swipdag eben nur um einen König handeln.

XII 1. j) Zusammenfassung

„Swipdag" ist der „schnelle Tag", d.h. der Tagesanbruch oder der Frühlingsanfang. Swipdag ist wahrscheinlich weitgehend mit Dag identisch. Da auch Dags Vater Delling den Tagesanbruch verkörpert, ist es recht wahrscheinlich, daß Dag/Swipdag der wiedergeborene Delling ist – der am Abend gestorbene alte Sonnengott-Göttervater Tyr und der am Morgen wiedergeborene junge Sonnengott-Göttervater Tyr.

Die Mythe des Swipdag beschreibt seine Reise zu der Göttin Menglöd im Jenseits. Dies ist vermutlich ursprünglich die nächtliche Reise der Sonne durch die Unterwelt gewesen, bei der sie sich durch die Vereinigung mit der Göttin selber wiederzeugte, sodaß die Sonne am Morgen von ihr wiedergeboren werden konnte.

119

Die Burg der Menglöd hat viele Übereinstimmungen mit der Halle der Hel: Sie liegt an einem Ort, von dem es heißt, daß man ihn nicht erreichen kann; zu ihr führt eine lange und gefährliche Reise; sie ist von einer Waberlohe umgeben; sie hat ein Gitter als Tor; sie wird von Hunden bewacht; sie wird mit dem Weltenbaum und mit dem Mistelzweig, mit dem Baldur getötet wurde, assoziiert; Svipdag muß unmögliche Aufgaben lösen, um eintreten zu können …

Die Norne Skuld hat über Svipdag einen Schicksalsspruch verhängt – vermutlich den Tod der Sonne am Abend. Wenn Svipdag die Göttin Freya-Menglöd erreicht, wird dieser Schicksalsspruch wieder aufgelöst – vermutlich durch die Wiedergeburt der Sonne nach der Vereinigung des Svipdag mit Freya-Menglöd. Diese erfolgreiche Auflösung des Spruches der Norne Skuld liegt jedoch in dem Wesen des Svipdag begründet: Die Hunde vor dem Tor zu der Halle der Menglöd begrüßen Svipdag freudig und das Tor der Halle öffnet sich ihm von selber.

Die beiden Sprüche der Nornen Urd und Skuld findet sich auch in dem Namen eines berühmten Helden wieder: Sigurd – sein Name bedeutet „Sieg-Urd".

Der Sonnencharakter sowohl des Vaters des Tyr-Svipdag (und somit auch seines Sohnes) als auch der Sonnenmutter Freya-Menglöd zeigt sich in deren Beinamen „Sonnenglänzende" bzw. „Sonnenglänzender".

Odin tritt im Zusammenhang mit Svipdag in seiner ursprünglichen Funktion als Schamanengott auf, wobei er schon halb vom Jenseitsführer zum Jenseitswächter geworden ist.

Svipdag wurde als der Ururenkel des Odin angesehen. Svipdags Mutter Groa ist tot, d.h. im Jenseits. Sie wird letztlich mit Freya-Menglöd-Hel identisch sein. Die Aufteilung der Jenseitsgöttin und des Göttervaters in mehrere Generationen entstand durch die Übertragung des zyklischen Vorgangs des Sonnenlaufs in eine Folge von Tagen, zu denen dann jeweils ein Göttervater und seine Frau gehörten, wobei der Göttervater-Sohn jeweils der wiedergeborene Göttervater-Vater war.

Der Göttervater selber muß nicht explizit als Sonnengott aufgefaßt worden sein: Durch die enge Verknüpfung der Wiedergeburtssymbolik mit dem Bild des Sonnenlaufes erhielten alle Jenseitsreisenden auch einen „Hauch Sonnensymbolik".

Svipdags Mutter Groa und die neue Frau seines Vaters sind daher letztlich miteinander identisch – sie sind zwei Aspekte der Jenseitsgöttin.

Der Name „Hyfiaberg" („Heilungs-Berg") der Halle der Menglöd ist sicherlich davon abgeleitet, daß die Sonne des Abends in dem Jenseits (= Hügelgrab = Berg) versinkt und am Morgen dann durch ihre Wiedergeburt durch die Jenseitsgöttin von dem Tod als der größten „Krankheit" „geheilt" wird.

Das Motiv der Früchte des Weltenbaumes, die den Frauen beim Gebären helfen sollen, könnte sich auch auf die Wiedergeburt der Sonne beziehen.

- - -

Die indogermanischen Wurzeln der Symbolik des Swipdag und auch deren Vorge-
schichte in der Jungsteinzeit und in der Altsteinzeit finden sich in dem Kapitel „Sonne" in Band 48 sowie in dem Band 3 über den ehemaligen Sonnengott-Göttervater
Tyr.

XII 2. lyrische Zusammenfassung

Swipdag

Den Mond-Berg[41] umwallen Morgen-Nebel
an der Mündung des Eistal-Flusses;
Tau tropft von Sturm-zerzausten Kiefern,
Möwen grüßen mit Schreien den Tag.

Der Hindin-Hügel[42] glimmt und glüht –
hoch schlugen die Flammen[43] in der Nacht;
Swipdag war zu Gast bei Sinmara[44],
schlief mit ihr auf einem Lager aus Gold.

Skuld[45] hat den Schicksalsspruch verkündet,
als am Abend die Sonne im Meer versank:
Sterben muß Swipdag an jedem Tag –
endlos, für immer, stetig, ewig.

_____

41 Mond-Berg = Hügelgrab
42 Hindin = Hirschkuh (Jenseitsgöttin); Hindin-Hügel = Hügelgrab
43 Die Germanen glaubten, daß aus Hügelgräbern, die noch bewohnt waren, nachts Flammen
   (Reste des Bestattungsfeuers?) emporloderten.
44 Sinmara = „Große Stute" = Jenseitsgöttin
45 Skuld = eine der drei Nornen

Urda[46] schenkte Swipdag ihren Riegel[47],
gab ihm Schutz auf allen Wegen;
verhieß ihm Rückkehr von den Toten,
das Verlassen der Halle der Hel.

Groa[48] sang ihm schützende Lieder,
neun berühmte Lieder sang sie ihm;
sie sang ihm Bölthorns mächtige Lieder[49],
neun Lieder sang sie ihrem Sohn.

Swipdag lag bei Menglöd[50] im Gold-Saal[51],
Tyr[52] lag bei Frigga in Sumpfheim[53];
Dag[54] lag bei Nott[55] im Düsterwald[56],
Delling[57] lag bei Freya in Niflheim.

Der Schlüssel zum Tor der Halle der Hel
liegt hier in Sinmaras[58] eiserner[59] Truhe[60]:
der zarte Zweig einer Mistel von Yggdrasil[61] –
ein Zeichen der Hoffnung auf einen neuen Tag.

---

46 Wyrd/Urd/Urda = die erste und älteste der drei Nornen
47 „Urds Riegel" = ein Schutzzauber
48 Groa = „Grüne, Grünende" = Swipdags Mutter, Erdgöttin und Jenseitsgöttin
49 Bölthorn = „Übler Dorn" = „Übles Schwert" = Tyr; seine Lieder = die Sonnenaufgangs-
    Hymne, die morgendliche Anrufung der Sonne
50 Menglöd = Freya
51 Gold = Grabschatz im Hügelgrab; Gold-Saal = Grabkammer im Hügelgrab
52 Tyr = der ehemalige Sonnengott-Göttervater
53 Sumpfheim: Friggs Halle hieß „Fensalir", d.h. „Sumpf-Saal" – dies ist eine Bezeichnung
    für die Jenseits-Halle in der Wasserunterwelt.
54 Dag = „Tag" = Sonne = Tyr
55 Nott = „Nacht" = Jenseitsgöttin
56 Düsterwald („myrkvid") = das Jenseits als Wald oder der Wald auf dem Weg ins Jenseits
57 Delling = Morgensonne = Tyr
58 Sinmara = „Große Stute" = Jenseitsgöttin
59 Das Wort „Eisen" wurde von den Germanen (und auch von anderen Völkern) wie ein
    Adjektiv mit der Bedeutung „zum Jenseits gehörend" benutzt.
60 Die Germanen nannten die Grabkammer im Hügelgrab manchmal „Truhe".
61 Yggdrasil = Weltenbaum

Menglöds Geliebter genießt ihre Umarmung,
Freyas Gefährte trinkt Met mit der Göttin;
Solbiarts Sohn[62] erwacht von den Toten,
Fiölkalds Enkel[63] schließt das Gittertor auf.

Der Himmels-Wanderer[64] kennt alle Heime,
Der Besucher des Hilfe-Berges[65] weiß die Wege;
Der Beschwörer der Groa[66] kennt das Geheimnis des Berges[67],
Der Bewohner des Adler-Hügels[68] weiß die Worte des Morgens[69].

Der Sohn des Warkald[70] kennt Sinmaras Tor[71],
Der Sonnendrache[72] weiß die alten Lieder[73];
Der Utiseta-Kundige[74] kennt Aurvandil[75],
Der Sonnenglänzende[76] weiß Kolfrostas Worte[77].

---

62 Solbiart = „Sonnenglänzender" = Tyr; sein Sohn = der wiedergeborene Tyr = Svipdag
63 Fiölkalds Enkel = Svipdag
64 Himmels-Wanderer = Sonne = Svipdag
65 Hilfe-Berg = Hügelgrab (Dort bat man die Ahnen und die Götter um Rat und Hilfe.)
66 Beschwörer der Groa = Svipdag, der seine tote Mutter um Hilfe bittet
67 Berg = Hügelgrab; dessen Geheimnis = die Wiedergeburt der Sonne
68 Adler = Seelenvogel des Tyr; Adler-Hügel = Hügelgrab des Tyr = Kultplatz des Tyr
69 Worte des Morgens = morgendliche Sonnen-Anrufung
70 Sohn des Warkald = Svipdag
71 Sinamra = Jenseitsgöttin; ihr Tor = Jenseitstor
72 Sonnendrache = Tyr-Svipdag als Schlange/Drache in der Unterwelt
73 alte Lieder = Lieder aus dem Kult des Tyr = morgendliche Sonnenhymne
74 Utiseta = Totenbeschwörung; Utiseta-Kundiger = Svipdag
75 Aurvandil = „Lichtwanderer" = die Venus als Morgenstern, die das Kommen der Sonne
    ankündigt (da sie morgens nur kurz vor und nach Sonnenaufgang zu sehen ist)
76 Sonnenglänzender („Solbiart") = Beiname des Tyr-Svipdag
77 Kolfrosta = „schwarzer Frost" Jenseitsgöttin; ihre Worte = Schutzzauber, Wiedergeburt

XII 3.   Traumreise zu Svipdag

„Swipdag?"

„Ja?"

„Habe ich das richtig erkannt, daß Du die junge Sonne bist, der junge Tyr?"

„Ja – es ist natürlich ein Fehler, daß ich in den Mythen als Jüngling dargestellt werde, der sich dann mit Freya-Menglöd vereint, weil ... das habe ich als alter Sonnengott getan. ... Aber Deine Deutung ist schon richtig."

„Hm ... diesen Fehler habe ich noch garnicht bemerkt gehabt ... hm ... ja ... Danke für den Hinweis! ... Gibt es da noch etwas, was Du mir sagen magst?"

...

„Es ist gut, daß Du diese Bücher schreibst."

„Oh ... Dankeschön!"

„Etwas Klarheit bringst Du dadurch auf jeden Fall in die Sache – und das tut euch als Kultur auf jeden Fall gut."

„Hm ... Du meinst, daß ich damit tatsächlich etwas dazu beisteuere, daß das Bild von der germanischen Religion wieder etwas realitätsnäher wird?"

„Zum einen das und zum anderen ermöglicht es manchen Menschen, wieder Kontakt mit uns aufzunehmen – mit uns germanischen Göttern. Und das fehlt euch einfach."

...

„Hm ... ja ... das ist auch mein Gefühl. Ich hab schon mit so vielen verschiedenen Göttern aus unterschiedlichen Kulturen gesprochen – also auf Traumreisen ... Ich habe gemerkt, die germanischen Götter, die dürfen da nicht fehlen, die sind eigentlich für uns hier so ziemlich der direkteste Zugang zu der Götterwelt."

„Ja, aber vergiß nicht die keltischen Götter – die spielen in eurer Kultur auch ein Rolle ... und noch viel andere – einschließlich des Christentums."

„Hm ... ja ... ich hab' 'ne Weile gebraucht, um das zu akzeptieren. ... Möchtest Du noch etwas sagen?"

„Nein."

„Danke, Hildolf."

XIII   Thror

XIII 1.   Thror in der germanischen Überlieferung

XIII 1. a)   Ynglingatal

Der Name dieses Asen bedeutet „Mächtiger".

XIII 1. a)   Ynglingatal

Der Ase Thror wird lediglich von Thjodolfr von Hvini im Ynglingatal als Ase genannt – in der „Vision der Seherin" wurde er jedoch als Zwergkönig angesehen (siehe „Thror" in Band 7).

Als Zwergenkönig wird Thror recht sicher auf Tyr als Totenkönig („Alberich") zurückgehen.

XIII 1. b)   Zusammenfassung

Thror ist ein Zwergkönig und ein Ase, über den nichts weiter als sein Name, der „Starker" bedeutet, bekannt ist. Er wird daher Tyr als Jenseitsgott sein. Möglicherweise ist er mit dem Gott/Held Starkad („Starker") identisch, der eine Saga-Variante des Tyr ist.

XIV   Wegdrasil

XIV 1.   Wegdrasil in der germanischen Überlieferung

XIV 1. a)   Der Name „Wegdrasil"

Der Name „Wegdrasil" bedeutet „Weg-Pferd".

Falls mit diesem „Pferd auf dem Weg" das Schamanenpferd auf dem Jenseitsweg gemeint ist, wäre „Wegdrasil" entweder ein Beiname des Odin oder seines Sohnes/ Dieners/Priesters Hermodr.

Es wäre auch denkbar, daß die beiden Rosse vor dem Streitwagen des Sonnengott-Göttervaters Tyr gemeint sind, die dann später zu Odins „Doppelpferd" Sleipnir wurden – in diesem Falle wäre mit „Wegdrasil" Tyr gemeint.

XIV 1. b)   Fiölswin-Lied

Im Fiölswin-Lied erscheint Wegdrasil als einer der zwölf Erbauer der Dinge, die sich „vor der Brüstung" der Halle der Menglöd, d.h. vor der Unterwelt befinden – damit ist der Wall rings um die Halle der Hel gemeint.

Windkald:

„Sage mir, Fiölswinn, was ich Dich fragen will
Und zu wissen wünsche:
Wer hat gebildet, was vor der Brüstung ist
Unter den Asensöhnen?"

Fiölswin:

„Uni und In, Bari und Ori,
Warr und Wegdrasil,
Dori und Uri, Delling und Atward,
Lidskialf und Loki."

Die zwölf aufgezählten Asen werden wohl in etwa dieselben wie die in anderen

Aufzählungen von zwölf Asen in der Edda sein, zumal Loki wie auch sonst immer als Letzter erscheint. Diese zwölf Asen sind symbolisch wohl die Gesamtheit der Asen.

Die angeführten Namen sind vermutlich unbekanntere Beinamen der Asen. Teilweise handelt es sich jedoch auch um die Namen wichtiger Zwerge, die demnach an dem Bau mitgewirkt haben.

XIV 1. c)   Zusammenfassung

„Wegdrasil" ist einer der zwölf Erbauer der Halle der Freya-Menglöd. Sein Name bedeutet „Weg-Pferd". Damit sind entweder die beiden Pferde vor Tyrs Streitwagen („Alcis") oder Odins „Doppel-Roß" Sleipnir gemeint, das auf die beiden Alcis-Söhne des Tyr zurückgeht: Tyr Rosse ziehen die Sonne/Tyr über den Himmelsweg und Odins Roß trägt ihn auf dem Weg ins Jenseits und wieder zurück.

XIV 2.   Traumreise zu Wegdrasil

„Wegdrasil ... möchtest Du mir etwas sagen?"

...

„Wenn Du keine Fragen hast, nicht."

...

„Hm ... ist meine Auffassung von Deinem Wesen in meinem Buch zutreffend?"
„Ja."

...

„Hm ... und sonst gibt's nichts zu ergänzen?"
„Nein."
„Ja, gut ... Danke."
„Bitteschön."
„Ho!"

XV Annar

XV 1. Annar in der germanischen Überlieferung

Annar ist ein nur wenig bekannter Gott oder Zwerg.

XV 1. a) Der Name „Annar"

„Annar", „Anarr", „Ann", „Onar" und „Onarr" bedeutet „der Andere, der Zweite".

Er ist der Name des zweiten Mannes der Göttin Nott („Nacht"), mit dem sie Erd-göttin Jörd gebar. Die Germanen zählen hin und wieder auf folgende Art: „das Lied – das andere Lied – das dritte Lied – das vierte Lied …usw." Der Name „Annar" ist somit nur ein eine Art Zahlwort.

Dieser „Annar" zählte sowohl zu den Göttern in der Unterwelt als auch zu den Zwergen (siehe „Ann" in Band 32).

XV 1. b) Die Vision der Seherin

Die vier Strophen in „Die Vision der Seherin", in der „Ann" und „Anarr" (die zwei Schreibvarianten desselben Namens sind) aufgeführt wird, lauten:

Da ward Modsognir der mächtigste
Dieser Zwerge und Durin nach ihm.
Noch manche machten sie menschengleich
Der Zwerge von Erde, wie Durin angab.

Nyi und Nidi, Nordri und Sudri,
Austri und Westri, Althiof, Dwalin,
Nar und Nain, Niping, Dain,
Bifur, Bafur, Bömbur, Nori;
Ann und Anarr, Ai, Miödwitnir.

Weig, Gandalf, Windalf, Thrain,
Theck und Thorin, Thror, Witr und Litr,
Nar und Nyrad; nun sind diese Zwerge,
Regin und Raswid, richtig aufgezählt.

Fili, Kili, Fundin, Nali,
Hepti, Wili, Hannar und Swior,
Billing, Bruni, Bild, Buri,
Frar, Hornbori, Frägr und Loni,
Aurwang, Jari, Eikinskjaldi.

XV 1. c)   Gylfis Vision

In „Gylfis Vision", die aus „die Vision der Seherin" zitiert, wird gesagt, daß Annar einer der Zwerge ist, die in der Erde wohnen:

Und dieses, heißt es, sind die Namen dieser Zwerge:

Nyi und Nidi, Nordri und Sudri, Austri und Westri, Althiosr, Dwalin, Nar und Nain, Niping, Dain, Biwör, Bawör, Bömbör, Nori, Ori, <u>Onar</u>, Oin, Modwitnir, Wig und Gandalf, Windalf, Thorin, Fili, Kili, Fundin, Wali, Thror, Throin, Theck, Lit, Wit, Nyr, Nyrad, Reck, Radswid.

Und diese sind auch Zwerge und wohnen im Gestein wie jene in der Erde:

Draupnir, Dolgthwari, Hör, Hugstari, Hlediolf, Gloin, Dori, Ori, Duf, Andwari, Hepti, Fili, Har, Siar.

XV 1. d)   Zwergen-Namen

In dem Lied „Dwerga-Heiti" („Zwergen-Namen"), dessen Verfasser unbekannt ist, wird Annar, der hier „Onarr" geschrieben wird, ohne nähere Beschreibung aufgelistet:

Althiofr, Austri,
Aurwangr und Dufr,
Ai, Andvari,
Onn und Draupnir,

Dori und Dagfinnr,
Dulinn und <u>Onarr</u>,
Alfr und Dellingr,
Oinn und Durnir.

XV 1. e) Gylfis Vision

Norwi oder Narfi hieß ein Riese, der in Jötunheim wohnte; er hatte eine Tochter, die hieß Nott und war schwarz und dunkel wie ihr Geschlecht.

Sie ward einem Manne vermählt, der Naglfari hieß: der beiden Sohn war Aud.

Danach ward sie einem namens Onar (Annar) vermählt; beider Tochter hieß Jörd.

Ihr letzter Gemahl war Delling, der vom Asengeschlecht war. Ihr Sohn Tag war schön und licht nach seiner väterlichen Herkunft.

Da nahm Allvater die Nacht und ihren Sohn Tag und gab ihnen zwei Rosse und zwei Wagen und setzte sie an den Himmel, daß sie damit alle zweimal zwölf Stunden um die Erde fahren sollten. Die Nacht fährt voran mit dem Rosse, das Hrimfaxi („Reifmähne") heißt, und jeden Morgen betaut es die Erde mit dem Schaum seines Gebisses. Das Roß, womit Tag fährt, heißt Skinfaxi („Lichtmähne") und Luft und Erde erleuchtet seine Mähne.

Annars Frau hieß „Nott" („Nacht"). Sie war die Tochter des Riesen „Nörwi" („der Finstere").

Nott und Nagelfari („Nagelschiff") hatten zusammen die Tochter Aud, deren Name „Fülle" bedeutet. Mit diesem Wort beginnt auch der Name der Urkuh Audhumbla. Mit „Nagel" ist der „Fingernagel" gemeint – „Nagelfar" ist daher recht sicher das Boot, daß die Toten, von denen dieser Fingernägel stammen, über den Jenseitsfluß Gjallar fährt. Der Riese Nagelfar sollte daher der Jenseitsfährmann auf dieser Barke sein.

Nott und der Ase Delling („Tagesanbruch, Leuchtender") hatten als Sohn den „Tag".

Nott und Annar haben schließlich zusammen die Erdgöttin Jörd als Kind.

Offensichtlich gebiert die Riesin „Nacht" zusammen mit drei Männern drei wesentliche Dinge: die Fülle, die Erde und den Tag. Es ist anzunehmen, daß auch die drei Väter zu ihren jeweiligen Kindern passen. Für die erste und die dritte Ehe der Nott ist dies leicht zu erkennen:

- Der Morgen bringt zusammen mit der Nacht den Tag.
- Der Jenseitsfährmann bringt aus der Nacht die Fülle in den Tag.

„Annar" ist einfach der „zweite Ehemann" der Nott. Vermutlich erscheint er nur deshalb in dieser Liste, weil drei Väter gebraucht wurden. Andererseits ist diese Familie aber auch nicht so systematisch, daß man von einem reinen Konstrukt ausgehen könnte.

Die Familie der Riesin Nott					
Mutter		**Vater**		**Kind**	
Name	*Charakter*	*Name*	*Charakter*	*Name*	*Charakter*
Nott	Nacht	Naglfari	Jenseitsfährmann	Aud	Fülle
Nott	Nacht	Annar	Ymir?	Jörd	Erde
Nott	Nacht	Delling	Morgenanbruch, Leuchten	„Tag"	Tag

Die Nacht ist offenbar die Urmutter aller Dinge, zu denen als wesentliche Elemente die Erde, der Tag (d.h. die Sonne) und die Fülle auf der Erde gehören. In so gut wie allen alten Sprachen heißt es „Nacht und Tag" im Sinne von „am Anfang war die Göttin, die die Sonne gebar" und nicht wie heute „Tag und Nacht" im Sinne von „Arbeit und Ausruhen von der Arbeit".

Die beiden bekannten Väter sind der Jenseitsfährmann und der Tagesanbruch (Delling), die beide zu dem Motiv der morgendlichen Geburt der Sonne gehören. In dem Bild der Schöpfung als die Geburt der Sonne durch die Muttergöttin ist der Vater auch relativ unwichtig, da die Muttergöttin im Zentrum steht – daher reicht in diesem Fall die Bezeichnung „noch ein Vater" vollkommen aus …

XV 1. f) Heimskringla

In dem 9. Kapitel der Heimskringla, das über König Tryggve berichtet, wird ein Lied des Skalden Guthorm zitiert:

König Hakon, dessen scharfes Schwert rot gefärbt ist,
den glänzenden Stahlhelm auf dem Haupt,
hat einen mutigen und starken Krieger dazu bestimmt,
die ausländischen Feinde fernzuhalten.
das grüne Land vor Krieg zu schützen,
das die schwarze Nacht dem Zwergen Annar gebar.

131

Die Erde war die Tochter des Zwerges/Gottes Annar und der Nacht-Göttin Nott.

XV 1. g) Skaldskaparmal

Auch Snorri Sturluson führt die Erd-Kenning „Tochter des Onarr" auf:

„Wie soll man die Erde umschrieben?"
„So: Indem man sie Fleisch des Ymir und Mutter des Thor nennt, Tochter des Onarr ... ... Tochter der Nacht, Schwester des Audr und des Dag."

XV 1. h) Hakonardrapa

In diesem Loblied auf König Hakon umschreibt Hallfredr Ärger-Skalde die Erde u.a. mit „einzige Tochter des Onarr".

Dieses Lied sollte den Anspruch des König Hakon auf Norwegen festigen. Zu diesem Zweck hat Hallfredr die Eroberung des Landes durch Hakon in Analogie zu einer sexuellen Vereinigung zwischen König und Land gesetzt, die ein altes indogermanisches Motiv gewesen ist, das damals offenbar noch so gut bekannt gewesen ist, daß Hallfredr es für diese lyrische Propaganda für König Hakon verwenden konnte.

Die folgenden Strophen sind der mittlere Teil dieses Liedes, in dem Hallfredr das genannte Gleichnis benutzt.

Jede Strophe enthält eine Kenning für König Hakon, danach eine Kenningar für die Erdgöttin, d.h. Norwegen, sowie ein Verb, das zugleich die politische Unterwerfung als auch die sexuelle Vereinigung von König und Erdgöttin beschreibt, durch die der Eroberer zum rechtmäßigen König des eroberten Landes wurde.

Der kühne Besitzer der Wind-Pferde
überredete Thridis Geliebte,
deren Haar die Nadeln der Kiefern sind,
mit den überzeugenden Worten der Schwerter, sich unter ihn zu legen.

Wind-Pferde = Schiffe; ihr Besitzer = König Hakon
Thridi = Odin; seine Geliebte = Jörd = Erdgöttin = Norwegen
unter ihn legen = das Land unterwerfen / sich mit der Göttin sexuell vereinigen

Daher glaube ich, daß der Speer-Werfer
sehr unwillig ist,
Audrs edle Schwester zu verlassen,
die sich unter den Ring-Brecher gelegt hat.

   Speer-Werfer = König Hakon
   Audr = Gott der Fülle; seine (Halb-)Schwester = Erdgöttin
   nicht verlassen = herrschen / seiner Frau treu sein
   Ring-Brecher = großzügiger Mann = Hakon (Assoziation zu dem Fülle-Gott Aud)

Die Vereinigung war so ausgerichtet worden,
daß er, der Rat-weise Freund von Königen,
die einzige, Baum-bewachsene Tochter des Onarr,
in Besitz nahm.

   Rat-weiser Freund von Königen = König Hakon
   Onarr = Gott; Tochter des Onarr = Erdgöttin
   vereinigen, in Besitz nehmen = Herrschaft antreten / sexuelle Vereinigung und Ehe

Dem Lenker der Hafen-Pferde
ist es gelungen,
die breit-gesichtige Braut des Baleygr
mit der machtvollen Rede der Schwerter zu sich zu holen.

   Hafen-Pferde = Schiffe; deren Lenker = König Hakon
   Baleygr = Odin; seine Braut = Jörd = Erdgöttin (breites Gesicht = Erdoberfläche)
   mit machtvoller Rede (der Schwerter) holen = Eroberung /Brautwerbung

XV 1. i)   Sexstefja

Der Gott „Annar" wird auch in dem „Sexstefja" („Sechsfacher Refrain") genannten Lobgedicht an König Harald Hart-Rat des Skalden Thodolfr Arnorsson genannt:

Der Speer-langsame Faulpelz zog sich zurück
als der rasch-Beweger der Schlachten-Lichtes
die Rivalin der Rindr,
die keine Brautgeld erhielt, ergriff
Es war dem Fürsten der Afrikaner
oder seine Leute nicht möglich,
die Maid des Annar, die eine Hagel-Haube trug
gegen ihn zu halten.

Speer-langsam = Kampf-müde

Faulpelz = Erschöpfter = Anführer der Afrikaner

Schlachten-Licht = Schwert; sein Beweger = Krieger

Rivalin der Rindr = Jörd (Odin vereinte sich mit beiden)

kein Brautgeld erhalten: Odin und Jörd waren nicht verheiratet

Maid des Annar = Erdgöttin

die eine Hagel-Haube trägt = Erdoberfläche

XV 1. j) Zusammenfassung

„Annar" („der Zweite") ist der zweite Mann der Göttin Nott. Diese beiden sind die Eltern der Erdgöttin Jörd. Zumindestens „Annar" wurde auch zu den Unterwelts-Göttern gerechnet, da er als Erd-Zwerg aufgefaßt wurde. Die Zuordnung dieses Zwerges zu der Sippe des Durin ist sekundär.

Da die drei Ehen einer Göttin aus den Wiedergeburtsmythen des ehemaligen Sonnengott-Göttervaters Tyr stammen und die Göttin, die sich mit Annar vereint, sowohl die Mutter der Erde („Jörd") als auch der Sonne („Dag") ist, kann man davon ausgehen, daß „Annar" eine ziemlich technische Umschreibung für den Sonnengott-Göttervater Tyr in der zweiten Generation in der Darstellung des endlosen Sonnenzyklus durch drei Generationen ist:

die drei Generationen der Erdgöttin und des Sonnengott-Göttervaters	
Nott (Jenseitsgöttin)	Tyr als Naglfari
Nott (Jenseitsgöttin)	Tyr als Annar (wiedergeborener Naglfari)
Nott (Jenseitsgöttin)	Tyr als Delling (wiedergeborener Annar)

XV 2. Traumreise zu Annar

„Annar?“

„Ja?“

„Habe ich das richtig erkannt, daß Du einfach die zweite Generation dieses drei-teiligen Tyr-Zyklus bist?“

„Ja – das war ja auch nicht schwer zu erkennen, oder?“

„Nunja, wenn man's erkannt hat, ist es offenkundig, eigentlich – aber ich hab' 'ne Weile gebraucht, um es zu erkennen ... Gibt es etwas, was Du da ergänzen möch-test?“

„Nein.“

„O.k. ... Danke, Annar!“

„Bitteschön.“

„Ho!“

XVI Bari

XVI 1. Bari in der germanischen Überlieferung

XVI 1. a) Der Name „Bari"

Der Name „Bari" bedeutet „Trage, Bahre".

XVI 1. b) Fiölswin-Lied

„Bari" ist einer der zwölf Erbauer der Halle der Freya-Menglöd. Falls der Name „Bari" die Bedeutung „Trage" hat, wäre „Bari" einfach ein Bauarbeiter, der Steine schleppt; falls jedoch „Bahre" die zutreffende Bedeutung sein sollte, wäre vermutlich der am Abend sterbende Sonnengott-Göttervater Tyr gemeint. Da Tyr jedoch der Erbauer von Asgard gewesen ist, laufen beide Deutungen auf den ehemaligen Göttervater hinaus.

Windkald:

„Sage mir, Fiölswinn, was ich Dich fragen will
Und zu wissen wünsche:
Wer hat gebildet, was vor der Brüstung ist
Unter den Asensöhnen?"

Fiölswin:

„Uni und In, Bari und Ori,
Warr und Wegdrasil,
Dori und Uri, Delling und Atward,
Lidskialf und Loki."

XVI 1. c) Zusammenfassung

Der Name „Bari" bedeutet „Bahre, Trage". Vermutlich ist Bari der ehemalige Göttervater Tyr, der als Riesenbaumeister auch die Mauer rings um Asgard errichtet hat.

XVI 2. Traumreise zu Bari

„Bari?"

„Ja?"

...

„Bist Du tatsächlich ein Beiname des Tyr?"

„Nicht direkt ... Die Namen, die da in diesem Fiölswin-Lied stehen ... sind zum Teil recht kreativ ... Es sind mehr spontane Umschreibungen, die aus der Kreativität des Dichters kamen – und nicht so sehr Beinamen, die schon existiert haben."

...

„Hm ... aber ... daß ... der Skalde damals Tyr umschreiben wollte – ist das richtig?"

„Der hat nicht an den Riesenbaumeister (Tyr) gedacht, aber es stimmt natürlich, daß das Bauen dieses Walles über Odin und die Asen auf Tyr zurückgeht, auf den Riesenbaumeister. Das ist schon richtig – von daher ist es o.k., daß Du mich in dieses Kapitel über Tyr gestellt hast."

...

„Hm ... Danke, Bari."

„Bitteschön."

„Ho!"

XVII In

XVII 1. „In" in der germanischen Überlieferung

XVII 1. a) Der Name „In"

Der Name „In" kann auf zwei Arten hergeleitet werden: als Kurzform von „inni" für „Wohnung" und als Kurzform von „innir" für „Bewirker". Im ersten Fall wäre „In" vermutlich einfach ein Bauarbeiter und im zweiten Fall eher ein Architekt, Baumeister oder Magier.

XVII 1. b) Fiölswin-Lied

Im Fiölswin-Lied erscheint In als einer der zwölf Erbauer der Dinge, die sich „vor der Brüstung" der Halle der Menglöd befinden – damit wird die Halle der Hel gemeint sein.

Windkald:

„Sage mir, Fiölswinn, was ich Dich fragen will
Und zu wissen wünsche:
Wer hat gebildet, was vor der Brüstung ist
Unter den Asensöhnen?"

Fiölswin:

„Uni und In, Bari und Ori,
Warr und Wegdrasil,
Dori und Uri, Delling und Atward,
Lidskialf und Loki."

Die zwölf aufgezählten Asen werden wohl in etwa dieselben wie die in anderen Aufzählungen von zwölf Asen in der Edda sein, zumal Loki wie auch sonst immer als Letzter erscheint. Diese zwölf Asen sind symbolisch wohl die Gesamtheit der Asen.
Die angeführten Namen sind vermutlich unbekanntere Beinamen der Asen.

Teilweise handelt es sich jedoch auch um die Namen wichtiger Zwerge, die demnach an dem Bau mitgewirkt haben.

XVII 1. c) Zusammenfassung

„In" ist einer der zwölf Erbauer der Halle der Freya-Menglöd. Sein Name bedeutet entweder „Bauarbeiter" oder „Baumeister, Architekt, Magier".
„In" könnte wie „Bari" eine Umschreibung für Tyr als Riesenbaumeister sein.

XVII 2. Traumreise zu In

„In?"
„Ja?"
„Gilt für Dich dasselbe wie für Bari?"
„Ja – das gilt auch für mich."
...
„Danke."
„Bitte."
„Ho!"

XVIII   Atward

XVIII 1.   Atward in der germanischen Überlieferung

XVIII 1. a)   Atward und Andvari

Der Name des Gottes „Atward" ist vermutlich mit dem Namen des Zwerges „Andvari" identisch und bedeutet „Antworter", was eine beliebte Kenning für „Schwert" ist – das „Antworten" mit dieser Waffe ist das Verteidigen und die Rache.

Loki raubt dem Zwerg Andvari den magischen Ring, der Odins Draupnir entspricht. Andvari wird daher der Göttervater Tyr im Jenseits sein, dem Loki seinen Schatz raubt. Odin hat seinen Ring Draupnir vermutlich von dem ehemaligen Göttervater Tyr übernommen.

XVIII 1. b)   Fiölswin-Lied

Im Fiölswin-Lied erscheint Atward als einer der zwölf Erbauer der Dinge, die sich „vor der Brüstung" der Halle der Freya-Menglöd befinden – damit ist der Wall rings um die Halle der Hel gemeint.

Windkald:

„Sage mir, Fiölswinn, was ich Dich fragen will
Und zu wissen wünsche:
Wer hat gebildet, was vor der Brüstung ist
Unter den Asensöhnen?"

Fiölswin:

„Uni und In, Bari und Ori,
Warr und Wegdrasil,
Dori und Uri, Delling und Atward,
Lidskialf und Loki."

Die zwölf aufgezählten Asen werden wohl in etwa dieselben wie die in anderen

140

Aufzählungen von zwölf Asen in der Edda sein, zumal Loki wie auch sonst immer als Letzter erscheint. Diese zwölf Asen sind symbolisch wohl die Gesamtheit der Asen.

Die angeführten Namen sind vermutlich unbekanntere Beinamen der Asen. Teilweise handelt es sich jedoch auch um die Namen wichtiger Zwerge, die demnach an dem Bau mitgewirkt haben.

XVIII 1. c) Zusammenfassung

„Atward" ist einer der zwölf Erbauer der Halle der Freya-Menglöd. Sein Name bedeutet „Antworter", d.h. „Schwert". Er wird mit dem Tyr-Zwerg Andvari, dem Besitzer des magischen Ringes, der ihm von Loki geraubt wird (die wichtigste Tyr-Loki-Mythe), identisch sein.

„Atward" bzw. „Andvari" wird auch mit dem Riesenbaumeister identisch sein, der die Mauer rings um Asgard errichtet hat – auch dieser Riese ist deutlich als „Tyr im Jenseits" erkennbar.

XVIII 2. Traumreise zu Atward

„Atward?"

„Ja?"

„Bist Du tatsächlich ein Alternativ-Name zu 'Andvari'?"

...

„Andvari ist niemals als 'Atward' bezeichnet worden, aber das („Atward") ist tatsächlich eine Analogie-Bildung zu diesem Namen („Andvari"). Von daher paßt es schon, daß Du ihn hier an diese Stelle in das Tyr-Kapitel stellst."

„Hm ... Dankeschön!"

„Bitte."

„Ho!"

XIX Warr

XIX 1. Warr in der germanischen Überlieferung

XIX 1. a) Der Name „Warr

Der Name „Warr" bedeutet „Wächter, Beschützer, Krieger" (englisch: „warrior"). Möglicherweise ist dies ein Beiname des Heimdall, dem Wächter auf der Regenbogenbrücke, oder des ehemaligen Kriegsgott-Göttervaters Tyr.

XIX 1. b) Fiölswin-Lied

Im Fiölswin-Lied erscheint Warr als einer der zwölf Erbauer der Dinge, die sich „vor der Brüstung" der Halle der Menglöd befinden – damit wird die Halle Hel gemeint sein.

Windkald:

„Sage mir, Fiölswinn, was ich Dich fragen will
Und zu wissen wünsche:
Wer hat gebildet, was vor der Brüstung ist
Unter den Asensöhnen?"

Fiölswin:

„Uni und In, Bari und Ori,
Warr und Wegdrasil,
Dori und Uri, Delling und Atward,
Lidskialf und Loki."

Die zwölf aufgezählten Asen werden wohl in etwa dieselben wie die in anderen Aufzählungen von zwölf Asen in der Edda sein, zumal Loki wie auch sonst immer als Letzter erscheint. Diese zwölf Asen sind symbolisch wohl die Gesamtheit der Asen.

Die angeführten Namen sind vermutlich unbekanntere Beinamen der Asen. Teilweise handelt es sich jedoch auch um die Namen wichtiger Zwerge, die demnach an dem Bau mitgewirkt haben.

XIX 1. c)   Zusammenfassung

„Warr" ist einer der zwölf Erbauer der Halle der Freya-Menglöd. Sein Name bedeutet „Krieger, Beschützer, Wächter". Er könnte mit Heimdall, dem Asen-Wächter
identisch sein.

XIX 2.   Traumreise zu Warr

„Und bei Dir, Warr?"
„Dasselbe wie bei Bari und In und Atward."
„O.k. ... Dankeschön."
„Bitteschön."
„Ho!"

B Freyr-Götter

XX Aud

XX 1. Aud in der germanischen Überlieferung

XX 1. a) Der Name „Aud"

Aud ist vermutlich ein Gott, dessen Name „Besitz, Fülle" bedeutet. Er erscheint nur an einer einzigen Stelle.

„Aud" ist ein germanischer Frauenname, aber auch der Bestandteil von Männernamen und könnte daher auch die Kurzform eines Männernamens sein.

Besitz und Fülle wurde bei den Nordgermanen generell mit den Wanen, also mit Niörd, Freyr und Freya assoziiert.

XX 1. b) Gylfis Vision

„Aud" ist der Sohn der Nacht („Nott") und des Jenseitsfährmannes („Naglfari"). Man kann zumindestens vermuten, daß die Ur-Muttergöttin Nott die Fülle gebar und das der Jenseitsfährmann mit Nott assoziiert wurde, weil er als der Begleiter auf dem Weg zwischen Diesseits und Jenseits für die Aufgabe des „Geburtsbegleiters" der Fülle am geeignetsten gewesen ist.

Möglicherweise ist auch Tyr in seiner Sonnenbarke, in der er über den Himmel gefahren ist (wie dies auf den skandinavischen Felsritzungen dargestellt worden ist), der dann in diesem recht jungen Text den Namen seines Schiffes übernommen hat.

Norwi oder Narfi hieß ein Riese, der in Jötunheim wohnte; er hatte eine Tochter, die hieß Nacht und war schwarz und dunkel wie ihr Geschlecht. Sie ward einem Manne vermählt, der Naglfari hieß: der beiden Sohn war Aud.

XX 1. c) Skaldskaparmal

Auch in Snorri Sturlusons Übersicht über die Erd-Kenningar wird Aud als Sohn der Nott („Nacht") angesehen:

„Wie soll man die Erde umschreiben?"

„So: Indem man sie Fleisch des Ymir und Mutter des Thor nennt, Tochter des Onarr (= Annar)*, ... Tochter der Nacht, Schwester des Aud und des Dag."*

XX 1. d) Die Familie der Göttin Nott

Näheres dazu findet sich unter „Nott" in Band 48.

Die Familie der Riesin Nott					
Mutter		**Vater**		**Kind**	
Name	*Charakter*	*Name*	*Charakter*	*Name*	*Charakter*
Nott	Nacht	Naglfari	Jenseitsfährmann	Aud	Fülle
Nott	Nacht	Annar	Ymir?	Jörd	Erde
Nott	Nacht	Delling	Morgenanbruch, Leuchten	"Tag"	Tag

XX 1. e) Zusammenfassung

„Aud" ist die Fülle. Vermutlich war dieser Gott eine Wane, d.h. Niörd oder Freyr. Da Freyr auch das Urbild für den Toten war, der sich mit der Jenseitsgöttin wiedergezeugt hat und daraufhin von ihr wiedergeboren wird, ist Freyr auch eng mit dem ehemaligen Sonnengott-Göttervater Tyr verbunden, der jeden Morgen wiedergeboren wird. Daher könnte „Aud" auch ein Beiname des Tyr gewesen sein.

XX 2.   Traumreise zu Aud

„Aud?"

„Ja?"

„Bist Du der personifizierte Wohlstand?"

„Man könnte es ... so bezeichnen ... aber es trifft's nicht so ganz ... Es hat nie eine Gottheit mit dem Namen 'Aud' gegeben. ... Aber bei dem Wort 'Aud' hat jeder sofort an Freyr gedacht ... insofern konnte man 'Freyr' mit 'Aud' umschreiben. 'Aud' ist eine Heiti (Ein-Wort-Umschreibung) *für 'Freyr'."*

„Und ... hat das nichts mit Tyr zu tun?"

„Doch, natürlich. Freyr ist das Urbild der Wiederzeugung und der Wiedergeburt, also des Menschen, d.h. Mannes bzw. Gottes, der sich (mit der Jenseitsgöttin) *wieder- zeugt und* (von ihr) *wiedergeboren wird. Von daher waren Freyr und Tyr* (der als Sonnengott jeden Morgen wiedergeboren wird) *immer eng miteinander verbunden."*

„Hm ... klingt schlüssig so ..."

...

„Weil es so war ..."

...

„Hm ... o.k. ... Dankeschön."

„Bitteschön."

„Ho!"

XXI   Geban

XXI 1.   Geban in der germanischen Überlieferung

XXI 1. a)   Der Name „Geban"

Möglicherweise hat es einen Gott mit dem Namen „Geban" gegeben, der dann das männliche Gegenstück zu der Göttin Gefion wäre. Die beiden Namen bedeuten „Geber" bzw. „Geberin" – sicherlich im Sinne von „Spender(-in) der Fülle" – siehe das englische Substantiv „gift" für „Geschenk".

Der Name dieses Gottes lautete im Altsächsischen und im Sächsischen „Geban" und im angelsächsischen Geofon. Über ihn ist nichts näheres bekannt.

Dieser Gott ist vermutlich mit dem Gott „Aud" („Besitz, Fülle") identisch.

XXI 1. b)   Jakob Grimm: Deutsche Mythologie

Für eine solche (veraltete Benennung) *darf ferner das angelsächsische Geofon, altsächsisch Geban gelten, ein wesen dessen göttlichkeit schon aus der altnordischen Gefjun erhellt, die den Asinnen beigezählt wird, aber mit einem riesen söhne zeugte.*

Der sächsische Gëban hingegen war ein gott, im Heliand erscheint bloß die zusammensetzung Gebenesstrôm, bei angelsächsischen dichtern außer Geofenes begang (Beowulf), Geofenes stađ (Cædmon) und dem abstracteren geofonhûs (Schiff) (Cædmon), geofonflôd (codex exon) auch noch allein stehend im nominativ Geofon (Cædmon), gifen geotende (Beowulf). kein althochdeutsches Këpan, nicht einmal in eigennamen, jedoch verzeichnet Stälin ein Gebeneswîlare.

Ich weiß nicht, ob die wurzel giban zu vergleichen ist, in welchem fall Gibika und Wuotans verhältnis zu Neptun anschlüge, oder darf hiervon abseits an das grichsische χιών (femininum) gedacht werden, an die vorstellung von schnee und eisriesen?

An den Stellen, die Jakob Grimm anführt, werden einige Eigenschaften des Geban genannt bzw. man kann aus ihnen einige Eigenschaften des Geban erschließen:

147

	Geban		
Wort	**Übersetzung**	**Bedeutung**	**Schlußfolgerung**
Geban, Geofon	„Geber"		Geban/Geofon ist nur von den Sachsen und den Angelsachsen bekannt.
Geban, Geofon	„Geber"		Geban ist als Gottheit bekannt.
geofenes begang	Geban-Kult		Geban ist ein Gott, der verehrt worden ist.
Geban, Geofon	„Geber"		„Geban" ist die männliche Entsprechung zu „Gefion".
geofenes stađ	Geban-Stätte	Ort des Gottes Geban	Geban ist ein beschützender Gott.
geofonflôd	Geban-Flut = Geban-Fluß, Geban-Meer		Geban ist ein Gott der Fluten (Meer, Flüsse).
gebenesstrôm	Geban-Flut, Geban-Strom = Geban-Fluß		Geban ist ein Gott der Fluten (Meer, Flüsse).
gifen geotende	Geban-Fluß		Geban ist ein Gott der Flüsse.
gebeneswîlare	„Geban-Ange-schwollenes"	„Geban-Flut"	Geban ist ein Gott der Flüsse.
geofonhûs	Geban-Haus	Umschreibung für „Schiff"	Geban ist ein Gott des Meeres, da sein Haus sonst kein Schiff sein könnte.

XXI 1. c) Zusammenfassung

Der Name „Geban/Geofon" bedeutet „Geber, Spender (der Fülle)". Dieser Gott ist nur von den Sachsen und den Angelsachsen bekannt.

Geban/Geofon ist ein Gott des Meeres und der Flüsse. Diese Verbindung des Geban zum Meer war so eng, daß man sogar ein Schiff als „Gebans Haus" umschreiben konnte. Das „Geben" des Geban scheint sich somit auch auf das Wasser der Flüsse und evtl. auch auf die Fische in den Flüssen und im Meer bezogen zu haben.

So wie „Gefion" („Geberin") ein Beiname der Freya gewesen ist, könnte „Geban" ein Beiname des Freyr gewesen sein.

XXI 2.   Traumreise zu Geban

„Geban?"

„Ja?"

„Gilt für Dich dasselbe wie für Aud?"

„Nicht ganz – die Parallelbildung zu 'Gefion' spielt da schon eine Rolle."

„Hm ... wenn Gefion Freya ist, bist Du dann Freyr?"

„Ja. ... Der Geber und der Wohlstand, also 'Geban' und 'Aud', hängen ja zusammen, die gehören zusammen. Aber die Analogiebildung meines Namens zu Gefion, die hat da schon mitgespielt – 'Gefion und Geban' konnte man genauso sagen wie 'Freya und Freyr'."

...

„Das heißt, 'Geban' ist mehr ein Gottesname gewesen als 'Aud'."

„Ja ... aber er wurde nur selten tatsächlich als Gottesname benutzt."

„Und war einem dabei noch klar, daß das Freyr ist?"

„Ja – der Name war eigenständig so wie 'Gefion' – nicht ganz so sehr – aber man wußte, wer damit gemeint ist."

„Hm – Dankeschön!"

„Bitteschön."

„Ho!"

XXII   Uri

XXII 1.   Uri in der germanischen Überlieferung

XXII 1. a)   Der Name „Uri"

Der Name „Uri" bedeutet „Regen". Möglicherweise ist damit der Gott Freyr als der Förderer des Ackerbaus gemeint – aber das ist nur eine vage Vermutung …

XXII 1. b)   Fiölswin-Lied

Im Fiölswin-Lied erscheint Uri als einer der zwölf Erbauer der Dinge, die sich „vor der Brüstung" der Halle der Menglöd befinden – damit wird die Halle der Hel gemeint sein.

Windkald:

„Sage mir, Fiölswinn, was ich Dich fragen will
Und zu wissen wünsche:
Wer hat gebildet, was vor der Brüstung ist
Unter den Asensöhnen?"

Fiölswin:

„Uni und In, Bari und Ori,
Warr und Wegdrasil,
Dori und Uri, Delling und Atward,
Lidskialf und Loki."

Die zwölf aufgezählten Asen werden wohl in etwa dieselben wie die in anderen Aufzählungen von zwölf Asen in der Edda sein, zumal Loki wie auch sonst immer als Letzter erscheint. Diese zwölf Asen sind symbolisch wohl die Gesamtheit der Asen.

Die angeführten Namen sind vermutlich unbekanntere Beinamen der Asen. Teilweise handelt es sich jedoch auch um die Namen wichtiger Zwerge, die demnach an dem Bau mitgewirkt haben.

XXII 1. c) Zusammenfassung

> „Uri" ist einer der zwölf Erbauer der Halle der Freya-Menglöd. Sein Name bedeu-tet „Regen". Es wäre denkbar, daß er mit Freyr, dem Förderer des Ackerbaus, identisch ist.

XXII 2.   Traumreise zu Uri

„Uri?"

„Ja?"

„Bist Du ein Aspekt des Freyr?"

„Nicht direkt – diese Namen (im Fiölswin-Lied) *waren abgesehen von 'Loki' recht kreativ – ja, und natürlich auch abgesehen von 'Delling'."*

„Hm ... aber die Deutung Deines namens als 'Regen' – ist die zutreffend?"

„Ja."

„Danke, Uri."

„Bitte."

„Ho!"

D Odin-Götter

XXIII Odr

XXIII 1. Der Gott Odr in der germanischen Überlieferung

XXIII 1. a) Der Name „Odr"

„Odr" ist wie „Hermodr" eine Namensvariante von „Odin", woraus sich schließen läßt, daß „Odr" aus eines speziellen Funktion des Odin heraus entstanden ist.
Der Name bedeutet „Ekstase".

XXIII 1. b) Skaldskaparmal

Aus den Freya-Kenningarn ergibt sich, daß Odr ist der Mann der Freya.

„Wie soll man Freya umschreiben?"

„So: Indem man sie folgendermaßen nennt: Tochter des Njördr, Schwester des Freyr, Frau des Odr, Mutter der Hnoss, ..."

XXIII 1. c) Gylfis Vision

Freya und Odr haben zusammen eine Tochter, die „Hnoss" („Kostbarkeit") heißt. Sie ist das personifizierte goldene Brisingamen (Halsreif) der Freya, das ein Symbol der Sonne und der Wiedergeburt ist.

Freyja ist die vornehmste nach Frigg; sie ist einem Manne vermählt, der Odhr heißt.

Deren Tochter heißt Hnoss: Die ist so schön, daß nach ihrem Namen alles genannt wird, was schön und kostbar ist.

Odhr zog fort auf ferne Wege, und Freyja weint ihm nach und ihre Zähren sind rotes Gold.

Freyja hat viele Namen: die Ursache ist, daß sie sich oft andere Namen gab, als sie Odhr zu suchen zu unbekannten Völkern fuhr. Sie heißt Mardöll, Hörn, Gefn und Syr. Freyja besitzt den Halsschmuck, Brisingamen genannt. Sie heißt auch Wanadis (Wanengöttin).

XXIII 1. d) Skaldskaparmal

Dieselbe Aussage findet sich noch ein zweites Mal:

Und hier hat Einarr die Freya auch dadurch umschrieben, daß er sie Mutter der Hnoss oder Frau des Odr nennt, wie unten steht:

Der Schild, des Sturmes starkes Dach-Eis,
mit Tränen-Gold, ist unvermindert,
Augen-Tränen von Odrs Bett-Genossin:
So nutzt der König sein Alter.

Das „Dach-Eis" stellt die Dicke und Stärke des Schildes des Königs dar. Das Schild ist mit „Tränen-Gold" und „Augen-Tränen" geschmückt – das Gold entstand aus den Tränen, die Freya („Odrs Bett-Genossin") um ihren Mann Odr weinte. Dieser Schild scheint auch den Reichtum des Königs zu symbolisieren.

XXIII 1. e) Heimskringla

In der Heimskringla wird Odr der Mann der Freya genannt. Hier hat das Paar zwei Töchter, deren Namen beide „Juwel" bedeuten.

Freya hatte noch viele andere Namen. Ihr Mann wurde Odr genannt und ihre Töchter Hnoss und Gerseme. Sie waren so schön, daß man später die kostbarsten Edelsteine nach ihren Namen nannte.

XXIII 1. f)   Die Vision der Seherin

In einer Kenning in diesem Lied wird Freya „*Odrs schlanke Gefiun*" genannt. Gefiun ist eine Göttin, die einen Aspekt der Freya verkörpert: die Gaben, die sie allen schenkt, die sie darum bitten.

Die in dieser Strophe beschriebene Szene bezieht sich darauf, daß die Asen dem Riesenbaumeister (Tyr) Freya, die Sonne und den Mond dafür versprochen hatten, wenn dieser Riese zu der verabredeten Zeit eine Schutzmauer rings um Asgard fertiggestellt haben sollte.

Da gingen alle Regin zu ihren Rat-Sitzen,
die hochheiligen Götter, und suchten guten Rat:
die ganze Luft würde von ihrem Verrat vergiftet werden
oder Odrs schlanke Gefion käme zur Familie des Riesen.

Bis 500 n.Chr. ist Freya die Frau des Tyr (Riesenbaumeisters) gewesen – die Szene in dieser Strophe ist daher eine arge Verdrehung der ursprünglichen Verhältnisse. Aber mit der Behauptung, daß der Tyr-Riese die Göttinnen aus der Asen-Heimat rauben will, konnte man die Wikiniger am besten davon überzeugen, daß Odin im Recht war – schließlich wollten auch die Wikinger ihre Frauen beschützen …

XXIII 1. g)   Die Hedin-Saga

In der Hedin-Saga wird Freya als die Geliebte des Odin angesehen. Dies läßt die Gleichsetzung von Freyas Mann Odr mit Odin recht sicher erscheinen.

Freya erscheint in dieser Saga als Zauberin, die wie eine Walküre die Aufträge des Odin ausführt.

Östlich von Vanakvisl in Asien gab es ein Land, das Asien-Land oder Asien-Heim genannt wurde. Die Leute dort wurden Asen genannt und ihre Hauptstadt Asgard. Odin war der König, der dort herrschte. Dort gab es einen großen Tempel. Odin bestimmte Njörd und Freyr als Hohepriester. Njörds Tochter wurde Freya genannt. Sie begleitete Odin und war seine Geliebte.

In Asien lebten einige Männer, von denen einer Alfrigg, der nächste Dvalin, und die anderen Berling und Grer genannt wurden. Ihre Höfe lagen fern von der Halle des Königs. Sie waren so geschickte Handwerker, daß sie jedes Ding in die Hand nehmen und daraus etwas Beachtliches erschaffen konnten. Menschen wie diese wurden 'Zwerge' genannt. Sie lebten in einem gewissen Stein. Sie hatten in jenen Tagen mehr mit Menschen zu tun als heute.

Odin liebte Freya sehr und sie war wirklich die schönste aller Frauen, die damals lebten. Sie hatte ein Frauenhaus, das sowohl schön als auch sehr fest war – so fest, daß gesagt wurde, daß niemand, wenn die Tür verschlossen war, hineingelangen konnte, außer wenn es Freya ihnen erlaubte.

XXIII 1. h) Hyndla-Lied

Im Hyndla-Lied besucht Freya ihre Freundin Hyndla, die eine Riesin ist, um sie nach Walhalla zu holen. Die Szenerie ist schon teilweise von der Mythe in die Sage übertragen worden.

Hyndla sprach (zu Freya)*:*

„So sollst Du von dannen ziehen, denn gerne würde ich schlafen,
Von mir sollst Du wenig Gutes erhalten;
Meine Edle, hinaus in die Nacht wirst Du springen
so wie Heidrun zwischen den Böcken.

Zu Odr sollst Du rennen, der Dich immer geliebt hat,
und zu den vielen anderen, die schon unter Deine Schürze gekrochen sind;
Meine Edle, hinaus in die Nacht wirst Du springen
so wie Heidrun zwischen den Böcken."

Freya ist in diesem Lied die Geliebte des Odr. Hyndla, deren Name „Hündin" bedeutet, ist als eine eng mit einem Hund/Wolf verbundene Riesin leicht als Hel mit ihrem Bruder, dem Fenris-Wolf bzw. mit dem Höllenhund Garm zu erkennen.

XXIII 1. i) Zusammenfassung

„Odr" ist wie „Ottar" und „Hermodr" eine Namensvariante von „Odin". Der Götervater ist als „Odin" der Mann/Geliebte der Frigg und als „Odr" der Mann/ Geliebte der Freya.

Odrs wichtigste Symbolik ist seine Reise in eine fernes Land, das ein Symbol für die Unterwelt ist. Auf dieser Reise verwandelt sich Odr in einen Eber. Dieses Motiv stammt aus den Bestattungsbräuchen, in denen ein männliches Herdentier geopfert wurde, um den Toten damit zu identifizieren und die Zeugungskraft des Tieres auf ihn zu übertragen. Diese Symbolik wurde dann auch in den Jenseitsreisen der Schamanen, in Priesterweihen, Krönungen und anderen rituellen Jenseitsreisen verwendet.

Die Töchter Hnoss und Gerseme der Freya und des Odr verkörpern vermutlich Freyas Kette/Halsreif Brisingamen, der wie Odins Draupnir das Symbol der erfolgreichen Jenseitsreise und somit des Kontaktes zu den Göttern war.

XXIII 2.   lyrische Zusammenfassung

Odr

Odr, wer bist Du in Wahrheit?
Die Wissenden halten Dich für Odin ...
Odr, was ist Dein Wesen?
Den Weisen scheinst Du ein Schamane[78] zu sein ...

Odr, Du bist der Mann der Menglöd[79] –
Warum sucht sie Dich mit großen Mühen?
Odr, wohin führt Dich Deine weite Reise?
Warum weint Freya goldene Tränen um Dich?

Odr, Vater der Glanz-geschmückten Hnoss[80]:
Sind Freyas Gram-Tränen das Brisingamen[81]?
Odr, Vater der Gold-bedeckten Görsemi[82]:
Bist Du selber der Güldene[83], der Himmels-Wanderer[84]?

---

78 Die wesentliche Tätigkeit eines Schamanen ist die Reise in das Jenseits zu den Ahnen – dies könnte der Ursprung der „langen Reise" des Odr/Odin sein.

79 Menglöd = Freya; Freya ist auch die Sonnenmutter – sie vereint sich mit Tyr-Svipdag und gebiert ihn dann am Morgen als junge Sonne.

80 Hnoss = Tocher der Freya = das personifiziertes Brisingamen der Freya

81 Brisingamen = „strahlender Halsreif" = Symbol der Sonne und der Wiedergeburt

82 Görsemi = Tocher der Freya = das personifiziertes Brisingamen der Freya

83 Güldener = Goldener = Sonne

84 Himmels-Wanderer = Sonne

Odr, sucht Freya die Sonne in Hels Halle?
Will sie Dich als Helgi[85] wiedergebären?
Odr, bist Du Dein eigenes Kind?
Sind Freyas Tränen, ihr Kind, die neue Sonne – Tyr[86]?

XXIII 3.   Traumreise zu Odr

„*Odr?*"

„*Ja?*"

„*Habe ich das richtig aufgefaßt, daß Du mit Odin identisch bist?*"

„*Mehr oder weniger – ich bin eine Mischform aus Tyr und Odin. Meine lange Reise ins Jenseits ist genausogut die Winterreise des Tyr, der Sonne wie die Jenseitsreise des Schamanengottes Odin.*"

„*Ist das sozusagen eine Zwischenform, die in der Völkerwanderungszeit entstanden ist als Thor und Odin Tyr bei den Nordgermanen abgesetzt haben?*"

„*Ja – es ist eine der vielen Zwischenstufen, die es gegeben hat – die Mythen sind nur allmählich umgebaut worden ... und diese Zwischenform hat sich erhalten – im Gegensatz zu den meisten anderen.*"

„*Hm ... möchtest Du mir noch etwas sagen?*"

„*Nein.*"

„*O.k. ... Danke!*"

„*Bitte.*"

„*Ho!*"

---

85 Helgi = „Heiler, Heiliger" = Saga-Variante des Tyr

86 Der ehemalige Sonnengott-Göttervater Tyr ist in den Mythen vor 500 v.Chr. an jedem Morgen bzw. in jedem Frühjahr von Freya wiedergeboren worden. Der Goldring ist damals ein Symbol der Sonne dun der Wiedergeburt gewesen – aus ihm ist Freyas Brisingamen entstanden, der dann später als Freyas Tochter personifiziert worden ist.

XXIV   Helblindi

XXIV 1.   Helblindi in der germanischen Überlieferung

Helblindi bildet zusammen mit Logi und Byleist eine Dreiheit von Götter-Brüder, wie sie in der germanischen Mythologie sehr häufig vorkommt.

XXIV 1. a)   Der Name „Helblindi"

Dieser Name setzt sich aus „Hel" und aus „blind" zusammen, was sofort Assoziationen zu Odin weckt, der eins seiner Auge geopfert hat und auf diesem Auge nun „blind" ist, aber dafür das Wissen über das Jenseits, d.h. die Hel erlangt hat. Durch diese Schamanensymbolik ist Odin eine „Hel-Blinder", was allerdings bedeutet, daß er ein „Hel-Seher" ist, da sein blindes, d.h. „totes" Auge nun im Totenreich sehend geworden ist.

Allerdings ist auch die Sonne in der Unterwelt als „Schwarzsonne" bezeichnet worden und die Blindheit wurde auch als „tote Augen" aufgefaßt. Daher ist es auch gut denkbar, daß es die Vorstellung einer „blinden Sonne" in der Unterwelt gegeben hat bzw. das Bild eines toten Sonnenauges im Totenreich der Hel. Der Name „Helblindi" könnte daher vor 500 n.Chr. (als Tyr als Göttervater abgesetzt worden ist) auch mit dem ehemaligen Sonnengott-Göttervater Tyr assoziiert worden sein. Für diese Deutung spricht auch der Tyr-Name „Solblindi" („blinde Sonne"), der Tyr in der Unterwelt bezeichnet.

XXIV 1. b)   Gylfis Vision

Dies ist die wichtigste Quelle für Helblindi – obwohl auch wenn hier nur sehr wenig über ihn gesagt wird:

Noch zählt man einen zu den Asen, den einige den Verlästerer der Götter, den Anstifter alles Betrugs, und die Schande der Götter und Menschen nennen. Sein Name ist Loki oder Loptr, und sein Vater der Riese Farbauti; seine Mutter heißt Laufey oder Nai; seine Brüder sind Bileist und Helblindi.

XXIV 1. c)   Gylfis Vision

„Helblindi" erscheint auch tatsächlich in einer Liste der Beinamen Odins, sodaß seine Deutung als Odin recht sicher ist.

Odin heißt Allvater, weil er aller Götter Vater ist, und Walvater, weil alle seine Wunschsöhne (Adoptivsöhne) sind, die auf dem Walplatz fallen. Sie werden in Walhall und Wingolf aufgenommen und heißen da Einherjer. Er heißt auch Hangagott oder Haptagott, Farmagott und nannte sich noch mit vielen Namen, als er zu König Geirröd kam.

Ich heiße Grimur und Gangleri,
Herian, Hialmberi,
Theck, Thridi, Thud, Udr,
<u>Helblindi</u> und Har.

Sad, Swipal und Sanngetal,
Herteit und Hnikar,
Bileig und Baleig, Bölwerk, Fiölnir,
Grimnir, Glapswid, Fiölswid.

Sidhött, Sidskegg, Siegvater, Hnikud,
Allvater, Atrid, Farmatyr,
Oski, Omi, Jafnhar, Biflindi,
Gondlir, Harbard.

Swidur, Swidrir, Jalk, Kialar, Widur,
Thror, Yggr, Thund, Wak, Skilfing,
Wafud, Hroptatyr, Gaut, Weratyr.

XXIV 1. d)   Die Vision der Seherin

Loki wird mehrfach als „Bileists Bruder" umschreiben:

Der Kiel fährt von Osten, Muspels Söhne kommen
Über die See gesegelt, und Loki steuert.
Des Untiers Abkunft ist all mit dem Wolf;
Auch Bileists Bruder ist ihm verbunden.

XXIV 1. e)   Hyndla-Lied

Auch in diesem Lied wird Loki „Byleists Bruder" genannt:

Den Wolf zeugte Loki mit Angrboda,
und Sleipnir gebar er dem Swadilfari,
der schlimmste der Wunder schien der eine zu sein,
der da dem Bruder des Byleist entsprang.

Der Wolf, der hier gemeint ist, ist der Fenris-Wolf.

Swadilfari ist der Hengst eines Riesen, mit dem Loki in Stutengestalt den Sleipnir zeugte. Auch diese Tier-Verwandlung wird von dem Tieropfer bei den Jenseitsreisen inspiriert sein.

„Der eine" ist vermutlich die Midgard-Schlange.

XXIV 1. f)   Die drei Brüder

Die drei Brüder sind nicht nur bei den Germanen ein wichtiges mythologisches Motiv, sondern auch bei den Indogermanen insgesamt. Am bekanntesten sind vermutlich die drei Brüder Zeus, Hades und Poseidon.

Die drei Brüder Loki, Byleist und Helblindi lassen sich aufgrund der Deutung ihrer Namen mit bekannteren Göttern verbinden: Loki, Byleist/Hönir und Helblindi/Odin.

Diese Götterdreiheit verkörpert die drei Stände der (Indo-)Germanen: die Fürsten und Krieger, die Priester und Heiler sowie die Bauern und Handwerker.

die drei Brüder									
Stand	*Rigr*	*Asen*				*Wieland-sage*	*Siegfried-sage*	*Gesta Danorum*	*Mär-chen*
Krieger Fürsten	Jarl	Woden	Odin	Helblindi	Hler	Egil	Fafnir	Odin-Krieger	Bogen-schütze
Priester Heiler		We	Hönir	Byleist	Kari	Slagfid	Oter	Odin-Heiler	Heiler
Bauern Hand-werker	Karl	Wili	Loki	Loki	Logi	Völund	Regin	Odin-Schmied	Schmied
Sklaven	Thräl								

XXIV 1. g)   Zusammenfassung

„Byleist" ist ein Beiname des Priester-Gottes Hönir und „Helblindi" („Hel-Blinder") ist ein Beiname des Fürstengottes Odin.

Möglicherweise ist „Helblindi" einst auch ein Name des Tyr als „tote Sonne" in der Unterwelt („Hel") gewesen.

XXIV 2.   Traumreise zu Helblindi

„Helblindi?"

„Ja?"

„Habe ich Deinen Namen und Dein Wesen richtig gedeutet als 'der Blinde in der Hel', also der tote Sonnengott in der Unterwelt?"

„Ja, ich bin tatsächlich einmal ein Beiname des Tyr gewesen – und in der Aufstellung 'Helblindi, Byleist und Loki' bin ich der Göttervater."

... ...

„Hm ... o.k. ... Hast Du dazu noch etwas zu sagen?"

„Nein."

„Danke, Helblindi."

„Bitte."

„Ho!"

XXV   Swaf

XXV 1.   Swaf in der germanischen Überlieferung

XXV 1. a)   Der Name „Swaf"

Der Name „Swaf" leitet sich von dem Substantiv „swaf" für „Speer" her. Dieses Wort findet sich auch in „Svafaland" für „Schwabenland" („Land der Speer-Leute") und in „Svafnir", einem Beinamen des Odin, der „Speer-Mann" bedeutet und eine Anspielung auf Odins Speer Gungnir ist.

In ähnlicher Weise haben sich die Sachsen als „Schwertleute" („sax" für „Schwert") benannt.

XXV 1. b)   Fiölswin-Lied

Swaf ist nur aus dem Fiölswin-Lied bekannt. Dort ist er der Vater der Freya-Menglöd. Er sollte daher mit Njörd, dem Vater der Freya, identisch sein.

Menglada heißt sie, die Mutter zeugte sie
Mit Swaf, Thorins Sohne.

Da nirgendwo sonst erwähnt wird, daß Niörd der Sohn des Thorin ist, und da Thorin nur als Zwergenkönig, d.h. als Tyr als Totenkönig bekannt ist, muß es sich hier um eine andere Herkunftsmythe der Freya-Menglöd handeln.

Die obengenannten Verse werden von Odin gesprochen, der im Fiölswin-Lied wie im Harbard-Lied in seiner ursprünglichen Schamanen-Funktion auftritt und der Wächter und Helfer an der Jenseitsgrenze ist. Es wäre denkbar, daß sich Odin in diesem Lied selber mit „Swaf" umschreibt. Falls dies zutreffen sollte, wäre dies einer der häufigen Fälle, in denen die Jenseitsgöttin als Wiederzeugungs-Geliebte eines Gottes (Freya/Gunnlöd als Geliebte des Odin) zu der Tochter des betreffenden Gottes umgedeutet worden ist.

Möglicherweise stammt die Vorstellung der Freya-Menglöd als Enkelin des Zwergenkönigs Thorin auch noch aus den alten Tyr-zentrierten Mythen, in denen die Göttin in jedem Frühjahr sowohl den Sonnengott-Göttervater Tyr als auch sich selber nach der Vereinigung der beiden Gottheiten wiedergebar. Göttin und Sonne waren durch die jedes Jahr aufs Neue stattfindende Wiederzeugung der beiden und die anschließende Wiedergeburt der beiden sowohl sie selber, als auch ihre eigenen Eltern und ihre eigenen Kinder. Somit ist Freya durchaus auch die Enkelin des Tyr.

XXV 1. c)   Zusammenfassung

„Svaf" bedeutet „Speer" und wird eine Variante der Odin-Heiti „Svafnir" („Speer-Mann") sein, die eine Anspielung auf den Speer Gungnir des Göttervaters ist.

Odin scheint sich somit im Fiölswin-Lied als Vater des Freya-Gunnlöd darzustellen und nicht mehr wie in anderen Mythen als deren Geliebter.

Möglicherweise stammt die Vorstellung der Generationenfolge „Thorin (Tyr) – Svaf (Odin, Tyr?) – Freya" auch noch noch aus den alten Tyr-Mythen aus der Zeit vor 500 n.Chr.

XXVI Waltam

XXVI 1. Waltam in der germanischen Überlieferung

XXVI 1. a) Der Name „Waltam"

Der Odin-Name „Wegtam" bedeutet „Weg-Vertrauter". Der Name „Waltam" des Wegtam-Vaters bedeutet „Toten-Vertrauter". Es hat den Anschein, als ob Odin sich hier selber mit zwei Namen beschreibt: Als Schamanen-Gott war er ein Reisender auf dem Weg zwischen Diesseits und Jenseits und als Totengott war er mit den Toten, die in seiner Toten-Halle („Walhalla") lebten, bestens vertraut.

XXVI 1. b) Wegtam-Lied

Im Wegtams-Lied stellt sich Odin wie folgt vor:

Ich heiße Wegtam, bin Waltams Sohn.

XXVI 1. c) Gemälde in Burg Runkelstein

In dieser italienischen Burg in Bolzano in Südtirol sind um ca. 1350 n.Chr. die vier Helden (von links nach rechts) Dietrich von Bern, Dietleib, Siegfried Drachentöter und Waltram der Riesige an die Wand einer Halle gemalt worden.

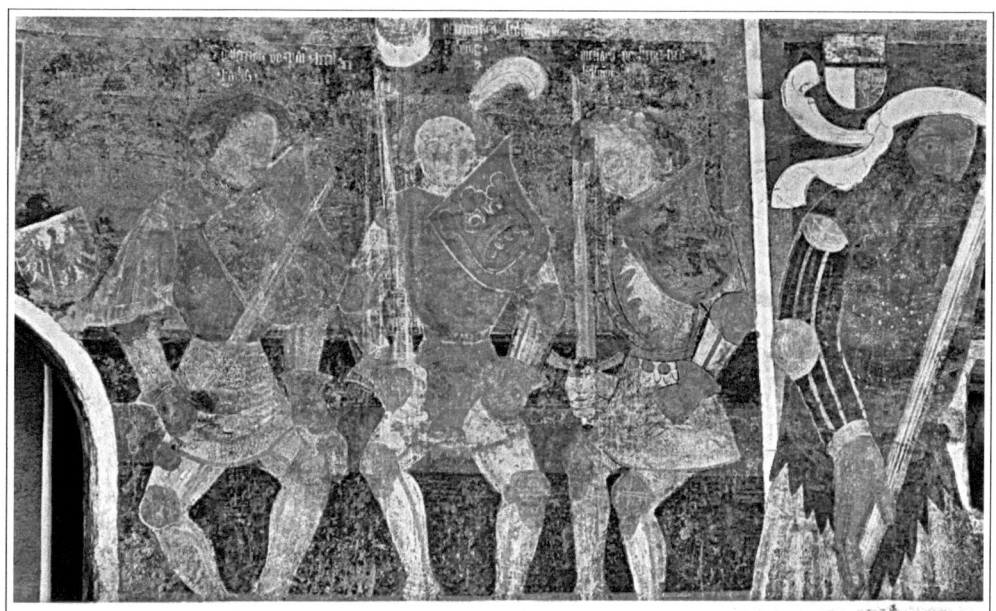

Dietrich von Bern, Dietleib, Siegfried Drachentöter und Waltram der Riesige

Es ist denkbar, aber unsicher, daß der Riese Waltram mit dem Gott Waltam identisch ist.

XXVI 1. d)   Zusammenfassung

„Waltam" („der mit den Toten vertraut ist") und „Wegtam" („der mit dem Jenseits-weg vertraut ist") sind zwei Beinamen, mit denen sich Odin selber umschreibt – auch wenn er sagt, daß „Waltam" sein Vater sei.

XXVII Lidskialf

XXVII 1. Lidskialf in der germanischen Überlieferung

XXVII 1. a) Der Name „Lidskialf"

Der Götter-Name „Lidskialf" ist dem Namen des Seher-Sitzes „Hlidskialf" des Odin identisch.

„Hlid" bedeutet „Tor" und „skialf" bedeutet „Schäre" (eine bei Flut überspülte flache Sandbank). Eine solche Sandbank steht sozusagen zwischen Erde und Wasser und somit zwischen der Menschenwelt in Midgard und der Wasserunterwelt. Sie bildet daher ein Tor zwischen den beiden Welten. Solche Tore wurden u.a. in Bestattungsritualen benutzt – durch sie blickte man in das Jenseits hinüber. Solch ein Tor-Ritual wird z.B. von dem arabischen Forschungsreisenden Ibn Fadlan als Teil der Bestattung eines Wikingerfürsten um 922 n.Chr. beschrieben.

Odins Hochsitz, von dem aus er „alle Dinge" sehen konnte, wird daher vor allem ein solches „Jenseitstor" gewesen sein.

Der Ase „Lidskialf" ist somit nach dem Jenseitstor benannt worden. Er könnte daher der ehemalige Sonnengott-Göttervater Tyr, der Regenbogenbrücken-Wächter Tyr-Heimdall oder der Schamanengott Odin sein.

XXVII 1. b) Fiölswin-Lied

Im Fiölswin-Lied erscheint Lidskialf als einer der zwölf Erbauer der Dinge, die sich „vor der Brüstung" der Halle der Menglöd befinden – damit ist die Wall rings um die Halle der Hel, d.h. um das Jenseits gemeint.

Windkald:

„Sage mir, Fiölswinn, was ich Dich fragen will
Und zu wissen wünsche:
Wer hat gebildet, was vor der Brüstung ist
Unter den Asensöhnen?"

Fiölswin:

„Uni und In, Bari und Ori,
Warr und Wegdrasil,
Dori und Uri, Delling und Atward,
Lidskialf und Loki."

Die zwölf aufgezählten Asen werden wohl in etwa dieselben wie die in anderen Aufzählungen von zwölf Asen in der Edda sein, zumal Loki wie auch sonst immer als Letzter erscheint. Diese zwölf Asen sind symbolisch wohl die Gesamtheit der Asen.

Die angeführten Namen sind vermutlich unbekanntere Beinamen der Asen. Teilweise handelt es sich jedoch auch um die Namen wichtiger Zwerge, die demnach an dem Bau mitgewirkt haben.

XXVII 1. c)   Zusammenfassung

„Lidskialf" ist einer der zwölf Erbauer der Halle der Freya-Menglöd. Sein Name bedeutet „Tor auf der Insel", womit „Jenseitstor" gemeint ist. Auch Odins Seher-Sitz heißt „Hlidskialf".

Dieser Erbauer der Halle der Jenseitsgöttin wird daher der ehemalige Sonnengott-Göttervater Tyr, der Regenbogenbrücken-Wächter Tyr-Heimdall oder der Schamanengott Odin sein.

E   Getreide-Götter

XXVIII   Fiölnir

XXVIII 1.   Fiölnir in der germanischen Überlieferung

Fiölnir ist einer der Beinamen des Odin sowie der Name eines Königs aus dem Hause der Ynglinge, der als ein Sohn des Freyr und der Gerdr angesehen wird.

XXVIII 1. a)   Der Name „Fiölnir"

Dieser Name bedeutet entweder „viel" im Sinne von „Fülle" (zu altnordisch „fiöl" = „viel") oder „Verborgener" (zu altnordisch „fela" = „verbergen").

XXVIII 1. b)   Grimnir-Lied

Im Grimnir-Lied zählt Odin seine Namen auf, zu denen auch „Fiölnir" gehört.

XXVIII 1. b)   Regin-Lied

Auch im Regin-Lied nennt sich Odin einmal Fiölnir:

König Hialprek gab dem Sigurd Schiffsvolk zur Vaterrache. Da traf sie ein gewaltiges Unwetter, so daß sie vor einem Vorgebirge halten mußten.

Ein Mann stand am Berg und sprach:

„Wer reitet dort auf Räwils Hengsten
Über wilde Wogen und wallendes Meer?
Vom Schweiße schäumen die Segelpferde:
Die Wellenrosse werden den Wind nicht halten.“

Räwil = Seekönig; seine Hengste = Schiffe
Segelpferde = Schiffe
Wellenrosse =Schiffe

Regin:

„Hier sind wir mit Sigurd auf Seebäumen:
Wir fanden Fahrwind in den Tod zu fahren.
Über die Schiffsschnäbel schlägt uns das Meer:
Die Flutrosse fallen; wer fragt danach?“

Seebäume = Schiffe
Flutrosse = Schiffe

Der Mann:

„Hnikar hieß man mich, wenn ich Hugin erfreute,
Junger Wölsung, auf der Walstatt.
Nun magst Du mich nennen den Mann vom Berge,
Feng oder Fiölnir; Fahrt will ich schaffen.“

Hugin = Odis Rabe

Da legten sie ans Land; der Mann ging aufs Schiff und beschwichtigte das Wetter.

XXVIII 1. c)   Gylfis Vision

In dieser Übersicht über die Mythen der Germanen trägt Odin zweimal den Namen „Fiölnir“.

169

XXVIII 1. d) Der Seherin Ausspruch

In diesem alten Lied werden die Asen als „Fiölnirs Sippe" umschrieben:

Die Asen einen sich auf dem Idafelde,
Über den Weltumspanner zu sprechen, den großen.
Uralter Sprüche sind sie da eingedenk,
Von Fimbultyr gefundner Runen.

Idafeld = „Dorfplatz" in Asgard
Weltumspanner = Jörmungandr
Fimbultyr = „mächtiger Tyr" = Odin, ursprünglich Tyr

Da werden sich wieder die wundersamen
Goldenen Figuren im Grase finden,
Die in Urzeiten die Asen hatten,
Der Fürst der Götter und Fiölnirs Sippe.

Figuren = Spielfiguren im Tafl-Spiel, das ursprünglich als Orakel verwendet wurde
Fürst der Götter = Odin (vor 500 n.Chr.: Tyr)

XXVIII 1. e) Heidarviga-Saga

Die in dieser Saga von Erik dem Skalden verwendete (ungenaue) Kenning *„Ruderdollen des Feuers des Zaubergesanges des Fiölnir"* setzt sich wie folgt zusammen, wobei „Ruderdollen (Löcher für die Ruder in der Bordwand) durch „Ruder" ersetzt werden müßte:

Fiölnir = Odin; Odins Zaubergesang = Schlacht; Feuer der Schlacht = Schwerter; Ruder der Schwerter = Krieger

Alles Lange und Dünne, das aus Holz bestand wie z.B. Ruder, wurde oft anstelle von „Baum" als Bezeichnung für „Mensch" benutzt.

XXVIII 1. f) Grotten-Lied

In dieser Mythe ist Fiölnir ein (schwedischer) König. Die Geschichte endet mit dem Tod des Frodi (= Freyr).

170

König Frodi sandte Boten nach Swithiod zu dem König, der Fiölnir hieß, und ließ da zwei Mägde kaufen, die Fenja und Menja hießen und sehr groß und stark waren. In dieser Zeit gab es in Dänemark zwei so große Mühlsteine, daß niemand stark genug war, sie umzudrehen. Diese Mühlsteine hatten die Eigenschaft, daß sie mahlten, was der Müller wollte. Die Mühle hieß Grotti, der Mann aber, der dem König Frodi die Mühle gab, wurde Hengikiöpt genannt.

Fenja ist Frigg (von <u>Fen</u>salir) und Menja ist Freya (von Brising<u>amen</u>). Der König Fiölnir, der zwei Göttinnen als Mägde besitzt, muß selber ein Gott sein – wofür nur der ehemalige Göttervater Tyr infrage kommt.

Es sieht so aus, als ob hier eine Szene der Absetzung des Tyr als nordgermanischer Göttervater dargestellt worden sei: Der cholerische Thor erschlägt den Tyr-Riesen, der listige Odin besiegt den Tyr-Riesen im Rätsel-Wettstreit und was macht der Wohlstands-Gott Freyr? Er kauft dem Tyr-Fiölnir dessen zwei Göttinnen einfach ab …

XXVIII 1. g) <u>Ynglinga-Saga</u>

In dieser Saga wird über den recht merkwürdige Tod des Fiölnir berichtet:

Frey übernahm das Königreich nach Njörd und wurde von den Schweden, die ihm Abgaben zahlten, „drot" („König") genannt. Er war wie sein Vater mit Freunden und mit gutem Wetter gesegnet.

Freyr baute einen großen Tempel und Uppsala, errichtete dort seinen Hauptsitz und gab ihnen alle seine Abgaben, seine Länder und seine Güter. Dies war der Beginn des 'Uppsala-Lande', das seither Bestand gehabt hat.

Dann begann in seiner Zeit der Frode-Frieden und damals gab es in allen Ländern gute Ernte, die die Schweden dem Freyr zuschrieben, sodaß er mehr als alle anderen Götter verehrt wurde, da die Leute in seinen Zeit durch den Frieden und die guten Ernten sehr viel reicher wurden.

Seine Frau war Gerda Gymir-Tochter und ihr Sohn wurde Fjölnir genannt.

... ...

Fjölnir, der Sohn des Yngvi-Freyr, herrschte danach (nach dem Tod des Freyr) über die Schweden und über die 'Uppsala-Landes'. Er war machtvoll und hatte glückliche Ernten und bewahrte den Frieden.

Friedens-Frodi herrschte damals in Leidre (die alte Hauptstadt von Dänemark auf der Insel Seeland nahe Kopenhagen) und zwischen ihnen war eine große Freundschaft und sie besuchten sich oft.

Einmal, als Fjölnir zu Frode nach Seeland fuhr, wurde für ihn ein großes Fest bereitet und Einladungen dazu wurden in das gesamte Land versendet.

Frode hatte ein Haus, in dem ein großer Kessel stand, der elf Ellen (ca. 3,60m) hoch war und aus großen Holzplanken zusammengesetzt worden war. Dieser Kessel stand in einem abgesenkten Raum. Über ihm war ein Hochboden, in dessen Fußboden eine Öffnung war, durch die man Flüssigkeiten in den Kessel schütten konnte. Dieser Kessel war voll mit Met, der außergewöhnlich stark war.

Am Abend wurde Fjölnir mit seinen Dienern zum Schlafen auf den angrenzenden Hochboden gebracht. In der Nacht ging er auf die Gallerie hinaus, um einen bestimmten Platz („Toilette") zu suchen, während er sehr schläfrig und sehr betrunken war.

Als er zu seinem Raum zurückkehrte, ging er die Gallerie entlang und zu der Tür eines anderen Hochbodens, ging hinein, glitt mit seinem Fuß aus und stürzte in den Met-Kessel und ertrank.

Angesichts dieses sehr merkwürdigen Unfalls ist es zumindestens denkbar, daß es sich hier um eine Umdeutung des Ritual-Mets handelt, der bei Bestattungen getrunken wurde. Aber es ist natürlich auch denkbar, daß sich dieser Unfall genauso wie er hier berichtet wird, zugetragen hat.

Da Fiölnir jedoch der Sohn des Asen Freyr und der Asin/Riesin Gerdr sowie der Enkel des Tyr-Riesen Gymir ist, muß man in seiner Lebensgeschichte durchaus mit mythologischen Motiven rechnen. Vielleicht ist dieses Ertrinken im Met daher eine Umdeutung des Versinkens des ehemaligen Sonnengott-Göttervaters Tyr im Meer, der dabei zu dem Meeres-Riesen Gymir wird.

Der Verdacht, daß diese Geschichte ihren Ursprung in den Mythen hat, wird auch dadurch bestätigt, daß Frode/Frodi eine Sagen-Variante des Freyr ist.

XXVIII 1. h)   Ynglingatal

In dieser mythologisch-historischen Schilderung der frühen schwedischen Könige wird derselbe Tod des Fiölnir berichtet:

In Frode Halle wurde das schreckliche Wort,
der Tod-verkündende Klang gehört:
der Schrei der Schicksal-Verkündung
wurde des Nachts in Frodes Halle gehört.
Und als der tapfre Frode kam, fand er
Schwedens schwarzhaarigen König Fjölnir ertrunken.
In Frodes Halle ertrank er,
ertrank er in einer wogenlosen, windlosen See.

172

XXVIII 1. i)   Historia norwegiae

Auch in dieser Geschichte Norwegens wird der Tod Fiölnirs kurz erwähnt:

Freyr (Frode) *lud Fjölnir ein, der in einem Metfaß ertrank.*

XXVIII 1. j)   Isländer-Buch

In diesem Buch wird kurz angemerkt, daß Fiölnir bei Friedens-Frodi gestorben sei.

XXVIII 1. k)   Gesta danorum

In dieser „Geschichte der Dänen" wird Fjölnir „Hundingus" und Frodi „Hadingus" genannt und die Geschichte wird auch in leicht abgewandelter Form erzählt.

Diese beiden Namen erinnern an die Hundinge („Hunde-Leute") in der Völsungen-Saga, die die „Sippe des Loki" darstellen, während ihre Gegner, die „Wülfinge" („Wolfs-Leute") die Sippe des Tyr darstellen. Diese Wülfinge wurden auch „Hadding e" („Langhaarige") genannt. Es hat daher den Anschein, als ob der Name „Fiölnir" aus den alten Jahreszeiten-Mythen über Tyr und Loki stammen würde.

Das das Metfaß in dieser Variante den Met für ein Gedenkfest für den vermeintlich toten König Hadding (Tyr) enthält, erhält die Vermutung bestärkt, daß es sich bei diesem seltsamen Tod um eine Umdeutung der Funktion des Mets bei der Bestattung und um eine Umdeutung der alten Tyr-Mythen handelt.

Mittlerweile hatte der Schwedenkönig Hunding die falsche Nachricht erhalten, daß Hadding tot sei, und beschloß ihn mit einem großen Ritual zu ehren. Daher versammelte er seinen Edlen und füllte ein Faß von außergewöhnlicher Größe mit Met und stellte dies zu dem Vergnügen der Feiernden in deren Mitte und übernahm selber die Rolle des Mundschenks, um keinen Hinweis auf den Ernst des Festes auszulassen, und hatte keine Hemmungen, selber die Aufgabe des Kelchträgers auszuüben.

Und während er in Erfüllung seiner Pflichten durch den Palast ging, stolperte er und fiel in das Faß und gab, von dem Getränk erstickt, seinen Geist auf – so ging er entweder zur Buße in den Orcus (Hel)*, den er durch seine unbegründeten Rituale zu beschwichtigen versuchte, oder zu Hadding, über dessen Tod fälschlicherweise zu ihm gesprochen worden war.*

173

Als Hadding dies hörte, wollte er sich mit gleichem Dank an seinen Verehrer wenden, und erhängte sich, da es nicht ertragen konnte, seinen Tod zu überleben, vor den Augen der ganzen Leute.

Dieser seltsame, weil unbegründete Tod des zweiten Königs spricht ebenfalls dafür, daß der Ursprung dieser Geschichte in den Mythen liegt.

XXVIII 1. l)   Kwasir

Der Tod eines Menschen beim Brauen des Göttermets findet sich auch in der Kwasir-Mythe (siehe „Kwasir" in Kapitel 33). Dort wird der von den Asen gemeinschaftlich erschaffene Kwasir von zwei Zwergen getötet.

Der Tod des zweiten Königs läßt sich ebenfalls in dieser Mythe wiederfinden: Die beiden Zwerge ertränken grundlos den Tyr-Riesen Gilling im Meer und erschlagen anschließend seine Frau mit einem Mühlstein. Der Mühlstein der Fenja und der Menja sowie der Mühlstein, mit dem Gillings Frau erschlagen wurde, werden vermutlich derselbe Mühlstein sein.

Die Fiölnir-Saga hat ihren Ursprung offenbar in den Vorstellungen der Germanen über das Met-Brauen, über die Bestattungen und über den Tod des Tyr, der abends als Sonne in die Wasserunterwelt einging.

XXVIII 1. m)   Veraldur-Ballade

In diesem Lied, das um 1840 n.Chr., auf den Faröer-Inseln aufgeschrieben wurde, auf denen sich einige Lieder mit gut erhaltenem germanischem Inhalt gefunden haben, ist Veraldur der Sohn des Odin.

„Veraldur" bedeutet „Welt", d.h. wörtlich „Bereich der Menschen". Da Freyr auch „veraldur god", also „Gott der Welt" oder „Gott des Getreides" genannt wurde, könnte schon vom Namen her ein Zusammenhang zwischen Freyr und Veraldur bestehen.

In der Ballade reist Veraldur auf die dänische Insel Seeland, da er die Tochter des dortigen Königs heiraten will. Veraldurs Vater Odin warnt seinen Sohn vergeblich vor dieser Reise.

Dem König von Seeland mißfällt Veraldur und läßt ihn durch eine List in ein großes Braufaß in einer „Stein-Halle" fallen, in dem er ertrinkt.

Als Odin die Nachricht über dieses Ereignis hört, beschließt er zu sterben und nach Asgard zu gehen, wo sein Gefolge nach deren Tod ebenfalls willkommen sein wird.

Hier findet sich ein zweiter Freitod eines Königs.

In dieser Ballade finden sich zwei weitere Hinweise darauf, daß das Motiv des „Ertrinkens im Met" aus den Bestattungs-Vorstellungen stammt:

- das Metfaß steht in einer „Halle aus Stein", d.h. in einem Hügelgrab, da die Grabkammern in diesen Hügeln die einzigen Steinhäuser gewesen sind, die die Germanen erbaut haben,

- Odin geht nach Walhalla.

XXVIII 1. n) Byggvir

In der Lokasenna tötet Loki ohne ersichtlichen Grund den Freyr-Diener Byggvir und seine Frau Beyla, die ebenfalls Freyr dient. Der Name des Byggvir bedeutet „Gerste" und der seiner Frau eventuell „Biene" – beides wird benötigt, um Bier bzw. Met zu brauen.

XXVIII 1. o) Beowa

Beowa (Beaw, Beow, Beo, Bedwig) ist eine angelsächsische Mythen-Gestalt, deren Name „Biene" bedeutet. Er ist der Sohn des Skyld („Schild"), der Enkel des Sceafa („Korn-Garbe") und daher auch einer der Vorfahren von König Alfred dem Großen.

Skyld ist in den altnordischen Mythen wie Veraldur der Sohn des Odin.

Die beiden Namensbedeutungen „Biene" und „Korngarbe" weisen wieder auf die Herstellung von Bier und Met hin.

XXVIII 1. p) Waraldan Olmay

Die Mythen der Lappen (Finnen) haben sich des öfteren mit den Mythen ihrer germanischen Nachbarn vermischt. So findet sich bei ihnen der Korngott „Waraldan Olmay", der offensichtlich mit „Veraldur" verwandt ist.

Es fällt auf, daß auch die magische Mühle aus dem Grotten-Lied wahrscheinlich von den Finnen stammt – und daß auch in diesem Lied Frodi und Fiölnir auftreten. Nun braucht man eine Mühle, um die Gerste zu mahlen, aus der man dann Bier braut

175

– dies ist zwar nicht der Göttermet, aber auch Kwasirs Name bedeutet „Brottrunk, Gerstentrunk". Zudem töten die beiden Zwerge, nachdem sie bereits Kwasir und Gilling getötet haben, auch noch Gillings Frau – indem sie ihr einen Mühlstein auf den Kopf fallen ließen …

Die Auffassung des Fiölnir-Veraldur als Korngott und Biergott ist somit recht sicher.

XXVIII 1. q)   John Barleycorn

Diese Gersten-Mythe lebt bis heute in der Ballade über John Barleycorn weiter, die in der Fassung des schottischen Dichters Robert Burns (1759-1796) weit bekannt geworden ist – „barley" bedeutet „Gerste".

Auch John Barleycorn (die Gerste) wird getötet, damit man aus ihm Bier brauen kann.

There were three men
Came from the west
Their fortunes for to tell
And the life of John Barleycorn as well.

They've laid him in three furrows deep,
Laid clods upon his head.
Then these three men made a solemn vow
John Barleycorn was dead,
John Barleycorn was dead.

They let him lie for a very long time,
Till the rain from heaven did fall.
Then little Sir John sprang up his head
And he did amaze them all,
He did amaze them all.

They let him stand till the midsummer's day,
Till he looked both pale and wan.
Then little Sir John he grew a long beard
And he so became a man,
He so became a man.

Chorus:
Fal la la la, it's a lovely day,
Sing fal la la, lay-o,
Fal la la, fal la la,
It's a lovely day,
Singing fal la la la, lay-o.

So they have hired men with the scythes so sharp
To cut him off at the knee,
They've rolled him and tied him around the waist,
They've served him barbarously,
They've served him barbarously.

Chorus

They have hired men with the crab-tree sticks,
To cut him skin from bone,
The miller he has served him a-worse than that,
He's ground him between two stones,
He's ground him between two stones.

And they've wheeled him here,
And they've wheeled him there,
They've wheeled him to a barn,
And then they have served him a-worse than that,
They've bunged him in a vat,
They've bunged him in a vat.

Chorus

Well they've worked their will on John Barleycorn
But he lived to tell the tale,
For they pour him out of an old brown jug
And they call him home brewed ale,
They call him home brewed ale.

3 x Chorus

Übersetzung:

Es waren drei Männer,
Die kamen aus dem Westen,
Von ihrem Schicksal erzählen sie
Und auch dem Leben von John Barleycorn

Sie legten ihn in drei tiefe Ackerfurchen,
Legten Erdklumpen auf seinen Kopf.
Dann machten diese drei einen gemeinsamen Schwur –
John Barleycorn war tot,
John Barleycorn war tot,

Sie ließen ihn lange Zeit liegen,
Bis der Regen vom Himmel fiel.
Dann sprang dem kleinen John der Kopf auf
Und er erstaunte sie alle,
Er erstaunte sie alle.

Sie ließen ihn stehen bis zu einem Mittsommertag,
bis er sowohl bleich als auch blass aussah.
Da trug der kleine Sir John einen langen Bart
Und wurde so zu einem Mann,
Und wurde so zu einem Mann.

 Refrain:
Fal la la la, es ist ein wundervoller Tag,
Sing fal la la, lay-o,
Fal la la, fal la la,
Es ist ein wundervoller Tag,
Sing fal la la la, lay-o.

Also heuerten sie Männer an mit scharfen Sensen,
Um ihn über dem Knie zu mähen
Sie rollten ihn und banden ihn um die Hüfte,
Sie behandelten ihn barbarisch,
Sie behandelten ihn barbarisch.

 Refrain

Sie heuerten Männer an mit Stöcken,
um ihm die Haut von den Knochen zu trennen,
Der Müller behandelte ihn sogar noch schlimmer,
Er rieb ihn zwischen zwei Steinen,
Er rieb ihn zwischen zwei Steinen.

Und sie fuhren ihn hierhin,
Und sie fuhren ihn dorthin,
Sie fuhren ihn in eine Scheune
Und dann behandelten sie ihn noch schlimmer,
Sie warfen ihn in einen Bottich,
Sie warfen ihn in einen Bottich.

Refrain

Sie haben ihren Willen verrichtet an John Barleycorn,
Doch er lebte weiter, um die Geschichte zu erzählen,
Denn sie schütteten ihn aus einem alten braunen Krug
Und sie nennen ihn hausgebrautes Bier,
Sie nennen ihn hausgebrautes Bier.

3 x Refrain

XXVIII 1. r)   Zusammenfassung

Der Name „Fiölnir" bedeutet „Viel-Wissender". Er ist ein Sohn des Freyr und der Gerdr und in einem späten Lied auch der Sohn des Odin. Fiölnir ist wie Skyld und andere Göttervater-Söhne der Begründer eines skandinavischen Königshauses – Fiölnir ist der Urahn der Ynglinge. Auch Odin selber wird sechsmal „Fiölnir" genannt.

Das markanteste an Fiölnirs Biographie ist sein Tod durch Ertrinken in dem riesigen Metfaß des mit ihm befreundeten Königs Frodi (ein Beiname des Freyr), über das in mehreren Quellen berichtet wird. Dieser Tod verbindet ihn mit dem ehemaligen Sonnengott-Göttervater Tyr, der als Sonne am Abend im Meer „ertrinkt". Der Met verbindet Fiölnir auch dem von den Asen gemeinschaftlich erschaffenen Kwasir, der die Weisheit aller Asen in sich trägt.

Fiölnir entspricht offenbar auch dem Odins-Sohn Veraldur („Welt"), der nach See-land (Jenseitsinsel?) reist, um die dortige Königstochter zu heiraten, aber von deren Vater durch eine List dazu gebracht wird, in ein Metfaß in einer „Halle aus Stein",

179

d.h. in einem Hügelgrab zu fallen und dort zu ertrinken. Die Königstochter scheint demnach die Wiederzeugungs-Geliebte im Hügelgrab zu sein, mit der sich der Tote im Jenseits vereint, um dann von ihr wiedergeboren zu werden. Nach Fiölnirs Tod tötet sich Odin und lädt sein Gefolge ein, nach dem Tod zu ihm nach Asgard zu kommen. Veraldurs Name ist ein Teil des Freyr-Titels „veraldur god", der „Gott der Welt" bedeutet, aber möglicherweise auch als „Gott des Getreides" aufgefaßt worden ist, da „Waraldan Olmay" der finnische Korngott gewesen ist.

Der Freitod des zweiten Königs wird auch in der Gesta danorum berichtet, in der der König Hunding während des Totenfestes für den vermeintlich verstorbenen König Hadding im Metfaß ertrinkt, woraufhin sich Hadding dann öffentlich erhängt. Dies klingt nach dem rituellen Einweihungstod, bei dem Odin bzw. die Einzuweihenden an einem Baum hängen. Die Hundinge entsprechen in der Saga dem Loki und die Haddinge dem Tyr.

Einen ähnlichen merkwürdig grundlosen Tod erleidet auch Freyrs Diener Byggvir. Sein Name bedeutet „Gerste". Dies weißt wieder auf das Bier hin, das anschließend bei der Feier der Asen getrunken wurde. Der Name „Beyla" der Frau des Byggvir könnte „Biene" bedeuten und wäre dann ein Hinweis auf den Met, der aus Honig gebraut wird. Das Brauen scheint eng mit Freyr verbunden gewesen zu sein.

Auch in der Kwasir-Mythe wird der Tyr-Riese Gilling ohne ersichtlichen Grund von zwei Zwergen erschlagen.

In den angelsächsischen Annalen erscheint ein Beowa („Biene"), der ein Sohn des Skyld („Schild"; ein Odin-Sohn) und ein Enkel des Sceafa („Korn-Garbe") ist. Hier finden sich in der Namen wieder die Hinweise auf das Brauen von Bier und Met sowie das Vater-Sohn-Verhältnis zu dem Göttervater (Skyld Odin-Sohn).

In dem Grotten-Lied kauft Frodi bei Fiölnir die beiden Riesen-Mägde Fenja (Frigg) und Menja (Freya), die so stark sind, daß sie die Riesenmühle des Frodi drehen könne, auf der sie Mehl (vermutlich Gerste) mahlen – bis zu Frodis Tod. Diese Mühle hängt sicherlich mit dem finnischen Sampo zusammen, auf dem man Mehl, Salz und Gold mahlen kann – auch Frodis Mühle ist eine Zaubermühle, auf der man alles Gewünschte mahlen kann. Hier ist Fiölnir recht sicher der ehemalige Sonnengott-Göttervater Tyr, dem Freyr die beiden Göttinnen abkauft.

Anscheinend bestand bei diesem Thema ein Zusammenhang zwischen den germanischen und den finnischen Mythen, wie Veraldur und die magische Mühle zeigen.

Die Mühle taucht auch in der Kwasir-Mythe auf, in der die beiden Zwerge die Frau des Tyr-Riesen Gilling mit einem Mühlstein erschlagen.

Schließlich hat sich der Tod des Gersten-Mannes noch in dem Lied über John Barleycorn erhalten: Aus Johns Leiche, also aus der gemahlen Gerste wird das Bier gebraut, daß sich dann in dem großen Faß befindet – in dem der Gersten-Mann gewissermaßen ertrunken ist.

Wenn man diese vielfältige Überlieferung zusammenfaßt, erhält man folgende Elemente, die die Mythe des Fiölnir bilden:

- Odin wird Fiölnir genannt.
- Fiölnir ist der Sohn des Odin.
- Fiölnir ist der Sohn des Freyr und der Gerdr.
- Fiölnir heißt auch Veraldur. Veraldurs Name ist ein Teil des Freyr-Titels „veraldur god" („Gott der Welt" oder „Gott des Getreides").
- Waraldan Olmay ist der Name des finnischen Korngottes.
- Freyrs Diener Byggvir („Gerste") wird vor dem Fest bei dem Tyr-Riesen Ägir getötet. Die Frau des Byggvir heißt „Beyla" („Biene").
- Beowa („Biene") ist der Sohn des (Odin-Sohnes) Skyld und der Enkel des Sceafa („Korn-Garbe").
- Die Gerste wird in späteren Liedern „John Barleycorn" („John Gestenkorn") genannt und auch er wird beim Bierbrauen getötet, gemahlen und in einem Faß „ertränkt".
- Fiölnir ist der Ahnherr der Ynglinge-Könige.
- Fiölnir ertrinkt in einem Metfaß, daß seinem Freund König Frodi gehört – „Frodi" ist die Sagen-Variante des Freyr.
- Fiölnir reist als Veraldur auf die Insel Seeland und ertrinkt dort bei seiner Brautwerbung in einem Metfaß, das in einer „Halle aus Stein" steht. Diese Halle ist die Grabkammer im Hügelgrab auf der Jenseitsinsel (Seeland). Die Königstochter ist die Jenseitsgöttin als die Wiederzeugungs-Geliebte im Hügelgrab.
- Odin, der Vater des Fiölnir-Varladur, tötet sich selber nach dem Tod seines Sohnes und lädt sein Gefolge nach Asgard ein.
- König Hunding ertrinkt in einem Metfaß bei der Totenfeier für den vermeintlich toten Hadding. Hadding erhängt sich öffentlich, als er vom Tod des Hunding erfährt. Dies klingt nach dem Einweihungstod des Odin.
- Der Tyr-Riese Gilling wird grundlos von zwei Zwergen im Zusammenhang mit dem Metbrauen getötet.
- Frodi kauft Fenja (Frigg) und Menja (Freya) bei Tyr-Fiölnir. Diese Mahlen auf der Zaubermühle, die dem finnischen Sampo entspricht, endet mit dem Tod des Frodi (= Freyr).
- Die beiden Zwerge töten die Frau des Tyr-Riesen Gilling mit einem Mühlstein.

Diese Elemente lassen sich nun zu einer Folge von Ereignisse zusammenfassen:

- Als erstes Element kann man noch das Ernten mit der Sense durch Odin auf seiner Reise zu Gunnlöd hinzunehmen.
- Der Gersten-Mann reist zu der Königstochter in der Grabkammer in dem Hügelgrab auf der Jenseitsinsel. Das Metfaß steht in der Grabkammer (bei der Königstochter auf Seeland; bei Menglöd im Hügelgrab). Der Gerstenmann Fiölnir ist auch Odin, der ins Jenseits zu Gunnlöd reist, und Tyr, der in die Unterwelt zu Freya-Hel reist.
- Die Gerste wird auf einer Zaubermühle gemahlen, die alle Dinge mahlen kann (Mehl, Salz, Gold u.a.).
- Der Gersten-Mann (Fiölnir, Veraldur, Kwasir, Byggvir, Sceafa, Waraldan Olmay) wird getötet. Der Tod ist selbstverschuldet bzw. wird durch den Vater der Königstochter oder Loki verursacht. Tyr/Freyr/Odin (Freyr = Frodi) stirbt bei dem Trinken des Gersten-Tranks (Einweihung, Bestattung). Der Tyr-Riese Gilling wird grundlos von zwei Zwergen im Zusammenhang mit dem Metbrauen getötet. Zu diesen Gersten-Männern zählen vermutlich auch die Knechte, die Odin auf seiner Reise zu Gunnlöd durch eine List tötet.
- Daneben gibt es noch den Bienen-Mann (Beowa Skyld-Sohn, Odin-Enkel) bzw. die Bienen-Frau (Beyla) die mit dem Honig für das Met-Brauen assoziiert werden.
- Der Gersten-Trank ist identisch mit dem Gersten-Mann und er ist zugleich auch der Sohn des Gersten-Mannes. Der Gerstentrank Fiölnir ist Odin/Freyr und er ist der Sohn des Odin/Freyr. Der Gerstentrank ist die Weisheit (Fiölnir, Kwasir).

Diese Folge ergibt nun eine Geschichte:

Odin erntet das Heu (eigentlich wohl die Gerste) auf seiner Reise zu Gunnlöd.

Der Gersten-Mann, der mit dem Göttervater (Odin, Freyr, Tyr) identisch ist, reist zu der Jenseitsgöttin (Gunnlöd, Königstochter) in die Grabkammer in dem Hügelgrab auf der Jenseitsinsel.

In dieser Grotte wird das Gerstenmehl von der Jenseitsgöttin (Frigg, Freya) gemahlen, d.h. der Göttervater stirbt als Gerste. Aus der Gerste wird das Bier für das Bestattungs-Ritual gebraut. In diesem Trank liegt die Weisheit des Göttervaters, da der Trank aus ihm als der Gerste gebraut wird (Fiölnir, Kwasir). Da aus dem „Mehl des Göttervaters" ein magischer Trank entsteht, ist auch die Mühle, auf der dieses Mehl gemahlen wird, eine magische Mühle, die alle Dinge mahlen kann – vor allem die Weisheit des Göttervaters.

Der Trank (Bier, Met), der aus Gerste bzw. aus Honig gebraut wird, ist zum einen der Göttervater selber, aber er ist als „Gabe des Göttervaters" auch der Sohn des Göttervaters. Diese Verdopplung des Trankes als Vater und Sohn ist ein deutlicher Hinweis auf die Wiedergeburt, da aufgrund der Wieder-zeugungs-Symbolik der Wiedergeborene zugleich er selber, aber auch sein eigener Sohn ist (wodurch er selber zum Vater wird).

Der Tod des Freyr/Frodi/Odin/Tyr-Gilling ist der sterbende Gott bzw. der Einzuweihende (Vater); der Tod des Fiölnir/Varaldur/Byggvir ist der Tod der Gerste beim Brauen des Ritual-Biers (Sohn). Beide Tode sind letztlich iden-tisch, da es zwei Aspekte des Göttervaters sind: der Tod des Gottes und der Tod des Getreides.

Fiölnir, der auch Veraldur genannt wird, ist der Göttervater selber (Tyr/Freyr/Odin) bzw. die Gerste. Dieser Gersten-Mann (Fiölnir, Veraldur, Kwasir, Byggvir, Sceafa) wird getötet – die Gerste wird von Odin mit der Sense geerntet. Nun gelangt der tote Gott in die Grabkammer in dem Hügelgrab auf der Jenseitsinsel zu der Jenseitsgöttin (Gunnlöd, Freya).

Anschließend wird dort in der Grabkammer-Grotte die Gerste von der Jenseits-göttin (Frigg-Fenja, Freya-Menja) gemahlen und dann mit Wasser gemischt, damit Bier entstehen kann – der Göttervater wird im Metfaß ertränkt.

Dann trinkt der Göttervater diesen Trank (bei Gunnlöd).

In diesem Trank liegt die ganze Weisheit des Göttervaters, da er mit der Gerste identisch ist, aus der dieser Trank gebraut wurde. Daher ist der Skaldenmet des Göttervaters Odin die Inspiration für die Dichter – Odin ist selber in diesem Met enthalten. Die Weisheit in diesem Trank wird durch Kwasir veranschaulicht.

Fiölnir ist der nordgermanische Korngott. Er ist vermutlich ein Aspekt des Freyr und evtl. auch des Tyr gewesen.

XXVIII 2.   Getreidegötter bei den Indogermanen

Die Vorfahren der Indogermanen sind um ungefähr 7000 v.Chr. von Nordmesopo-tamien aus über den Kaukasus in die weiten Ebenen nördlich des Schwarzen Meeres und des Kaspischen Meeres gezogen und haben dort von Ackerbau gelebt.

Als die starken nacheiszeitlichen Regenfälle um 6000 v.Chr. geendet haben, ist diese fruchtbare südrussische Ebene zu einer Steppe geworden, in der die Indogermanen fast nur noch Viehzucht betreiben konnten und daher zu halbnomadischen Hirten geworden sind. Dabei geriet der Korngott ihrer mesopotamischen Vorfahren in Vergessenheit und verschwand aus dem indogermanischen Pantheon.

Als die Indogermanen zwischen 2800 v.Chr. und 2000 v.Chr. fast das gesamte Gebiet zwischen dem Atlantik und der Wüste Gobi erobert haben, kamen sie wieder in Gebiete, in denen sie auch Ackerbau betreiben konnten. Dadurch entwickelten sie wieder eine Korngottheit, in der Regel die Erdgöttin oder die Tochter der Erdgöttin – bei den Germanen ist dies z.B. die Erdgöttin Sif, deren goldenes Haar das reife Getreide ist.

Teilweise übernahmen die Indogermanen auch die Korngötter ihrer Nachbarn – die Germanen z.B. den finnischen Waraldan Olamy, den sie dann „Veraldur" genannt haben und als einen Aspekt des Freyr aufgefaßt haben. Vermutlich haben die Kelten und die Germanen auch die Getreide-Mythen der Völker der Megalith-Kultur übernommen, die sie in ihrem neuen Siedlungsgebiet vorgefunden haben.

XXVIII 3.   Getreidegötter in der Jungsteinzeit

In der frühen Jungsteinzeit, d.h. um ca., 8500 v.Chr. wurden der Ackerbau und die Viehzucht erfunden. Um die Vorgänge beim Ackerbau zu beschreiben, benutzten die damaligen Menschen das Gleichnis zum Leben eines Menschen: die Aussaat entsprach der Zeugung, das Keimen der Geburt, das Wachstum dem Leben, die Ernte dem Tod, das Lagern des Getreides dem Aufenthalt im Jenseits, und die erneute Aussaat der Wiedergeburt.

Durch dieses Gleichnis ist der Korn- und Totengott entstanden. Der bekannteste dieser Götter ist vermutlich der ägyptische Osiris.

XXVIII 4.   lyrische Zusammenfassung

Fiölnir

Gerstenmann[87], Du liegst in Deinem Grab[88],
geborgen im Dunkel, in Jörds Armen[89],
gesät von Gymas Bewohnern[90],
gesegnet von Freyas Geliebtem[91].

Fiölnir[92], in Fülle keimst Du empor,
wirst Veraldur[93] der Gedeihende,
Freyr der Freigiebige Wanengott –
viel verdanken wir Dir, Freundlicher!

Sceafa[94], Du bist das Gold-Haar der Sif[95],
Die Sense des Loki schert Dich ab[96];
Schöner Sohn der Gerdr Thiazi-Tochter[97] –
schon bist Du zu Garben gebunden worden.

---

87 Gerstenmann = Getreide-Saat
88 Grab = Erde
89 Jörd = Erdgöttin
90 Gyma = Erdgöttin; ihre Bewohner = Menschen
91 Freyas Geliebter = Freyr, der Gott der guten Ernten, des Wohlstands und des Friedens
92 Fiölnir = „Fülle" = Getreidegott (Aspekt des Freyr)
93 Veraldur = finnisch-germanischer Korngott, der mit Freyr gleichgesetzt worden ist
94 Sceafa = „Getreidegarbe" = angelsächsischer Korngott
95 Sif = Erdgöttin; ihr Gold-Haar = reifes Getreide
96 Der Wintergott Loki hat einst der Sif ihr goldenes Haar abgeschnitten – vermutlich im
    Herbst (Ernte). Das Sensen-Motiv hat später Odin auf seiner Reise zu Gunnlöd
    übernommen.
97 Fiölnir ist der Sohn der Gerdr und des Freyr; Gerdr ist ursprünglich die
    Mutter/Frau/Tochter des Tyr-Gymir, d.h. die Wiedergeburts-Göttin gewesen.

Byggvir[98], von Loptr[99] gebunden, getötet,
liegst Du am Boden und wirst zerstückelt –
Beinharter Dreschflegel schlägt Dich auf breiter Tenne,
bis goldene Kugeln wie Freyas Tränen rollen ...[100]

Fenja[101] und Menja[102] mahlen fleißig[103]
drehen die Mühle fort und fort,
für Fiölnir mahlen sie Tag für Tag
fortan Korn und Salz und Gold[104].

Beowa[105] braut Met, Beowa braut Bier,
Beowa füllt das riesige Faß;
Beyla[106] ruft Bienen, Beyla holt Honig,
Beyla mischt den goldenen Met.

Die Asen holen den alten Kessel,
die Alfen reinigen den Riesen-Krug,
die Wanen füllen ihn mit Wasser,
die Disen mit Honig und Blut[107].

---

98 Byggvir = „Gerstenmann" = Getreide = Freyrs Diener, der von Loki getötet wird (das entspricht seinem Sensen von Sifs Haar)

99 Loptr = Loki

100 In diesem Vers werden die gedroschenen Getreidekörner den goldenen Tränen der Freya vergleichen, die ursprünglich die wiedergeborene Sonne symbolisiert haben („goldene Tränen" statt „goldenes Sonnenkind" = Tyr).

101 Fenja = Frigg (von „Fensalir")

102 Menja = Freya (von „Brisingamen")

103 Die Jenseitsgöttin gibt nicht nur das Getreide, sondern sie hilft auch es zu mahlen.

104 Die Mühle der beiden Göttinnen war eine magische Mühle (Finnen: „Sampo"), die nicht nur Korn, sondern auch Salz und Gold und noch andere Dinge mahlen konnte. Die Mühle ist hier an die Stelle des allgebärenden Schoßes der Göttin getreten.

105 Beowa = „Biene" (ein Enkel des Korngottes Sceafa); Die Bienen sammeln den Honig, den man für das Brauen von Met braucht.

106 Beyla = „Biene" (die Frau des Gerstenmannes Byggvir und ebenfalls die Dienerin des Freyr)

107 Kwasir („Brottrunk") wurde in der Mythe aus Blut und Honig gebraut.

Fiölnir ist tot! Freyr gestorben!
Der Fürst ertrank in Gefions Gabe[108]!
In Kwasir versunken, zu Kwasir geworden,
als Kwasir von allen erhofft und erwartet.

Im hohlen Hügelgrab steht der Kessel,
gefüllt mit dem Schatz der hohen Götter,
mit Gunnlöds Gabe[109], mit dem Gut der Hörn[110],
mit Sinmaras gutem, goldenem Geschenk[111].

Willst auch Du zu Vardrun reisen?
In Hels Halle speisen?
Aus glänzenden, goldenen Hörnern trinken?
In dem Meer des Mets versinken?

XXVIII 5.   Traumreise zu Fiölnir

„Fiölnir?"

„Ja?"

„Bist Du ein Aspekt des Freyr?"

„Ja, natürlich – wer sonst gibt Fülle und Wohlstand und gute Ernten?"

„Hm ... das heißt, Freyr ist auch der Erntegott gewesen und Du ... ja ... bist sozusagen der Korn-Teil der Freyr-Mythen?"

„Komische Formulierung, aber ja – das stimmt so."

„Und 'Fiölnir' – heißt das 'Fülle'?"

„Ja – 'Fiölnir' und 'Aud' und 'Geban' – das ist alles dasselbe, das ist Freyr, der die Gaben gibt, die die Bauern brauchen. Das waren Namen, die vor allem die Bauern benutzt haben."

...

„Hm ... ... Und der Zusammenhang mit Tyr?"

---

108 Gefions = Erdgöttin (Freya); ihre Gabe kann alles sein – hier ist das Bier, der Met und der Brottrunk gemeint und insbesondere der Göttermet, der später zum Skaldenmet geworden ist (das Nektar ambrosia der Griechen, das Soma amrita der Inder, das Haoma der Perser usw.)

109 Gunnlöd = Freya; ihre Gabe = der Göttermet/Skaldenmet

110 Hörn = Freya; ihre Gabe = der Göttermet/Skaldenmet

111 Sinmara = Freya/Hel; ihre Gabe = der Göttermet/Skaldenmet

„Der besteht darin, daß Tyr sich im Jenseits mit der Erdgöttin wiederzeugt und dann von ihr wiedergeboren wird – und das Urbild für diesen Vorgang ist Freyr."

„Hm ... daß heißt, Du bist nur indirekt ein Aspekt des Tyr?"

„Eigentlich auch nicht indirekt – es gibt eine Assoziation, ja: die Wiedergeburt der Sonne und die Wiedergeburt des Getreides – aber das Getreide gehört zu Freyr und zu Sif ... und nicht zu Tyr – außer als Analogie."

„Hm ... Danke."

„Bitteschön."

„Ho!"

XXIX   Sceaf

XXIX 1.   Sceaf in der germanischen Überlieferung

Sceaf ist eine hauptsächlich aus dem angelsächsisch-englischen Bereich bekannte mythologische Gestalt, die ihren Ursprung jedoch in Dänemark hat.

XXIX 1. a)   Der Name „Sceaf"

Der Name „Sceaf" ist identisch mit dem angelsächsischen Substantiv „sceaf, sceafa" für Korngarbe. Dieses Wort findet sich im Althochdeutschen als „scoub", woraus die heute veraltete deutsche Benennung der Korngarbe als „Korn-Schaub" abstammt.

XXIX 1. b)   Widsith

In diesem um ca. 600 verfaßten Gedicht wird ein König Sceafa als *„Sceafa regierte die Langobarden"* aufgeführt. Es handelt sich jedoch eher um eine Sagengestalt, da von den Langobarden kein König mit diesem Namen bekannt ist.

XXIX 1. c)   Stammvater der Könige

In mehreren Genealogien der germanischen Könige erscheint Sceaf als ein Urahn dieser Könige. In den meisten dieser Stammbäume findet sich die nachstehende Reihenfolge:

Odin/Wodan – ... – Geat /Gaut– ... – Sceaf – ... – Scyld – ... – Könige

XXIX 1. d)   Chronik des Aethelweard

Aethelweard schrieb um ca. 1050:

„Dieser Scef kam in einem leichten Boot zu einer Insel im Ozean, die Scani genannt wurde, um ihn herum lagen Waffen und er war ein junger Knabe, den Bewohnern dieses Landes völlig unbekannt. Jedoch wurde er von ihnen wie einer aus ihrer Sippe aufgenommen und versorgt, und später wählten sie ihn zu ihrem König, von dessen Familie König Aethelwulf abstammte."

„Scani" ist Skandinavien.

XXIX 1. e)   Gesta regum anglorum

Um ca. 1150 n.Chr. schrieb William von Malmesbury:

„Sceaf; der, wie einige behaupten, bei einer bestimmten Insel in Germanien ange-trieben wurde, die Scandza hieß, (von der Jordanes, der Geschichtsschreiber der Goten berichtet hat), ein kleiner Junge in einem Nachen, ohne jegliche Begleitung, schlafend, mit einer Handvoll Korn bei seinem Kopf, daher nannte man ihn Sceaf; und wegen seiner einzigartigen Erscheinung, wurde er von den Männern dieses Gebietes wohlwollend aufgenommen und behutsam aufgezogen, in seinen reiferen Jahren regierte er in einer Stadt, die Slaswic genannt wurde, aber nunmehr Haithebi; Dieses Land, geheißen Alt-Anglia, von woher die Angeln nach Britannien kamen, befindet sich zwischen dem der Sachsen und der Goten."

Scandza = Skandinavien
Haithebi = Haitabu = Slawic = Schleswig = größte Wikinger-Stadt
Alt-Anglia = Ost-Schleswig = die Gegend zwischen Flensburg, Schleswig, Eckern-förde und Kappeln
Als Herr von Schleswig, der Hauptstadt des Reiches der Angeln, ist Sceaf auch der Ahnherr der Angelsachsen-Könige in England.

XXIX 1. f)   Beowulf-Epos

Scyld erscheint bereits im Beowulf-Epos, das zwar um 700 n.Chr. in England geschrieben wurde, aber Ereignisse, die um ca. 500 n.Chr. in Dänemark stattfanden, beschreibt.

Er wird in diesem Vers-Epos „Scyld Scefing" genannt, was „Scyld, Sohn des Scef" oder „Scyld von der Garbe" oder vereinfacht „Scyld Garbe" bedeutet. Die Bestattung dieses dänischen Herrschers wird wie folgt beschrieben:

„Sie schmückten seinen Körper nicht weniger reich
als mit Gaben wie es die Ersten einst taten
die ihn als Kind entsendet hatten
und übergaben ihn allein hinaus zu den Wellen."

Scyld ist als Baby in einem Boot angeschwemmt worden und wurde als Toter in einem Boot wieder dem Meer zurückgegeben.

XXIX 1. g)   Angelsächsische Chroniken

In dieser im Jahre 855 verfaßten englischen Geschichte ist Sceaf ein Sohn des Noah und wurde auf dessen Arche geboren.

XXIX 1. h)   Abingdon Chronicles

Um ca. 1250 n.Chr. fand ein Orakel statt, das sich auf Sceaf beziehen könnte. Der Abt von Abingdaon stritt sich mit den Männern von Oxfordshire um eine Insel-Weidefläche.

Um zu entscheiden, wem die Weide zukünftig gehören sollte, wurde eine Getreide-garbe („sceaf") auf einen Rundschild („scyld") gelegt und obenauf eine brennende Wachskerze. Diesen Schild ließ man dann die Themse hinabtreiben bis er zu der Insel kam und dann zwischen ihr und Iffley entlangtrieb – was dann den zukünftigen Herrn dieser Insel festgelegt hat.

XXIX 1. i)   Zusammenfassung

Der Name des Sceaf bedeutet „Korngarbe".

Er ist ein Nachkomme (Sohn) des Odin und der Ahnherr der dänischen Könige.

Er wurde in einem Schiff, in dem Waffen und eine Getreidegarbe lag, an der dänischen Küste angetrieben. Er wurde zum König der Dänen, der in Haithabu (Schleswig) herrschte. Nach seinem Tod wurde er auf einem Schiff bestattet, das man wie bei Baldurs Bestattung ins Meer hinaussandte.

Sceaf wurde auch als ein Sohn des Noah angesehen, der auf der Arche geboren wurde – auch hier ist Sceaf mit einem Schiff verbunden.

Der auf dem Wasser schwimmende Schild mit der Getreidegarbe und der brennenden Kerze auf ihm, der als Orakel benutzt worden ist, entspricht dem Sceaf in seinem Boot mit der Garbe. Die Kerze ist anscheinend die Analogie zu Sceaf. Ein König, der als Jüngling aus dem Meer kommt und nach seinem Tod wieder in das Meer zurückkehrt und zudem der Flamme einer Kerze gleichgesetzt wird, kann eigentlich nur der ehemalige Sonnengott-Göttervater Tyr sein.

Dies bedeutet wiederum, daß die Getreide-Symbolik des Sommergottes Baldur vermutlich von dem Sommergott Tyr abstammen, der im Sommer in seinem Boot das Getreide bringt. Das Sceaf-Boot ist daher eine Parallele zu der Jenseitsbarke des Odin, des Skidbladnir des Freyr, des Runen-Knochens des Ullr und des Naglfar des Tyr-Riesen Hrym.

Das Schiff mit dem in ihm liegenden Jüngling Sceaf und der Schild mit der auf ihm liegenden Getreidegarbe ist daher der im Frühjahr aus der Wasserunterwelt zurückkehrende ehemalige Sonnengott-Göttervater Tyr in seiner Sonnenbarke, in der schon auf den skandinavischen Felsritzungen die Sonne über das Himmelsmeer gefahren ist.

Sceaf wird jedoch wie Fiölnir auch als ein Aspekt des Ernte-, Wohlstands- und Friedensgottes Freyr angesehen worden sein.

XXIX 2.   Traumreise zu Sceaf

„Sceaf?"

„Ja?"

„Bist Du derselbe wie Fiölnir?"

„Ich bin ein weiterer Name dafür – so wie 'Aud' und 'Geban' und 'Fiölnir' – das sind alles Namen für Freyrs Fülle."

„Hm ... gibt es da etwas, was Du mir noch sagen kannst? ... Zum Beispiel zu meiner Vermutung, daß ... ja ... daß Fiölnir, Sceaf, Freyr als Getreidegott durch die Menschen aus der Megalithkultur inspiriert worden sind?"

„Inspiriert, ja – genauso auch durch die Finnen ... aber auch selber entwickelt. ... Die (goldenen) Haare der (Erdgöttin) Sif (das reife Getreide) sind ein Motiv, das von den Germanen selber stammt."

...

„Danke, Sceaf."

„Bitteschön."

„Ho!"

F Widar-Götter

XXX Both

XXX Both in der germanischen Überlieferung

„Both" ist ein anderer Name des Widar – siehe „Widar" in Band 19.

G Hönir-Götter

XXXI Byleist

XXXI 1. Byleist in der germanischen Überlieferung

Byleist bildet zusammen mit Logi und Helblindi eine Dreiheit von Götter-Brüdern, wie sie in der germanischen Mythologie sehr häufig vorkommt. Diese drei Brüder repräsentieren die drei Stände: Krieger und Fürsten, Priester und Heiler, sowie Bauern und Handwerker.

XXXI 1. a) Skaldskaparmal

Snorri Sturluson nennt in seinen Loki-Kenningar u.a. *„Bruder des Byleistr"* und *„Bruder des Helblindi"* – diese drei sind somit Brüder.

XXXI 1. b) Gylfis Vision

Noch zählt man einen zu den Asen, den einige den Verlästerer der Götter, den Anstifter alles Betrugs, und die Schande der Götter und Menschen nennen. Sein Name ist Loki oder Loptr, und sein Vater der Riese Farbauti; seine Mutter heißt Laufey oder Nai; seine Brüder sind Bileist und Helblindi.

XXXI 1. c)   Der Name „Byleist"

Byleist ist ein Beiname des Priester-Gottes Hönir. Von diesem Namen gibt es die Varianten „Belest", „Byleist", „Byleistr", „Byleiftr" und „Byleiptr".

Der Honig bzw. die Biene („by") in diesem Beinamen läßt sich leicht durch die große Wichtigkeit des Honig-Mets im Kult erklären. Auch der Name „Beowulf" ist mit diesem Wort („beo" = „by" = Biene) gebildet worden – er bedeutet „Bienen-Wolf" (= „Bär").

Die weitere Deutung des Hönir-Beinamens „Byleist" hängt davon ab, welche der der Varianten des zweiten Namensteiles die ursprüngliche ist. Es gibt mehrere Worte, von denen dieser Namensteil abstammen könnte:

leit   = Suche
leita   = suchen, versuchen, sich bemühen, Hilfe suchen, auf jemanden/etwas
            zugehen, aufbrechen

leiti   = Hügel, Erhöhung, Höhe, Anhöhe

leistr   = Strumpf, Socke, Hosenbein, Schritt

lest   = Text („Gelesenes")
lestr   = Text („Gelesenes")

lest   = Ladung, Last

lest   = beschädigen, brechen

leiptr   = Blitz, Glanz
leiptra = blitzen, glänzen
leiptr   = kleine Walart, evtl. Delphin

Es stehen somit fünf grundlegende Deutungen für „Byleistr" und die verschiedenen Varianten dieses Namens zur Verfügung:

- Bienen-Last	= Honig
- Bienen-Brecher	= Honig-Räuber
- Bienen-Sucher	= Imker oder Bär (?)
- Bienen-Schritt	= Imker oder Bär (?)
- Bienen-Hügel	= Bienenstock(?), Hügelgrab(?)
- Bienen-Blitz	= ?

Bis auf die letzte laufen alle diese Namens-Deutungen auf einen Mann oder einen Bär, der Honig sucht, hinaus, was gut zu dem Priestergott Hönir passen würde, in dessen Ressort auch das Brauen des Honigmets, der im Kult verwendet wurde, gehört haben wird.

XXXI 1. d) Gylfis Vision

„Helblindi" und „Loki" müssen, wenn „Byleist" der Priestergott Hönir ist, der Fürst und der Bauer sein. „Helblindi" erscheint in einer Liste der Beinamen Odins, sodaß seine Deutung als Odin recht sicher ist.

Odin heißt Allvater, weil er aller Götter Vater ist, und Walvater, weil alle seine Wunschsöhne sind, die auf dem Walplatz fallen. Sie werden in Walhall und Wingolf aufgenommen und heißen da Einherjer. Er heißt auch Hangagott oder Haptagott, Farmagott und nannte sich noch mit vielen Namen, als er zu König Geirröd kam.

Ich heiße Grimur und Gangleri,
Herian, Hialmberi,
Theck, Thridi, Thud, Udr,
Helblindi und Har.

Sad, Swipal und Sanngetal,
Herteit und Hnikar,
Bileig und Baleig, Bölwerk, Fiölnir,
Grimnir, Glapswid, Fiölswid.

Sidhött, Sidskegg, Siegvater, Hnikud,
Allvater, Atrid, Farmatyr,
Oski, Omi, Jafnhar, Biflindi,
Gondlir, Harbard.

Swidur, Swidrir, Jalk, Kialar, Widur,
Thror, Yggr, Thund, Wak, Skilfing,
Wafud, Hroptatyr, Gaut, Weratyr.

XXXI 1. e) Lokathattr

In diesem Lied ist Loki der Beschützer eines Bauern, sodaß auch die Zuordnung des Loki zu dem Stand der Bauern plausibel ist (siehe „Loka Thattur" in Band 16).

197

XXXI 1. f)   Die Vision der Seherin

Loki wird mehrfach als „Bileists Bruder" umschrieben:

Der Kiel fährt von Osten, Muspels Söhne kommen
Über die See gesegelt, und Loki steuert.
Des Untiers Abkunft ist all mit dem Wolf;
Auch Bileists Bruder ist ihm verbunden.

XXXI 1. g)   Hyndla-Lied

Auch in diesem Lied wird Loki „Byleists Bruder" genannt:

Den Wolf zeugte Loki mit Angrboda,
und Sleipnir gebar er dem Swadilfari,
der schlimmste der Wunder schien der eine zu sein,
der da dem Bruder des Byleist entsprang.

Der Wolf, der hier gemeint ist, ist der Fenris-Wolf.
Swadilfari ist der Hengst eines Riesen, mit dem Loki in Stutengestalt den Sleipnir zeugte. Auch diese Tier-Verwandlung wird von dem Tieropfer bei den Jenseitsreisen inspiriert sein.
„Der eine" ist vermutlich die Midgard-Schlange.

XXXI 1. h)   Die drei Brüder

Die drei Brüder sind nicht nur bei den Germanen ein wichtiges mythologisches Motiv, sondern auch bei den Indogermanen insgesamt. Am bekanntesten sind vermutlich die drei Brüder Zeus, Hades und Poseidon sowie Brahma, Vishnu und Shiva.
Die drei Brüder Loki, Byleist und Helblindi lassen sich aufgrund der Deutung ihrer Namen mit bekannteren Göttern verbinden: Loki, Byleist/Hönir und Helblindi/Odin.
Diese Götterdreiheit verkörpert in den meisten Fällen die drei Stände der (Indo-)Germanen: die Fürsten und Krieger, die Priester und Heiler sowie die Bauern und Handwerker.

Andere Varianten sind die drei Zeiten „Vergangenheit, Gegenwart und Zukunft" (bei den drei Nornen) die drei Phasen „Erschaffung, Erhaltung, Auflösung" (bei Brahma, Vishnu und Shiva) oder die drei Generationen, die einen endlosen Zyklus darstellen (bei den Sonnengott-Göttervätern der Indogermanen).

Byleist, Helblindi und Loki sind jedoch die Repräsentanten der drei Stände:

die drei Brüder									
Stand	*Rigr*	*Asen*				*Wieland-sage*	*Siegfried-sage*	*Gesta Danorum*	*Mär-chen*
Krieger Fürsten	Jarl	Woden	Odin	Helblindi	Hler	Egil	Fafnir	Odin-Krieger	Bogen-schütze
Priester Heiler		We	Hönir	Byleist	Kari	Slagfid	Oter	Odin-Heiler	Heiler
Bauern Hand-werker	Karl	Wili	Loki	Loki	Logi	Völund	Regin	Odin-Schmied	Schmied
Sklaven	Thräl								

XXXI 1. i)   Zusammenfassung

„Byleist" ist ein Beiname des Priester-Gottes Hönir und bezieht sich auf seine Suche des Honigs, die er für das Brauen des im Kult benötigten Mets brauchte. Man könnte „Byleist" auch etwas freier mit „Imker" übersetzen.

XXXI 2.   Traumreise zu Byleist

„Byleist?"

„Ja?"

„Habe ich das richtig erkannt, daß Du der Repräsentant der Priester und Heiler bist?"

„Ja – ich bin der Met-Brauer."

...

199

„Und Dein Name? "

„Übersetz' ihn als 'Imker' – damit liegst Du ganz gut. "

„O.k. ... Gibt es noch etwas, was du mir sagen magst? "

„Nein. "

„Danke, Byleist. "

„Bitteschön. "

„Ho! "

H   sonstige Götter

XXXII   Fiörgyn

XXXII 1.   Fiörgyn in der germanischen Überlieferung

Als Vater der Asin Frigg muß Fiörgyn entweder ein Ase oder ein Riese sein.

Der genau gleichlautende Name der Mutter des Thor wird als „Erde" bzw. „Erdgöttin" aufzufassen sein, da Thor sehr oft als „Sohn der Erde" bezeichnet wird.

Der Name Fiörgyn wird lediglich an zwei Stellen genannt – an beiden wird Frigg *„Fiörgyns Tochter"* genannt.

XXXII 1. a)   Gylfis Vision

Odins Frau heißt Frigg, Fiörgyns Tochter.

XXXII 1. b)   Lokasenna

„Schweig Du, Frigg! Fiörgyns Tochter bist Du
Und den Männern allzumild."

XXXII 1. c)   Der Name „Fiörgyn"

Der männliche Name „Fiörgyn" ist eine genaue Entsprechung zu dem des baltischen Donnergottes Perkunas. Dies würde bedeuten, daß Fiörgyn mit Thor identisch sein müßte.

„Fiörgyn" und „Perkunas" gehen beide auf das indogermanische Wort „perkus" für „Eiche" zurück, die bei vielen indogermanischen Stämmen der mit dem Donnergott assoziierte Weltenbaum gewesen ist.

Das „f" in „Fiörgyn" ist in der ersten Lautverschiebung um ca. 500 n.Chr. aus dem „p" von „Perkus" entstanden („p => f"). Das „g" in „Fiörgyn" ist in der zweiten Lautverschiebung um ca. 600 n.Chr. aus dem „k" von „Perkus" entstanden („k => g"). Aus dem „perkus" ist dadurch ein „fergus" geworden, wobei sich durch die zusätzlichen Vokal-Veränderungen und eine angefügte Endung dann das „Fiörgyn" ergeben hat.

Die Göttin Frigg als Tochter des Fiörgyn-Thor ließe sich nur als Parallele zu der Thor-Tochter Thrud erklären: Frigg könnte wie Thrud von der Wiederzeugungs-Geliebten des Thor im Jenseits und der sich daraus ergebenden Funktion der Wiedergeburts-Mutter des Thor im Verlauf der Patriarchalisierung der germanischen Religion zu der Tochter des Thor umgedeutet worden sein.

Wenn diese Deutung des Fiörgyn zutreffen sollte, wird Frigg recht sicher mit Thrud identisch sein.

Es stellt sich allerdings die Frage, woraus man schließen kann, daß „Fiörgyn" der Vater der Frigg und nicht ihre Mutter ist – von der Form her sind die „Fiörgyn Frigg-Elternteil" und Fiörgyn Thor-Mutter identisch.

Das einzige Argument ist, daß bei Ahnen-Angaben normalerweise der Vater und nicht die Mutter angegeben wird.

Es gibt also zumindest zwei mögliche Deutungen: 1. ein Gott Fiörgyn als Vater der Frigg und eine Frau Fiörgyn als Mutter des Thor sowie 2. eine Göttin Fiörgyn als Mutter der Frigg und des Thor.

Bei diesen Überlegungen ist zudem zu beachten, daß „Frigg" keine eigenständige Göttin, sondern nur die südgermanische Aussprache des (ursprünglicheren) nordgermanischen Göttinnennamens „Freya" ist.

Weiterhin ist der Donnergott bei den Indogermanen allgemein der Sohn des Götter-vaters – bei den Germanen Odin bzw. vor 500 n.Chr. Tyr. Sowohl Frigg als Freya sind die Frau/Geliebte des Göttervaters Tyr/Odin gewesen. Man sollte in diese Betrach-tung also auch noch den Göttervater miteinbeziehen.

Da Thor auch als „Sohn der Erde" und als „Sohn der Erdgöttin Jörd" bezeichnet worden ist, ist Fiörgyn als Thor-Mutter eine Erdgöttin. Fiörgyn wird auch mehrfach als „Erde" aufgefaßt.

Es ergeben sich somit zunächst einmal zwei mögliche Stammbäume:

zwei mögliche Stammbäume des/der Fiörgyn		
Fiörgyn (Gott)	Fiörgyn (Göttin)	Gott --- Fiörgyn (Göttin) --- Tyr/Odin
|	|	| |
Frigg	Thor	Frigg --- Tyr/Odin Thor

Da Freya/Frigg in den früheren Tyr-Mythen aufgrund der zyklischen Wiedergeburt des Sonnengott-Göttervaters Tyr jedes Jahr zusammen mit Tyr als eine neue Generation auftritt, könnte Freya/Frigg mit Fiörgyn identisch sein.

die Sonnenzyklus-Generationen	
voriges Jahr	Gott-Vater und Göttin-Mutter
Vereinigung und Wiedergeburt beider Gottheiten	
dieses Jahr	Gott und Göttin
Vereinigung und Wiedergeburt beider Gottheiten	
nächstes Jahr	Gott-Sohn und Gott-Tochter

Es stellt sich die Frage, wie eine Göttin an den Namen „Fiörgyn" kommt, der sehr wahrscheinlich von dem Wort für „Eiche" abgeleitet ist, die bei den Indogermanen der Baum des Donnergottes ist. Möglicherweise ist sie mit dem Baum ihres Sohnes identifiziert worden – so wie Freya in ihrer Assoziation mit dem Weltenbaum als Idun erscheint.

Unter den germanischen Personennamen findet sich nur ein einziger weiterer Name, der auf „-gyn" endet: der Frauenname „Sigyn". Er leitet sich von „Sigvin", d.h. „Sieg-Freund(in)" an. Es wäre daher denkbar, daß sich der Name „Fiörgyn" auch aus „fiörg" und „yn" zusammensetzt. Allerdings ist aus den germanischen Sprachen kein „fiörg" o.ä. lautendes Wort bekannt. Die Deutung des Namens „Fiörgyn" als „Eiche" ist somit recht sicher.

Aufgrund der Betrachtungen in diesem Kapitel ist es zumindestens recht fraglich, ob es tatsächlich einen Gott „Fiörgyn" gegeben hat.

XXXII 1. d) Zusammenfassung

Es ist unsicher, ob es einen Gott „Fiörgyn" (Friggs Vater) und daneben eine Göttin „Fiörgyn" (Thors Mutter) gegeben hat, deren Namen „Eiche" bedeutet haben.

Fiörgyn könnte auch einfach nur eine einzige Göttin gewesen sein, die sowohl die Mutter der Frigg als auch des Thor gewesen ist. Diese Fiörgyn wäre dann einst vor 500 n.Chr. die Göttin gewesen, die sowohl den Sonnengott als auch sich selber gebiert, nachdem sie sich mit dem Sonnengott-Göttervater Tyr vereint hat. Dadurch wäre sie dann in zwei Generationen die Frau des Tyr und später dann des Odin – einmal als Mutter der Frigg (die ihre nächste Wiedergeburt ist) und einmal als Mutter des Thor.

Der endlose Zyklus der Wiedergeburten insbesondere der Sonne wurde von den (Indo-)Germanen durch drei Generationen dargestellt: Göttin-Mutter und Göttin-Vater, deren Kinder dann Gott und Göttin sind, deren Kinder wiederum Gott-Sohn und Göttin-Tochter sind. Dabei sind Gott-Vater, Gott und Gott-Sohn miteinander identisch und ebenso Göttin-Mutter, Göttin und Göttin-Tochter.

XXXII 2. Traumreise zu Fiörgyn

„Fiörgyn ..."

„Ja?"

„Über Dich habe ich ja ziemlich lange nachgedacht. Bist Du ein Gott oder eine Göttin oder beides?"

„Und was meinst Du?"

„Mir scheint es am plausibelsten, daß Du eine Göttin bist."

„Ja ... Deine Überlegung mit den Zyklen und mit der Baumgöttin – das stimmt."

...

„Hm ... wieso ist die Eiche ... ein Baum des Thor und Du ... eine Eichengöttin?"

... ...

„Die Eiche ist des öfteren der Weltenbaum gewesen ... und der Weltenbaum ist der Weg zu den Göttern, also auch zu mir. Der Weltenbaum ist die Nabelschnur, die Rückverbindung, das, was ihr 'Religion' nennt ('Religion' bedeutet wörtlich 'Rückverbindung' im Sinne von 'Rückhalt')."

...

„Und warum ist Thor mit einem Baum verbunden?"

...

„Nun – damit er zur Erde kommen kann ... zu den Menschen, und ihnen helfen kann. ... Der Baum und die Säule, der Kirchturm, das Minarett ... all diese Dinge ... die Pyramiden ... das sind die Nabelschnüre zwischen euch Menschen und uns Göttern.“

...

„Ja ... das ... leuchtet mir ein. ... Danke, Fiörgyn.“

„Bitteschön.“

„Ho!“

XXXIII Aurvandil

XXXIII 1. Aurvandil in der germanischen Überlieferung

Diese mythologische Gestalt spielt bei den Germanen nur eine sehr kleine Rolle, aber sie hat wahrscheinlich dennoch ein hohes Alter.

XXXIII 1. a) Der Name „Aurvandil"

Der altnordische Name „Aurvandil" bedeutet „Lichtwanderer". er findet sich in vielen Varianten auch bei anderen germanischen und indogermanischen Völkern:

Der Lichtwanderer bei den Indogermanen	
Volk/Sprache	*Name*
Altnordisch	Aurvandil, Örvandil
Altenglisch	Earendel
Urgermanisch	auzi-wandilaz
Lombardisch	Auriwandolo
Althochdeutsch	Orentil, Erentil
mittelalterliches Latein	Horuendillus

Das Wort „aur" für „Morgenlicht" geht letztlich auf das indogermanische „heusos" für „Morgendämmerung" zurück. Mit diesem Wort wurde auch die Göttin der Morgendämmerung bezeichnet, die sich in den Mythen mehrerer indogermanischer Völker z.B. als die römische „aurora", die indische „Usana", die griechische „Heoios", den ebenfalls griechischen „Heosphoros" („Lichtträger") und die lettische „Auseklis" erhalten hat.

Mit „heusos" ist eng das Wort „heusum" für „Gold" (lateinisch: „aurum") verwandt. Beide Worte leiten sich von „hewes" für „scheinen" ab, das seinerseits eine Weiterbildung zu „heus" für „brennen" ist. Von dem Wort „heusos" ist zudem u.a. im Griechischen, Irischen und Indischen auch ein Wort für „Auge" abgeleitet worden.

Die dieser Wortgruppe zugrundeliegende Vorstellung ist somit die Sonne als eines „brennenden und leuchtenden goldenen Auges am Himmel".

Da die Morgendämmerung an ca. einem Drittel aller Tage durch den Aufstieg der Venus am späten Nachthimmel im Osten angekündigt wird, leitete man auch das Wort „heus" für den Morgenstern von dem Wort „heusos" für die Morgendämmerung ab. Diese Bedeutung findet sich auch im Germanischen, in dem die Venus und die Morgendämmerung beide „ausos" heißen.

Das germanische Wort „aur" hat somit die Bedeutungen „Morgen, Morgendämmerung, Morgenröte, Morgenstern", wobei die Betonung auf der anbrechenden Helligkeit liegt. Dieses erste Licht des Tages ist naturgemäß auch eng mit der Sonne verbunden, die zu dieser Zeit aus der Unterwelt in das Diesseits zurückkehrt, d.h. „wiedergeboren" wird.

Mit „Aurvandil" („Lichtwanderer") sind die Namen der Riesin „Aurboda" („Lichtbotin"), der drei Tyr-Riesen „Aurgelmir" („Licht-Schreier"), „Aurnir" („Licht") und „Aurgrimnir" („Licht-Maske") sowie die Bezeichnung „Aurwang" („Licht-Feld") für den Ort, an dem am Anfang der Zeit die Zwerge erscheinen, und der Beiname „Aurkonung" („Licht-König") für den Priester-Gott Hönir verwandt.

Alle diese Namen beziehen sich wahrscheinlich auf die Dämmerung kurz vor Sonnenaufgang. Zu diesem Zeitpunkt am Morgen wurde bei den ursprünglichen Indogermanen, die von 7000 v.Chr. bis 2800 v.Chr. nördlich des Schwarzen Meeres und des Kaspischen Meeres in der südrussischen Steppe lebten, sowie bei vielen der von ihnen abstammenden Völker von den Priestern die aufgehende Sonne mit langen Hymnen (und bei den Germanen und Kelten auch mit drei Schreien) angerufen, von denen viele erhalten geblieben sind.

mit „aur" gebildete mythologische Namen		
Name	*Übersetzung*	*Deutung*
Aurvandil	Lichtwanderer	Venus als Morgenstern (Mann)
Aurnir	Licht, Leuchtender	Venus als Morgenstern (Riese)
Aurgrimnir	Licht-Maske	Venus als Morgenstern (Riese), dessen Gesicht als die Venus aufgefaßt worden ist
Aurboda	Lichtbotin	Morgendämmerung, Morgenstern, Wiedergeburts-Muttergöttin der Sonne
Aurwang	Lichtfeld (Erscheinungsort der Zwerge)	der Osten als der Ort, an dem am Morgen das Licht und auch die Zwerge (insbesondere der Tyr-Zwerg Alberich) erscheinen

Aurkonung	Lichtkönig (Hönir)	der am Morgen die Sonne mit Hymnen begrüßende Priester
Aurgelmir	Licht-Schreier	der am Morgen die Sonne mit drei Schreien begrüßende Priester

XXXIII 1. b) Gylfis Vision

Die ausführlichste Erzählung über Aurvandil findet sich in der Prosa-Edda des Snorri Sturluson.

Der Zweikampf zwischen Thor und dem Riesen Hrungnir sowie zwischen Thors Diener-Priester Thialfi und dem Lehmriesen endete zwar mit dem Tod der beiden Riesen, aber in diesem Kampf blieb Thor das einzige Mal nicht unverletzt.
Hrungnir ist eine Umdeutung des ehemaligen Sonnengott-Göttervaters Tyr und der Lehmriese ist eine Umdeutung des Urriesen Ymir.

Der Hammer Miölnir aber traf den Hrungnir mitten auf das Haupt und zerschmetterte ihm den Schädel in kleine Stücke. Er selbst fiel vorwärts über Thor, so daß sein Fuß auf Thors Hals lag.
Thialfi aber griff Möckrkalfi an, der mit geringem Ruhm fiel.
Darauf ging Thialfi zu Thor und wollte Hrungnirs Fuß von ihm nehmen, hatte aber nicht die Macht dazu. Da gingen die Asen alle hinzu, als sie von Thors Fall hörten, und wollten den Fuß von ihm nehmen, brachten es aber auch nicht zuwege.
Da kam Magni herbei, der Sohn Thors und Jarnsaxas, der erst drei Winter alt war, der warf Hrungnirs Fuß von Thor und sprach: „Schmach und Schande, Vater!, daß ich so spät kam. Ich glaube, ich hätte diesen Riesen mit der Faust zur Hel gesandt, wäre ich mit ihm zusammengetroffen."
Da stand Thor auf und empfing seinen Sohn wohl und sagte, er würde ein tüchtiger Mann werden; „auch will ich Dir," sagte er, „das Roß Gullfaxi geben, das Hrungnir besaß."
Da hub Odin an und sagte, Thor habe übel getan, daß er dies gute Pferd dem Sohne einer Riesenfrau gegeben habe, und nicht seinem Vater.

Dies ist eine der Mythen, in der Thor zunächst über den ehemaligen Göttervater Tyr-Hrungnir gestellt wird. Anschließend lehnt er sich auch gegen seinen Vater Odin, den aktuellen Göttervater auf. Zugleich zeigt sich hier, daß auch Thor nach dem Ragnarök von seinem Sohn Magni abgelöst werden wird.

Die Folge „Tyr/Hrungnir – Odin – Thor – Magni" ist zu einem die Reihe der Wiedergeburten des Göttervaters in seinem eigenen Sohn (abgesehen von dem Bruch zwischen Tyr und Odin) und zum anderen auch ein Streit um den Thron.

Das Motiv des „Alters von drei Wintern" des Magni Thor-Sohn stammt aus den Mythen des ehemaligen Sonnengott-Göttervaters Tyr, dessen endlosen, zyklischen Tode (Abend, Herbst) und Wiedergeburten (Morgen, Frühling) ursprünglich durch drei Generationen und später dann allgemein durch etwas Dreifaches dargestellt worden sind.

Da fuhr Thor heim gen Thrudwang, und der Schleifstein steckte in seinem Haupt.

Da kam die Wala hinzu, die Groa hieß, die Frau Oerwandils des Kühnen; die sang ihre Zauberlieder über Thor bis der Schleifstein los ward.

Als Thor dies merkte und Hoffnung schöpfte, von dem Schleifstein erledigt zu werden, wollte er der Groa die Heilung lohnen und sie froh machen. Da sagte er ihr, daß er von Norden her über die Eliwagar gewatet sei und im Korb auf seinem Rücken den Oerwandil aus Jötunheim getragen habe. Und zum Wahrzeichen gab er an, daß ihm eine Zehe aus dem Korb vorgestanden und erfroren sei: die habe Thor abgebrochen, hinauf an den Himmel geworfen und den Stern daraus gemacht, der Oerwandils Zehe heißt. Noch sagte Thor, es werde nicht lange mehr anstehen bis Oerwandil heimkomme.

Darüber wurde Groa so erfreut, daß sie ihrer Zauberlieder vergaß, und so wurde der Schleifstein nicht loser und steckt noch in Thors Haupt. Darum ist es auch eines jeden Pflicht, solche Steine wegzuwerfen, denn damit rührt sich der Stein in Thors Haupt.

Es ist zweifelhaft, ob man Aurwandils Beinamen „der Kühne" großes Gewicht beimessen darf. Möglicherweise sollte dieser Name nur seine Wichtigkeit unterstreichen.

Er war im Eliwagar („Eiswogen"), d.h. in dem Gletscher-Jenseits im Norden. Thor hat ihn aus dem Reich der Riesen, das auch ein Bild für das Jenseits ist, nach Asgard heimgeholt. Den letzten Rest des Weges ist Aurwandil offenbar wieder selber gelaufen, da er nicht zusammen mit Thor in Asgard eingetroffen ist. Thor hat ihn in einem Korb getragen, wobei dem Aurwandil ein Zeh abgefroren ist.

Die Szenerie scheint auszudrücken, daß Aurvandil im Jenseits war und durch Thor von dort in einem Korb zurückgeholt worden ist. Mit dieser Rückholung des Aurvandil ist das Werfen seines Zehs an den Himmel verbunden, der dort zu einem Stern wurde.

Die einzige andere Sternentstehungs-Szene in den germanischen Mythen ist das Hinaufwerfen der Augen des toten Thiazi-Tyr an den Himmel.

Diese beiden Motive scheinen enge Parallelen zu sein: Von beiden Wesen, die sich im Jenseits befinden, wird ein Körperteil von einem Asen an den Himmel geworfen, und beide kehren dabei aus dem Jenseits zurück – Thiazi-Tyr als sein eigener wiedergeborener Sohn bzw. als sein Bote Aurwandil (die Venus als Morgenstern).

Die Augen des Thiazi-Tyr erinnern daran, daß die Sonne bei mehreren indogermanischen Völkern als Auge angesehen wird und auch das Wort für „Auge" von dem Wort für „Sonne" abgeleitet worden ist.

Der Zeh ist wiederum ein Teil des Fußes und wird mit dem (nicht nur) indogermanischen Motiv der Sonne als Himmels-Wanderer zusammenhängen, das sich z.B. in der Auffassung des keltischen Sonnengottes Lugh als Schuster, in dem Schuh, den der griechische „Sonnen-Held" Jason verlor, als ihn Hera über den Jenseitsfluß trug, in Widars Eisenschuh und in dem Märchen „Aschenputtel" findet. Dasselbe Märchen findet sich auch bei anderen Völkern, die ebenfalls von den frühen Ackerbauern in Mesopotamien abstammen wie z.B. bei den Ägyptern.

Auch das Triskelis-Sonnensymbol stammt ist aus dem Sonnenwanderer-Motiv entstehen, da es ursprünglich ein Sonnengesicht mit drei laufenden Beinen darstellt. Dieses Symbol läßt sich bis ca. 5500 v.Chr. in Samarra bei Bagdad zurückverfolgen.

Diese beiden Sternentstehungs-Mythen (Auge des Tyr-Thiazi; Zeh des Aurvandil) scheinen ursprünglich die Rückkehr der Sonne und der Venus aus dem nächtlichen Jenseits zu beschreiben. Dazu paßt auch, daß von Thor gesagt wird, daß er täglich vier Flüsse überquert – offenbar holt er die Venus und evtl. auch die Sonne aus dem Jenseits zurück.

Körperteil-Sterne				
von wem?		Körperteil	Himmelskörper	durch wen?
Ursprung	Aufenthalt			
Thiazi-Tyr	tot = Jenseits	Augen	Sterne = Sonne und Mond	Odin
Aurvandil	Eliwagar = Jenseits	Zeh	Venus	Thor

Die Wala („Stabträgerin"), also die Seherin-Priesterin Groa („Grünende") wird in dieser Mythe als die Frau des Aurwandil dargestellt. Vermutlich ist sie ursprünglich Aurboda („Lichtbotin") bzw. Marnar („Marnar"), die Göttin der Morgenröte gewesen, die wiederum auf die Erdgöttin zurückgeht, die an jedem Morgen aufs neue die Sonne (wieder-)gebiert. In dieser Rolle erscheint Groa auch im „Zaubergesang der Groa", in dem sie die Mutter des Tyr-Svipdag ist, die ihren Sohn auf dessen Jenseitsreise mit ihren Zauberliedern beschützt.

Es bleibt die Frage, was der Schleifstein in Thors Kopf in diesem Zusammenhang bedeutet. In den Mythen der Germanen taucht nur an zwei Stellen ein Schleifstein auf. Die zweite Szene findet sich bei Odins Reise zu Gunnlöd in ihrem Hügelgrab.

Der Schleifstein ist ein Werkzeug zum Schärfen von Sensen, Messern u.a. Das Auftreten eine Schleifsteines in einer Mythe der Rückkehr des Sonnengott-Götter-vaters (Sonne, Tyr/Hrungnir) ergibt eine Assoziation zu dem Schwert des Schwert-gottes Tyr, das am Abend bei seinem Tod zerbracht und von ihm dann während der Nacht in seiner Gestalt als Wieland neugeschmiedet wurde. Es wäre somit denkbar, daß der Schleifstein ein Werkzeug des Göttervater-Schmiedes in der Unterwelt ist. Möglicherweise benutzt Hrungnir-Tyr den Schleifstein als Waffe, weil er sein Schwert noch nicht wieder neugeschmiedet hat. In der Odin/Gunnlöd-Mythe ist der Schleifstein mit dem Tod von neun Ernte-Knechten und somit auch mit der Ernte, die ein „Tod der Pflanzen" ist, verbunden.

Es ist auffällig, daß die einzige Wunde, die Thor jemals erhalten hat, gerade durch diesen Schleifstein des Tyr-Hrungnir verursacht wird, und daß weder Thor noch die anderen Asen nicht in der Lage sind, das auf Thor liegenden Bein des toten Hrungnir fortzuheben. Das Bein läßt vermuten, daß es wie der Zeh des Aurwandil eine Variante des Fußes des Sonnengott-Göttervaters Tyr als Himmels-Wanderer ist.

Erst Thors Sohn Magni, also der wiedergeborene Donnergott, kann das Bein des Hrungnir von Thor fortheben. Die beiden Thor-Söhne Magni und Modi sind vermut-lich erst um 500 n.Chr. den beiden Alcis-Söhnen des Tyr nachgebildet worden und haben dabei auch Motive des Tyr selber wie das „Alter von drei Wintern" erhalten.

Thor scheint in dieser Mythe folglich durch den Schleifstein zu sterben und kehrt dann wie beim Ragnarök als sein wiedergeborener Sohn Magni wieder.

In beiden „Schleifstein-Mythen" tötet der in das Jenseits reisende Göttervater mit dem Schleifstein einmal neun Ernteknechte und das andere Mal verletzt bzw. tötet er mit ihm den Donnergott Thor. Der Schleifstein ist somit eine mit der Jenseitsreise assoziierte Waffe bzw. Werkzeug.

Nun kann man fragen, warum Thor von dem einem Splitter des Schleifsteins des Tyr-Hrungnir in seinem Kopf getroffen wurde und warum der Schleifstein dort steckenblieb – und warum Groa ihn nicht wieder herauslösen konnte.

Der Kopf des Thor hat möglicherweise eine Verbindung zu der Auffassung der Sonne als eines goldenen Schildes, eines goldenen Gesichtes, den goldenen Zähnen des Heimdall und eines Auges. Die Verletzung von Thors Kopf durch den Schleifstein wäre dann eine Verletzung bzw. eine Tötung der Sonne – und eine Übernahme des Tyr-Symbolik durch Thor, der zusammen mit Odin den Tyr um 500 n.Chr. als norgermanischen Göttervater abgesetzt hat.

Das Motiv des bei dem allabendlichen Tod des Tyr zerbrechenden Schwertes erfordert notwendigerweise das übergeordnete Motiv eines allabendlichen Kampfes des Tyr, den dieser verliert – vermutlich weil sein Schwert zerbricht. Es wäre somit denkbar, daß der Schleifstein die Waffe des Gegners des Tyr bei seinem allabend-lichen Kampf gewesen ist.

Als dieser Gegner kommt eigentlich nur Loki, der Gott der Unterwelt und des

211

Winters infrage. Er ist auch beim Ragnarök der Gegner der Götter und er und der Gott Heimdall, der eine Variante des Sonnengott-Göttervaters und Sommergottes Tyr ist, töten sich gegenseitig.

Aurvandil ist somit die Venus, die am Morgen die Ankunft der Sonne ankündigt. Der Morgenstern Aurvandil wird in den neuen Mythen nach 500 n.Chr. von Thor aus dem Jenseits zurückgeholt bzw. als Zeh des Aurvandil an den Himmel empor-geworfen.

XXXIII 1. c) Gesta danorum

In dieser „Geschichte der Dänen" von dem dänischen Mönch Saxo dem Schrift-kundige wird über den Fürsten „Horvendill" berichtet, dessen Name eine Variante von „Aurvandil" ist.

Der Stammbaum dieses jütländischen Fürsten sieht wie folgt aus:

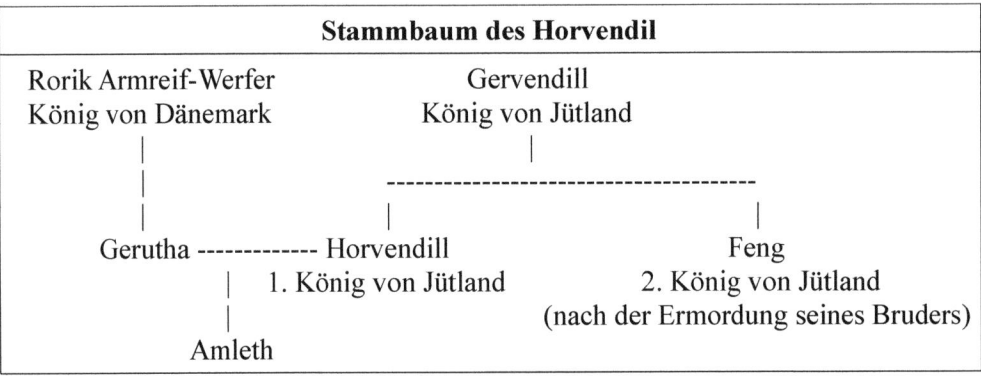

Der merkwürdige Beiname „Armreif-Werfer" des Königs von Dänemark stammt von einer Episode, in der ein wertvoller Goldringen des Königs eine amüsante Rolle spielte.

Der Name „Gervendill" bedeutet „Speer-Wanderer". Dies könnte evtl. ein Deck-name für Odin sein, dessen Waffe sein Speer Gungnir war – aber diese ist nur eine vage Vermutung.

Shakespeare schuf aus der Geschichte des Amleth sein berühmtes Drama „Hamlet, Prinz von Dänemark".

Die „Geschichte der Dänen" enthält zwar viele Mythen, aber sie sind so gut wie alle zu Sagen, d.h. zu den Taten von Königen aus früherer Zeit umgedeutet worden – so wie es die damals um ca. 1200 n.Chr. allgemein übliche christliche Ansicht gewesen ist.

Der etwas „blumige Stil" und auch die sehr langen Sätze der folgenden Episode aus der „Gesta danorum" entspricht dem damals üblichen Art der Geschichtsschreibung. Die langen Sätze sind hier zur besseren Lesbarkeit teilweise zerlegt worden.

Es ist auch immer wieder die christliche Moralvorstellung wie ein neuer Anstrich über den alten Gebäuden der Mythe zu sehen, in denen hier bereits die heldenhaften Könige der Vorzeit wohnen – um diesen Umstand einmal in dem Stil des Mönches Saxo zu formulieren.

Zu dieser Zeit wurden Horwendil und Feng, deren Vater der Herr der Jüten gewesen war, an seiner Stelle damit beauftragt, Jütland zu verteidigen. Aber nachdem Horwendil das Königtum drei Jahre lang innegehabt hatte, entschloß er sich, um den Gipfel des Ruhmes zu erklangen, auf Raubfahrt zu ziehen.

Da schien es Koller, dem König von Norwegen, aus Neid auf Roriks großen Taten und seinen Ruhm, daß es eine glorreiche Tat wäre, wenn er mit seiner größeren Heeresmacht die weitgerühmten Taten des Wikingers verdunkeln könnte; weshalb er auf dem Meer kreuzte und nach Horwendils Flotte Ausschau hielt und ihr schließlich nahekam.

In der Mitte des Meeres lag eine Insel, die jeder der beiden Wikinger, die mit ihren Schiffen an einer Seite anlegten, hielten. Die Schiffsführer wurden durch den angenehmen Anblick der Bucht angelockt und die Anmut der Ufer verleitete sie dazu, sich auch das Innere dieser Frühlingszeit-Insel anzusehen, über die Lichtungen zu schreiten und durch die abgelegenen Wälder zu streifen. Dort geschah es, daß die Wege von Koller und Horwendil sie einander von Angesicht zu Angesicht ohne einen Zeugen zusammenführten.

Da ergriff Horwendil zuerst das Wort und sprach den König an und frug ihn, in welcher Weise es für ihn ein Vergnügen zu kämpfen wäre, und sagte, daß er selber die Art für die Beste halte, die den Mut von so wenigen wie möglich erfordere. „Denn," sagte er, „der Zweikampf ist die sicherste aller möglichen Weisen des Kampfes, um den Lohn des Mutes zu erringen, da er nur auf der eigenen Tapferkeit beruhe und jegliche Hilfe von der Hand eines anderen ausschließe."

Koller bewunderte dieses so mutige Urteil eines Jugendlichen und sprach: „Da Du mir die Wahl der Art des Kampfes überläßt, denke ich, daß es am Besten ist, die Weise zu wählen, die nur die Anstrengungen von uns beiden erfordert und die frei von allem anderen Tumult ist. Dies ist gewiß kühner und ein schnellerer Weg zum Sieg. Diesen Gedanken teilen wir und in dieser Ansicht stimmen wir aus freiem Willen überein.

Aber da das Ergebnis ungewiß ist, müssen wir unsere Aufmerksamkeit auch auf ein edles Handeln richten und dürfen uns nicht so weit unseren Neigungen überlassen, daß wir den letzten Dienst füreinander ungeschehen lassen. Haß ist in unseren Herzen; doch laß uns auch Mitleid dort sein, das zur rechten Zeit dort die Stelle der Härte einnimmt. Denn das Recht der Natur soll uns vereinen, auch wenn wir durch die Unterschiede unserer Absichten getrennt sind; es verbindet uns, wie sehr der Groll auch unseren Geist entzweien mag.

Laß uns deshalb die ehrenhafte Abmachung treffen, daß der Sieger dem Unterlegenen eine Bestattung richtet. Denn alle stimmen dem zu, daß dies der letzte Dienst aller Menschen ist, vor der kein Mensch zurückweichen sollte. Laß uns unsere Heere ihre Härte ablegen und bei dieser Aufgabe in Harmonie zusammenwirken. Laß uns den Neid fortsenden, wenn der Tod gekommen ist; laß uns den Zwist in dem Grab mitbestatten. Laß uns nicht solch ein Beispiel von Grausamkeit zeigen, daß wir selbst noch den Staub des anderen verfolgen, auch wenn in unseren Leben Haß zwischen uns getreten ist.

Es wird zum Ruhme des Siegers gereichen, wenn er seinen geschlagenen Gegner zu einer edlen Bestattung trägt. Denn der Mann, der seinem toten Feind die ihm zustehenden Rituale richtet, erlangt das Wohlwollen der Überlebenden; und der, der auf eine edle Weise mit dem umgeht, der nicht mehr lebt, erobert die Lebenden durch seine Freundlichkeit.

Und es gibt noch ein weiteres Unglück, das manchmal die Lebenden befällt und nicht minder beklagenswert ist – den Verlust eines Teiles ihres Leibes; und ich denke, daß auch in diesem Fall genauso wie dem Schlimmsten, das geschehen kann, Beistand nötig ist. Denn oft können die, die kämpfen, ihr Leben retten, aber erleiden eine Verstümmelung; und dieses Los wird allgemein für noch schlimmer als der Tod gehalten, denn der Tod schneidet die Erinnerung an alle Dinge ab, während die Lebenden die Verwüstung ihres eigenen Leibes nicht vergessen können.

Daher muß auch für dieses mögliche Unglück vorgesorgt werden; laß uns daher die Abmachung treffen, daß die Verletzung eines von uns beiden durch den anderen mit zehn Talenten Gold ausgeglichen werden soll. Denn wenn es rechtens ist, Mitleid mit dem Unglück des anderen zu haben, um wieviel mehr ist es dann rechtens, auch mit dem eigenen Unglück Mitleid zu haben? Niemand folgt etwas anderem als dem, was die Natur ihm sagt, und der, der davon abweicht, ist ein Selbstmörder."

Nachdem sie sich gegenseitig das Wort gegeben hatten, sich an diese Abmachungen zu halten, begannen sie ihren Kampf. Weder die Verwunderung über ihr Zusammentreffen noch der Anblick der Süße dieses frühlingsgrünen Ortes hielt sie von diesem Kampf ab. Horwendil wurde in seiner großen Kampfeshitze begieriger, seinen Gegner anzugreifen als seinen eigenen Körper zu schützen; und ohne auf seinen Schild zu achten, ergriff er sein Schwert mit beiden Händen – und seine Kühnheit schlug nicht fehl. Denn durch den Regenschauer seiner Hiebe zerschlug er Kollers Schild und beraubte ihn seines Schutzes und schließlich schlug er seinen Fuß ab und stieß ihn leblos zu Boden.

Dann bestattete er ihn, um nicht ihr Abkommen zu brechen, mit königlichen Ehren und allen angemessenen Riten. Dann verfolgte und erschlug er Kollers Schwester Sela, die eine geschickte Kriegerin und erfahren in Raubzügen war.

Er hatte nun drei Jahre mit mutigen Kriegstaten verbracht. Um in der Wertschätzung des Dänenkönigs Rorik höher zu steigen, überreichte er ihm die besten Beutestücke und das Erlesenste aus seinen geraubten Schätzen. Seine Freundschaft mit Rorik ermöglichte es ihm, um die Hand seiner Tochter Geruda anzuhalten und sie zu ehelichen, die ihm den Sohn Amleth schenkte.

Solch ein großes Glück stach Feng so sehr mit Eifersucht, daß er beschloß, seinem Bruder in verräterischer Weise aufzulauern und auf diese Weise allen zu zeigen, daß das Gute nicht einmal bei denen, die zu dem eigenen Haus eines Mannes gehören, sicher ist. Und siehe, als er die Möglichkeit erhielt, ihn zu töten, sättigte seine blutige Hand die tödliche Leidenschaft in seiner Seele.

Danach nahm er die Frau seines Bruders, den er niedergestochen hatte und legte so dem Natur-widrigen Mord noch den Umhang des Inzestes um.

Nach vielen Umwegen gelingt es Amleth schließlich, seinen Vater zu rächen.

Über Horwendil wird in dieser Geschichte nicht allzuviel gesagt, was auf eine frühere Mythe zurückgehen könnte. Die Ereignisse kann man wie folgt zusammenfassen:

- Horwendil und Feng sind die Söhne eines jütländischen (norddänischen) Fürsten, der König Rorik untersteht.
- Beide Söhne werden von ihrem Vater damit beauftragt, Jütland zu verteidigen.
- Nachdem Horwendil drei Jahre lang Fürst gewesen ist, zieht er für drei Jahre auf Wikinger-Raubfahrt.
- Auf der „Frühlings-Insel" trifft er auf den Wikinger Koller, der ihm seinen Ruhm neidet, besiegt ihn im Zweikampf und bestattet ihn auf gebührende Weise.
- Horwendil überreicht das Beste seiner Beute König Rorik und heiratet dessen Tochter Gerudea. Beide haben zusammen einen Sohn mit dem Namen Amleth (Hamlet).
- Feng ermordet seinen Bruder Horwendil und heiratet dessen Frau Geruda.
- Horwendils Sohn Amleth rächt seinen Vater.

Die beiden einzigen auffälligen Elemente an dieser Geschichte sind der Brudermord und die „Frühlings-Insel".

Die Insel hat eine Parallele in dem endlosen Kampf der beiden Könige Hedin und

215

Högni, der im Auftrag von Odin durch Freya arrangiert worden ist. Dieser „Insel-Kampf" hat vermutlich in dem Kampf des Wintergottes Loki und des Sommergottes Tyr-Heimdall auf einer Schäre seinen Ursprung.

Beide Gottheiten (Tyr und Loki) wurden auch als Brüder aufgefaßt. Die von Feng seinem ermordeten Bruder geraubte Frau würde somit gut in dieses Mythen-Schema passen – sie ist die Göttin als Wiederzeugungs-Geliebte und Wiedergeburts-Mutter, ohne die der Sommergott Tyr im Frühjahr und ohne die der Wintergott Loki im Herbst nicht wieder aus dem Jenseits in das Diesseits zurückkehren können.

Die Insel, auf der in der Horwendil-Sage zwar nicht der Kampf zwischen den Brüdern, sondern zwischen zwei Wikingern stattfindet, ist vermutlich die Jenseits-Insel, die in verschiedenen Mythen zu finden ist (siehe „Jenseitsinsel" in Band 49).

Feng hat in dieser Sage die Rolle des Loki in den Mythen übernommen. „Feng" bedeutet „Beute" und könnte ein Hinweis auf den Charakter des Bruders des Horwendil sein.

XXXIII 1. d)   Chronicon lethrense

Diese Chronik ist vermutlich um ca. 1170 n.Chr. von einem Mönch in der dänischen Stadt Röskilde verfaßt worden und enthält einige der Mythen und Sagen, die sich die Leute damals erzählten.

In dieser Chronik wird die Geschichte des Horwendil und seines Sohnes Amblothe (Amleth, Hamlet) kurz zusammengefaßt.

Dann wurde sein Sohn Rorik Armreif-Werfer, der auch Rake genannt wurde, König. Er eroberte Kurland, Wendland und Schweden und sie mußten ihm Abgaben zahlen.

Er setzte Orwendel und Feng als Fürsten von Jütland ein. Der König gab Orwendel für die gute Arbeit, die er geleistet hatte, seine Schwester zur Frau. Mit ihr zusammen hatte er den Sohn Amblothe.

Dann tötete Feng Orwendel aus Eifersucht und nahm dessen Frau zum Weib.

Da ersann Amblothe einen Plan, um sein Leben zu retten und tat, als wäre er verrückt geworden.

Doch Fend mißtraute Amblothe und sandte ihn mit zwei seiner Diener und einem Brief, in dem er schrieb, daß Amblothe getötet werden soll, zu dem König von England. Als die Diener schliefen, schabte Amblothe die Namen aus und schrieb, daß die beiden Diener getötet werden sollten; und so geschah es dann auch.

Auf den Tag genau nach einem Jahr, als Feng auf die Erinnerung an Amblothe trank, kam er nach Dänemark zurück und tötete Feng, den Mörder seines Vaters, und verbrannte alle Männer des Feng in deren Zelt und wurde so König von Jütland.

An die Stelle der „Frühlings-Insel" ist in dieser Version England getreten und Herwendil heiratet nicht die Tochter, sondern die Schwester des Königs. Ansonsten stimmen die beiden Sagen inhaltlich überein.

XXXIII 1. e)   angelsächsische Glossen

In angelsächsischen Texten wird das Wort „earendel" mit „Glanz" und mit „Morgenstern" erläutert.

XXXIII 1. f)   Ein christliches Loblied

In diesem Lied wird „Earendel" als der „strahlendste aller Engel" bezeichnet.

Heil Dir, Earendel, strahlendster aller Engel
zu den Menschen über Midgard gesandt,
und Dir, dem wahren Strahlen der Sonne,
heller als die Sternen, zu jeder Jahreszeit
erleuchtest Du Dich stets durch Dich selber.

Auch in diesem Lied ist der „Engel" Earendel als die Venus zu erkennen, der die Ankunft der als Christus aufgefaßten Sonne ankündigt.

XXXIII 1. g)   Die Blickling-Homilien

In dieser christlichen Predigt, die aus dem Dorf Blickling in Norfolk im Osten von Mittelengland stammt, wird der Morgenstern als Johannes der Täufer angesehen und Christus als die Sonne. Diese Deutung beruht offensichtlich auf der Auffassung des Morgensternes als dem Vorboten der Sonne: Johannes der Täufer kündigt das Kommen des Christus genauso an wie die morgendliche Venus (Aurvandil) das Aufsteigen der Sonne (der Sonnengott-Göttervater Tyr).

Und nun stand die Geburt Christi bevor und der neue Eorendel war Johannes der Täufer. Und nun wird das Licht der wahren Sonne, Gott selber, erscheinen!

Dieser engen Verbindung zwischen dem Morgenstern Aurvandil und der Sonne entspricht die Verbindung zwischen Tyr-Thiazi und Aurvandil in der germanischen Überlieferung, in der diese beiden die einzigen sind, aus deren Augen bzw. Zeh ein Stern erschaffen wurde.

XXXIII 1. h) Orendil-Lied

Dieses Lied berichtet in ca. 4400 Versen über den Grauen Mantel, den einst Christus getragen hat. Dieser Mantel ist die Reliquie des Domes von Trier.

Der Mantel Christi wird in diesem Lied von Herodes einem Juden gegeben, der ihn trug, bis ihm dies von einem König verboten wurde. Daraufhin legte er ihn in einen steinernen Sarg. Der Sarg wurde jedoch durch einen Fluß, der über seine Ufer trat, aufgebrochen und der Mantel in das Meer gespült, wo er von einem Wal verschlungen wurde, der ihn acht Jahre lang in seinem Magen behielt.

Diese Stelle wird in dem Lied mit folgenden Versen beschrieben:

Do kam ein fisch, der hiesz der walle,
Der verschlant den Rock über alle,
Er furt in zu den Stunden
In des wilden meres grunden,
Er trug in sinem visch magen
Also lang, als ich es uch sagen,
Das füllen ir wissen, das ist wor,
Vollentlichen uff acht jor.

Als der Königssohn Orendel dreizehn Jahre alt ist, erhält er die Schwertleite und bittet Maria um ihren Schutz:

Er ging uber den hoff vil schnelle,
Do vand er sich also füssen
Der künigin maria zu iren füssen:
„Hüte hab ich entfangen zwor
Min schwerrt in disem nüwen jor,
Und bit die künigin Maria, uff erde
Das ich ein guter ritter werde,
Uber wittwen und weisen;
Das bit ich dich, himmlische kayserin,
Und bitte es auch die vil werde
Die künigin Sande Marie.“

Orendel bricht mit einem Schiff auf und fährt die Mosel und den Rhein hinab bis in die Nordsee. Schließlich erleidet die gesamte Flotte Schiffbruch und nur Orendel kann sich an Land retten. Dort wird er der Gehilfe eines Fischers, der eines Tages einen Wal aufschneidet und ihm den grauen Mantel findet, den Orendel als Lohn für seine Arbeit bei dem Fischer erhält. Nach vielen Abenteuern gelangt er schließlich nach Jerusalem, erwirbt sich wieder Roß und Rüstung und heiratet Bride. Schließlich kämpfen sie noch erfolgreich gegen die Heiden.

Das zentrale Thema dieses Liedes ist Christi Mantel. In dem Lied sind keine Aurvandil-typischen Elemente mehr erkennbar, da es vor allem eine Kreuzritter-Fahrt ist. Orendel ist lediglich noch der „Gehilfe" des Christus, so wie die Venus der Bote der Sonne ist.

XXXIII 1. i)   „Aurwandil" als Personenname

In dem Orendel-Lied ist „Orendel" nur noch ein Personenname, mit dem keine Mythe mehr verbunden ist, so wie dies noch bei „Horwendil" in der „Gesta danorum" und im „Chronicon lethrense" der Fall ist
„Aurvandil" findet sich als Personenname auch bei einem lombardischen Prinzen als „Auriwandalo" und um 843 n.Chr. auch als der Name „Orentil" eines Grafen in Bayern.

XXXIII 1. j)   „Aurvandil" in Ortsnamen

„Aurvandill" ist lediglich in dem Ortsnamen „Orendelsall" zu finden, das nun ein Ortsteil von Zweiflingen im Norden von Baden-Württemberg ist. Er soll um ca. 850 n.Chr. von dem Einsiedler Orendel an dem Bach Saal gegründet worden sein.
Dieser Ortsname weist somit vor allem auf den Personennamen „Orendel" hin.

XXXIII 1. k)   Skaldskaparmal

Es sind noch zwei weitere Sterne auf eine ähnliche Weise wie die Venus entstanden. Sie sind nicht der an den Himmel geworfene Zeh des Aurvandil, sondern die beiden an den Himmel geworfenen Augen des ehemaligen Göttervaters Tyr-Thiazi. Man wird wohl vermuten dürfen, daß es sich dabei um Sonne und Mond handelt.

Aber Skadi, des Riesen Thiassi Tochter, nahm Helm und Brünne und alles Haus-gerät und fuhr gen Asgard, ihren Vater zu rächen. Da boten ihr die Asen Ersatz und Buße.

Zum ersten sollte sie sich einen der Asen zum Gemahl wählen, aber ohne mehr als die Füße von denen zu sehen, unter welchen sie wähle. Da sah sie eines Mannes Füße vollkommen schön und rief: Diesen kies ich. Baldur ist ohne Fehl. Aber es war Niördr von Noatun.

Eine ihrer Vergleichsbedingungen war auch, daß die Asen es dahin bringen sollten, daß sie lachen müsse; sie glaubte, das würden sie nicht zuwege bringen. Da befes-tigte Loki eine Schnur an dem Bart einer Ziege und mit dem anderen Ende an seine Hoden, wodurch sie hin und her gezogen wurden und beide laut schrien vor Schmerz. Drauf ließ sich Loki in Skadis Schoß fallen. Sie lachte und somit war ihre Aus-söhnung mit den Asen vollbracht.

Es wird gesagt, daß Odin zur Buße noch Thiassis Augen nahm, sie an den Himmel warf und zwei Sterne daraus bildete.

Da Thiassi (andere Schreibweise: „Thiazi") der ehemalige Sonnengott-Göttervater Tyr als Riese im Jenseits ist, wird man davon ausgehen können, daß dieser „Aufstieg der Sonne und des Mondes an den Himmel" von der Wiedergeburt des Sonnengott-Göttervaters am östlichen Horizont, von dem aus er dann den Himmel hinaufstieg, inspiriert worden ist.

XXXIII 1. l)   Die Geschichte der Gotländer

In dieser „mythologischen Historie" findet sich ein merkwürdiges Motiv:

Gotland wurde zuerst von einem Mann mit dem Namen Thielvar entdeckt. Zu dieser Zeit war Gotland in der Weise verzaubert, daß es tagsüber versank und nur des nachts auftauchte.

Aber dieser Mann brachte zum ersten mal Feuer in dieses Land, woraufhin es nie wieder versank.

Die Insel Gotland scheint ein wichtiger Kultort der Nordgermanen gewesen zu sein, wenn man die große Zahl an Runensteinen bedenkt, die dort gefunden worden sind.
  Das Versinken der Insel im Meer erinnert an das Versinken der Sonne im Meer – Gotland könnte somit einst der Jenseitsinsel Walaskialf gleichgesetzt worden sein.

220

Diese Insel entspricht auch der Schäre, auf der Tyr-Wieland von Loki-Nidud gefangengehalten wurde.

Der seltsame „Anti-Zauber" des „Feuer-Bringens" sieht wie ein Verankern des Sonnenfeuers auf der Insel aus, die dadurch dann fest zum Diesseits gehörte und nicht mehr in der Wasserunterwelt versinken konnte.

Der Name „Thielvar" (ursprünglich „Thialfher") bedeutet „Eroberer-Heer" und ist möglicherweise lediglich ein beschreibender Name für den Entdecker der Insel Gotland.

Dieser Thielvar hatte einen Sohn, der Hafthi genannt wurde. Und Hafthis Frau wurde Weißstern genannt. Diese zwei waren die ersten, die Gotland besiedelten.

In der ersten Nacht, als sie zusammen schliefen, träumte ihr, daß drei Schlangen in ihrem Schoß zusammengerollt lägen. Und ihr schien, daß sie aus ihrem Schoß herausgeglitten seien.

Wenn die Seelen der Toten auf ihrer Reise in das Jenseits die Gestalt von Schlangen haben, dann können auch die Seelen der noch Ungeborenen auf ihrer Reise in das Diesseits die Gestalt von Schlangen haben.

Sie erzählte ihren Traum ihrem Mann Hafthi.
Er deutete ihn so:

„Alles ist mit Armreifen geschmückt:
Es wird besiedelt werden, dieses Land,
und wir werden drei Söhne haben."

Der erste dieser Verse bedeutet vermutlich: „Alles wird gedeihen."

Drei Söhne sind ein typisches Kennzeichen des ehemaligen Sonnengott-Göttervaters Tyr. Da Tyr häufig dem Urriesen Ymir gleichgesetzt worden ist, würde auch das Besiedeln der Insel Gotland zu dieser Deutung passen.

Falls Hafthi tatsächlich auf Tyr zurückgeht, könnte „Weißstern" evtl. die Venus sein, die ansonsten bei den Germanen allerdings eher als Mann, d.h. als Bote und Ankünder der Sonne aufgefaßt worden ist.

Der Name „Hafthi" ist vermutlich eine verkürzte Form von „Hafthialf" bedeutet „Meeres-Herrscher". Dieser Name enthält wie der Name seines Vaters den Bestandteil „Herrscher". Hafthi scheint dem Tyr als Meeres-Riese Ägir/Gymir/Hler, also dem Tyr in der nächtlichen bzw. winterlichen Wasserunterwelt zu entsprechen. Die Insel Gotland entspräche denn der Jenseitsinsel Walaskialf.

Während sie noch ungeboren waren, gab er ihnen alle ihre Namen:

„Guti wird Gotland besitzen,
Graip wird der zweite sein
und Gunfiaun der dritte.“

„Guti“ bedeutet „Gote, Gotländer“. Mit diesem Namen wurde auch Odin und vermutlich zuvor auch Tyr umschrieben.

Da weder im Altnordischen noch im Germanischen ein Wort „graip“ bekannt ist, wird sich „Graip“ wohl von „greip“ herleiten und somit bedeutet „Griff“ bedeuten.

„Gunfiaun“ könnte sich von „gaunnfani“ herleiten und würde dann „Heer-Fahne, Heeres-Banner“ bedeuten.

XXXIII 1. m)   J.R.R. Tolkien: „Silmarillion“

In Tolkiens Fantasy-Romanen ist aus dem Gott Aurwandil der Halbelf „Earendil“ geworden. Der in der von Tolkien erschaffenen Elfensprache verfaßte Vers *„Aiya Eärendil, elenion ancalima!“* („Heil Eärendil, hellster der Sterne!“) entspricht dem Christ-Vers „Heil Eärendil, hellster der Engel!“ Beide Verse beziehen sich auf die Venus.

XXXIII 1. n)   Zusammenfassung

„Aurvandil“ bedeutet „Licht-Wanderer“ und ist der germanische Name der Venus als Morgenstern.

Sein indogermanischer Ursprung liegt in dem Bild der Sonne als „brennendes, leuchtendes und goldenes Auge“. Von dieser Wortfamilie, die die Begriffe für „brennen“, „leuchten“, „Sonne“, „Gold“, „Auge“ und „Helligkeit“ enthält, ist auch das Wort für den hellen Morgenstern abgeleitet worden, das im Indogermanischen „heusos“ lautete.

Die Sonne wurde am Morgen von den Indogermanen mit Hymnen und zumindestens bei den Germanen und Kelten auch mit drei Rufen begrüßt. Aus diesem Ritual stammen mehrere Namen aus der germanischen Mythologie:

- „Aurwang“ („Lichtfeld“) ist der Ort an dem die Zwerge erschaffen wurde (und an dem die Sonne entweder wohnt oder aufsteigt).

- „Aurwandil“ („Lichtwanderer“), „Aurnir“ („Heller“), „Aurboda“ („Lichtbotin“) und „Aurgrimnir“ („Licht-Maske“) sind der Morgenstern, der den Aufgang der Sonne ankündigt.

- Der Priestergott Hönir, der „Aurkonung" („Licht-König") genannt wurde, und der Riese „Aurgelmir" („Licht-Schreier") sind die Priester, die des Morgens die Sonne mit Hymnen begrüßen.

Die Sonne und vermutlich auch der Mond sind aus den beiden Augen des Sonnengott-Göttervaters Thiazi-Tyr entstanden, die Odin an den Himmel warf. Die Venus ist hingegen aus der abgefrorene Zeh des Aurvandil, der von Thor an den Himmel geworfen wurde. Das Emporwerfen wird ein Bild für das Aufsteigen des Morgensterns und der Sonne am östlichen Horizont sein.

Diese Vorstellung hat sich in der Sage des Horvendil und auch in einigen frühen christlichen Liedern und Predigten in dem Bereich der Germanen erhalten können.

Möglicherweise wurde die Venus als Morgenstern und Abendstern den beiden Pferde-Söhnen des Tyr gleichgesetzt.

„Aurvandil" findet sich spätestens um 850 n.Chr. auch schon als Personenname.

XXXIII 2.   Die Venus in der indogermanischen Überlieferung

Die Venus als morgendlicher Bote der Sonne ist außer von den Germanen hauptsächlich noch von den Griechen bekannt, die sie als Morgenstern „Phosphoros" („Lichtträger") und als Abendstern „Hesperos" („Abendlicher") nannten.

Die Römer faßten sie als Liebesgöttin, Stammmutter und Jenseitsgöttin auf. Nach ihr ist zwar der Freitag benannt worden, aber sie muß deshalb nicht unbedingt eine wichtige Rolle gespielt haben, da die sieben Wochentage von den Römern eben in einer systematischen Folge, die die Reihenfolge der scheinbaren Umlaufzeit der Planeten um die Erde wiedergibt, nach den sieben Planeten benannt worden sind.

Montag	= Tag des Mondes
Dienstag	
Mittwoch	= Tag des Merkur
Donnerstag	
Freitag	= Tag der Venus
Samstag	
Sonntag	= Tag der Sonne
Montag	
Dienstag	= Tag des Mars
Mittwoch	
Donnerstag	= Tag des Jupiter
Freitag	
Samstag	= Tag des Saturn
Sonntag	

Bei den Perser war die Venus der Stern der Wasser-Göttin Ardvi Sura Anahita.

XXXIII 3.   Die Venus in anderen Religionen

Bei den Sumerern war die Venus der Stern der Mutter- und Wiedergeburtsgöttin Inanna. Bei den Babylonier war sie mit Ishtar verbunden, die die Göttin der Liebe und des Krieges gewesen ist. In Syrien wurde die Venus als Abend- und Morgenstern als die beiden Brüder Shahar und Shalim angesehen. In Ägypten ordnete man die Venus der Isis zu und nannte sie „Netjder-duai", d.h. „Göttin der Unterwelt".

In China nannte man die Venus „Metall-Stern", da man sie dem Element Metall (einem der fünf Elemente Holz, Feuer, Metall, Wasser, Erde) zuordnete.

In Mittelamerika wurde die Venus als Kriegsgott angesehen. Der Morgenstern wurde „Tlahuizcalpantecutli" („Herr Morgenröte") und der Abendstern „Xolotl" („Diener") genannt.

XXXIII 4. lyrische Zusammenfassung

Aurvandil

Weißstern[112], hellster der Himmel-Lichter,
Du erscheinst am Morgen an Ymirs Haupt[113],
als Baldurs Bote[114] an Rindrs Rand[115],
um vom baldigen Nahen der Sonne zu künden.

Morgenstern, glänzender Gatte der Groa[116],
geleite den Goldenen[117] durch Gerdrs Tor[118];
hellster der Sterne in der Höhe,
Du bist Hrungnirs Gefährte[119].

Lichtwanderer, rascher Läufer
im Freude-losen Eliwagar[120] –
ich singe Dir Deine Lieder,
daß Du uns allezeit die Sonne bringst.

---

112 Weißstern = Venus
113 Ymirs Haupt = Ymirs Schädel = Himmelskuppel
114 Baldur = Sommergott, Sonnengott (Nachfolger des Tyr); sein Bote = Venus (Morgenstern)
115 Rindr = Erdgöttin; ihr Rand = Horizont
116 Groa = Erdgöttin (sie gebiert am Morgen die Venus und die Sonne)
117 Goldener = Sonne
118 Gerdr = Erdgöttin, Wiederzeugungs-Geliebte und Wiedergeburts-Mutter der Sonne; ihr
    Tor = Horizont-Tor, durch das die Sonne aus dem Jenseits in das Diesseits zurückkehrt
119 Hrungnir = der ehemalige Sonnengott-Göttervater Tyr; sein Gefährte = Venus
    (Morgenstern)
120 Eliwagar = „Eiswogen" (Gletscher) = das kalte Jenseits im Norden, das auch „Niflheim"
    genannt wurde

XXXIII 5. Traumreise zu Aurvandil

„Aurvandil?"

„Ja?"

„Ist Deine Deutung als Venus richtig?"

„Ja – die ist doch eindeutig."

„Und gibt es etwas, was Du noch ergänzen möchtest?"

„Das Wesentliche hast Du gesagt – es finden sich noch viele Feinheiten in den anderen Mythologien (anderer Völker)*, aber das Wesentliche ist, daß ich der Bote der Sonne bin."*

„Hm ... so schlicht und klar und einfach, nicht wahr?"

„Ja."

...

„O.k. ... Dankeschön."

„Bitteschön."

„Ho!"

XXXIV   Kwasir

XXXIV 1.   Kwasir in der germanischen Überlieferung

Kwasir ist der personifizierte Skaldenmet, der ursprünglich das rituelle Getränk der Indogermanen gewesen sein wird.

XXXIV 1. a)   Der Name „Kwasir"

Kawsir ist eine Ableitung von der Bezeichnung „Kwas" für den Brottrunk, den man aus Wasser, Brot und Honig herstellt. Er wird durch Gärung gewonnen und kann daher leicht alkoholisch sein und Kohlensäure enthalten. Er hat Ähnlichkeit mit Bier.

XXXIV 1. b)   Skaldskaparmal

Die ausführlichste Beschreibung des Göttermets findet sich in diesem Skalden-kunst-Lehrbuch des Snorri Sturluson.

Ferner sprach Ägir: „Woher hat die Kunst ihren Ursprung, die ihr Skaldenkunst nennt?"
Bragi antwortete: „Der Anfang davon war, daß die Asen Unfrieden hatten mit dem Volk, das man Wanen nennt.

Über diesen Krieg zwischen den Asen und den Wanen wird in der Heimskringla ausführlicher berichtet.

Nun aber traten sie zusammen, Frieden zu schließen, und der kam nun so zustande, daß sie von beiden Seiten zu einem Gefäß gingen und ihren Speichel hineinspuckten.
Als sie nun schieden, wollten die Asen dieses Friedenszeichen nicht untergehen lassen. Sie nahmen es und schufen einen Mann daraus, der Kwasir heißt. Der ist so weise, daß ihn niemand um ein Ding fragen mag, worauf er nicht Bescheid zu geben weiß. Er fuhr weit umher durch die Welt, die Menschen Weisheit zu lehren.

Der Speichel ist ein altes Gärungsmittel.

Die Sitte, einen Friedensschluß oder einen ähnlichen Vertrag durch das Trinken eines Getränkes, dessen Fermentierung durch den Speichel aller Beteiligter in Gang gesetzt wurde, ist recht alt. Dies ist sozusagen eine „Blutsbrüderschaft light".

Der Name „Kwas" wurde das erste mal schon im Jahre 989 n.Chr. erwähnt und leitet sich wie z.B. auch das Wort „Käse" (germanisch: „kasjus") von dem indogermanischen Verb „kuath" für „gären, sauer werden" ab.

Kwasir ist folglich nach dem Getränk Kwas benannt worden. Seine Weisheit liegt sicherlich darin begründet, daß er aus dem Speichel aller Asen und Wanen entstanden ist und dadurch deren Eigenschaften und Fähigkeiten enthält. Er ist somit in gewisser Weise die Essenz der Götter.

Einst aber, da er zu den Zwergen Fialar und Galar kam, die ihn eingeladen hatten, riefen sie ihn zu einer Unterredung beiseite, und töteten ihn. Sein Blut ließen sie in zwei Gefäße und einen Kessel rinnen: der Kessel heißt Odhrörir; aber die Gefäße Son und Bodn. Sie mischten Honig in das Blut, woraus ein so kräftiger Met entstand, daß ein jeder, der davon trinkt, ein Dichter oder ein Weiser wird. Den Asen berichteten die Zwerge, Kwasir sei in der Fülle seiner Weisheit erstickt, denn keiner war klug genug, seine Weisheit all zu erfragen.

Man könnte sagen, daß die beiden Zwerge den Kwasir wieder in ein Getränk zurückverwandelten – vermutlich um selber die Eigenschaften des Kwas bzw. des Kwasir zu erlangen.

Dies ist insofern recht interessant, als das die Zwerge Totengeister im Jenseits sind und keine lebenden Menschen. Der magische Trank befindet sich somit im Jenseits im Besitz der Geister der Toten – also im Reich der Hel. Kwasir scheint im Diesseits ein Mensch und im Jenseits ein Trank zu sein.

„Odhrörir" bedeutet „Ekstasetrank". Dies ist ein deutlicher Hinweis darauf, daß der Met in diesem Gefäß ursprünglich ein Hilfsmittel bei der Jenseitsreise des Schamanen gewesen ist. „Bodn" bedeutet „Faß". Die Übersetzung von „Son" ist unsicher: Dieses Wort könnte sowohl „Blut" als auch „Versöhnung" bedeuten – die erste der beiden Möglichkeiten ist jedoch wahrscheinlicher, weil diese drei Gefäße auch das Blut des Kwasir enthielten.

Da die beiden letzteren Namen eher technische Bezeichnungen sind, wird „Odhrörir" der älteste dieser drei Namen sein und ursprünglich nicht das Gefäß, sondern den Trank selber bezeichnet haben. Außerdem ist stammt das Wort „Odhrörir" von derselben Wortwurzel ab wie der Name „Odin", der ebenfalls „Ekstase" bedeutet – der Göttermet ist somit als der Trank des Schamanengottes Odin benannt worden.

Danach luden diese Zwerge den Riesen, der Gilling heißt, mit seinem Weibe zu sich, und baten den Gilling, mit ihnen auf die See zu rudern. Als sie aber eine Strecke vom Lande waren, ruderten die Zwerge nach den Klippen und stürzten das Schiff um. Gilling, der nicht schwimmen konnte, ertrank, worauf die Zwerge das Schiff wieder umkehrten und zurück ruderten.

Diese Szene ist zunächst recht seltsam, da kein Grund für den Mord der Zwerge an Gilling ersichtlich ist. Sie wird verständlicher, wenn man diese Szene als eine Umdeutung des abendlichen Versinkens des ehemaligen Sonnengott-Göttervaters Tyr-Gilling im Meer auffaßt.

Sie sagten seinem Weibe von diesem Vorgang: da gehabte sie sich übel und weinte laut. Fialar fragte sie, ob es ihr Gemüt erleichtern würde, wenn sie nach der See hinaussähe, wo er umgekommen sei. Das wollte sie tun.
Da sprach er mit seinem Bruder Galar, er solle hinaufsteigen über die Schwelle und, wenn sie hinausginge, einen Mühlstein auf ihren Kopf fallen lassen, weil er ihr Gejammer nicht ertragen könne. Und also tat er.

Auch diese Tat, die sich aus der vorigen ergab, erscheint sehr unmotiviert. Der Bezug dieser Szene zu der übrigen Geschichte, die eigentliche Motivation für diese Tat sowie die innere Logik der Ereignisse müssen also woanders als in dem, was hier berichtet wird, liegen.

Sie ergeben sich aus dem Mahlen des Gerstenmehls für das Brauen von Bier, das in der Mythe durch Frigg-Fenja und Freya-Menja durchgeführt wird (siehe auch das Kapitel XXVII über Fiölnir).

Als der Riese Suttung, Gillings Brudersohn, dies erfuhr, zog er hin, ergriff die Zwerge, führte sie auf die See und setzte sie da auf eine Meeresklippe. Da baten sie Suttung, ihr Leben zu schonen, und boten ihm zur Sühne und Vaterbuße den köstlichen Met, und diese Sühne ward zwischen ihnen geschlossen.

Die trotz des Weisheits-Trankes sehr unweisen Handlungen der Zwerge führen dazu, daß der magische Trank in den Besitz der Riesen gelangt. Es wäre denkbar, daß dies in dieser Mythe der einzige Zweck der Ermordung des Gilling durch die beiden Zwerge gewesen ist. Dies bedeutet wiederum, daß der Trank den Ansichten der Germanen zufolge nur von den beiden Zwergen hergestellt werden konnte, daß er aber im Besitz der Riesen ist. Der Mord an dem Riesen und die Rache durch dessen Bruder würden dann vor allem den Übergang des Besitzes des Trankes an die Riesen beschreiben.

In den germanischen Mythen ist es stets ein Zwergenpaar, daß die magischen Gegenstände der Götter herstellt: Thors Hammer, Sifs Haare, Freyrs Eber und seine magisches Schiff, Odins Ring und seinen Speer, die magischen Schwerter in den Sagas, die auf Tyrs Schwert zurückgehen, und schließlich auch den Göttermet.

Dieses Zwergenbrüderpaar ist aus den beiden „Alcis" („Elche") genannten Pferdezwillingen vor dem Streitwagen des ursprünglichen Göttervaters Tyr (= Zeus, Jupiter, Deus, Dagda u.a.). Diese beiden Söhne des Göttervater, die die Gestalt von zwei Jünglingen und von zwei Schimmeln annehmen konnten, sind am besten aus der griechischen Mythologie als die beiden Dioskuren bekannt. Als bei den Germanen der Reiter Odin an die Stelle des Streitwagenfahrers Tyr trat, wurde aus den beiden Pferdezwillingen Odins achtbeiniges „Doppelpferd" Sleipnir.

Diese beiden Söhne des Göttervaters starben zusammen mit ihm an jedem Abend und in jedem Herbst, wodurch sie zu Totengeistern, also zu Zwergen wurden.

Der Göttervater im Jenseits wurde jedoch zu einem Riesen, denn die Germanen faßten die Ahnen der Asen als Riesen auf. Dies ist ein altes indogermanisches Motiv: so ist z.B. auch Kronos, der Vater des Zeus, ein Titan, d.h. ein Riese. Dieser „Tyr-Riese in der Unterwelt" war eine wichtige Gestalt in den Mythen und erscheint als Hymir, Thiazi, Mimir, Surtur, Hraesvelgr und noch als einige andere Riesen.

Da nun der am Abend gestorbene Göttervater im Jenseits zu einem Riesen wurde und er als die zentrale Gottheit der Besitzer des Göttermets war, wurde der Met zwar von den beiden Zwergen (die toten Pferdezwillinge) hergestellt, aber mußte im Besitz der Riesen (Hymir, Thiazi usw.) sein. Es gab auch die Auffassung des „Tyr in der Unterwelt" als Zwerg (Alberich), aber das Motiv des Tyr-Riesen war deutlich wichtiger als das des Tyr-Zwerges.

Aus dem Überreichen des Mets durch die Zwerge an den Göttervater als Riesen wurde dann schließlich der Met als Sühnegeldzahlung der Zwerge an die Riesen.

Die Bedeutung des Namens von „Suttung", dem Bruder des Baugi und Vater von Gunnlöd, bedeutet entweder „vom Trank beschwert" oder „der sich schnell Bewegende". Da Schnelligkeit und ähnliche gute Eigenschaften nur sehr selten bei den Riesen erwähnt werden, erscheint die erste Deutung wahrscheinlicher – sie ist im Zusammenhang mit dem Göttermet auch plausibler.

Die Insel, auf der Suttung die Zwerge aussetzte, wird wohl mit der Schäre (flache Insel) identisch sein, auf der Wieland (Tyr)ausgesetzt worden ist: Sie ist die Jenseitsinsel.

Suttung führte den Met mit sich nach Hause und verbarg ihn auf dem sogenannten Hnitberge; seine Tochter Gunnlöd setzte er zur Hüterin.

Der Name „Hnitberg" bedeutet „zusammenschlagender Berg", „sich verschließender Berg" oder „verschlossener Berg". Bei diesem Berg wird es sich um ein Hügelgrab handeln, daß nach der Bestattung verschlossen worden ist und in dem man sich sowohl die Totenseelen als auch die Jenseitsgöttin vorstellte.

Der Name „Stoßfels" könnte eine Anspielung auf das Gitter Thrymgiallar am Hel-Tor sein, dessen Eingang sich in einer früheren Variante dieses Motives vielleicht wie zwei zusammenstoßende Felsen verschlossen hat. Dieses Bild findet sich in einigen Märchen wie z.B. in „Die Rabe" von den Gebrüdern Grimm. Die bekannteste Zauberformel, mit der man einen solchen Berg öffnen kann ist sicherlich das arabische „Sesam öffne Dich!". Dieser „Hnitberg" wird mit dem „Hindinhügel" der Walküre Brünhild aus der Nibelungensage und mit dem „Mondhügel" aus der „Vision der Seherin" identisch sein.

Die Riesin Gunnlöd trägt einen Walkürennamen: „Einladung zum Kampf". Sie ist sowohl als Riesin als auch als Walküre eine Erscheinungsform der ursprünglichen Jenseitsgöttin. In der Sage heißt es, daß sie den Met nur bewacht, aber man wird wohl davon ausgehen können, daß dieses „Bewachen" ursprünglich ein „Besitzen" gewesen ist. Gunnlöd wird daher die Jenseitsgöttin (Hel, Freya-Frigg) in der Unterwelt (Hügelgrab) sein, die die Jenseitsreisenden wiedergebiert.

Davon heißt die Skaldenkunst Kwasirs Blut, oder der Zwerge Trank, auch Odhrörirs-, oder Bodns- und Sons-Naß, und der Zwerge Fährgeld (weil ihnen dieser Met von der Klippe Erlösung und Heimkehr verschaffte), ferner Suttungs Met und Hnitbergs Lauge."

Der zweite Teil dieser Geschichte, in der Odin den Met von Gunnlöd raubt, findet sich u.a. in dem Band 69 über den Göttermet.

XXXIV 1. c) Ynglingatal

In dieser Chronik der norwegischen Könige wird Kvasir nur einmal kurz in der Szene des Geiseltausches zwischen Asen und Wanen erwähnt:

Auf der anderen Seite, sandten das Wanen-Volk den weisesten Mann aus ihrer Gemeinschaft, der „Kvasir" genannt wurde.

XXXIV 1. d) Gylfis Vision

In der Geschichte der Asen tritt Kvasir nur ein einziges Mal vor seiner Ermordung auf:

231

Da sprach Gangleri: „Viel Arges wahrlich hatte Loki zu Wege gebracht, da er erst verursachte, daß Baldur erschlagen wurde, und dann schuld war, daß er nicht erlöst ward aus Hels Gewalt. Aber wurde das nicht irgendwie an ihm geahnt?"

Har antwortete: „Es ward ihm so vergolten, daß er lange daran denken wird. Als die Götter so wider ihn aufgebracht waren, wie man erwarten mag, lief er fort und barg sich in einem Berge. Da machte er sich ein Haus mit vier Türen, daß er aus dem Hause nach allen Seiten sehen konnte.

Oft am Tag verwandelte er sich in Lachsgestalt und barg sich in dem Wasserfall, der Franang hieß, und bedachte bei sich, welches Kunststück die Asen wohl erfinden könnten, ihn in dem Wasserfall zu fangen.

Und einst, als er daheim saß, nahm er Flachsgarn und verflocht es zu Maschen, wie man seitdem Netze macht. Dabei brannte Feuer vor ihm. Da sah er, daß die Asen nicht weit von ihm waren, denn Odin hatte von Hlidskialfs Höhe seinen Aufenthalt erspäht. Da sprang er schnell auf und hinaus ins Wasser, nachdem er das Netz ins Feuer geworfen hatte.

Und als die Asen zu dem Haus kamen, da ging er zuerst hinein, der von allen der Weiseste war und Kwasir hieß, und als er im Feuer die Asche sah, wo das Netz gebrannt hatte, da merkte er, daß dies ein Mittel sein sollte, Fische zu fangen, und sagte das den Asen.

Da fingen sie an und machten ein Netz jenem nach, das Loki gemacht hatte, wie sie in der Asche sahen.

Und als das Netz fertig war, gingen sie zu dem Fluß und warfen das Netz in den Wasserfall. Thor hielt das eine Ende, das andere die übrigen Asen, und nun zogen sie das Netz. Aber Loki schwamm voran und legte sich am Boden zwischen zwei Steine, so daß das Netz über ihn hinweggezogen wurde, doch merkten sie wohl, daß etwas Lebendiges vorhanden sei.

Da gingen sie abermals an den Wasserfall und warfen das Netz aus, nachdem sie etwas so Schweres daran gebunden hatten, daß nichts unten durchschlüpfen mochte. Loki fuhr vor dem Netze her und als er sah, daß es nicht weit von der See sei, da sprang er über das ausgespannte Netz und lief zurück in den Fall.

Nun sahen die Asen, wo er geblieben war: da gingen sie wieder an den Wasserfall und teilten sich in zwei Haufen nach den beiden Ufern des Flusses. Thor aber mitten im Fluß watend folgte ihnen bis an die See. Loki hatte nun die Wahl, entweder mit Lebensgefahr nach der See zu ziehen oder abermals über das Netz zu springen. Er tat das letzte und sprang schnell über das ausgespannte Netz. Thor griff nach ihm und kriegte ihn in der Mitte zu fassen; aber er glitt ihm in der Hand, so daß er ihn erst am Schwanz wieder festhalten konnte. Darum ist der Lachs hinten spitz. Nun war Loki friedlos gefangen."

In dieser Szene tritt Kwasir möglicherweise nur deshalb auf, weil er der Klügste ist und daher erkennen kann, was Loki vorhatte.

Eventuell gibt es jedoch auch tieferliegende Gründe für diese Szene, da das Netz auch ein Symbol für den Tod ist – die Meeres-Riesen Ran, d.h. die Jenseitsgöttin in der Wasserunterwelt fängt die Seefahrer mit ihrem Netz und in der Völsungen-Saga wird berichtet, daß Loki sich das Netz der Ran ausgeliehen hat, um den Tyr-Zwerg Andvari zu fangen. Das Netz der Ran könnte somit ein Symbol für die Jenseitsreise sein.

Da der Ritual-Trank bei Jenseitsreisen getrunken wurde, gibt es somit einen Zusammenhang zwischen Kwasir, der Verkörperung des Ritual-Trankes, und dem Netz der Ran. Auch der Tod des Baldur sowie seine Wiedergeburt nach dem Ragnarök gehören zu der Jenseitsreise-Symbolik der Germanen.

Das Haus mit den vier Türen ist das Hügelgrab in dem der Wintergott Loki während des Sommers gefangenlag.

XXXIV 1. e)   Skaldskaparmal

Der Skalden-Met wurde oft als „Kvasirs Blut" umschrieben:

Nun sollt ihr hören, warum die Skalden die Dichtkunst mit den Bildern umschrieben haben, die wir bereits berichtet haben: warum sie sie z.B. Kvasirs Blut und Schiff der Zwerge nennen, ... ; so wurden er in den Versen, die Einarr Klingel-Waage verfaßt hat, besungen:

„*Ich bitte den hochgemuten Wächter*
der Erde, die See der Zwergenklippe,
meine Verse, anzuhören:
Höre, Jarl, das Blut des Kvasir."

Der „hochgemute Wächter der Erde" ist der Jarl (Graf).
Die „See der Zwergenklippe" ist der Skaldenmet.

XXXIV 1. f)   Skaldskaparmal

Diese Erläuterung dieser Kenning wird noch an einer weiteren Stelle wiederholt:

Die Dichtkunst heißt See oder Flüssigkeit des Zwerge, weil Kvasirs Blut in Ödrorir flüssig war, bevor der Met hergestellt wurde.

XXXIV 1. g)   Vellekla

Die Kenning „*Kwasirs Blut*" wird auch von dem Skalden Einarr Schreihals Helgason in seiner „Vellekla" für „Skaldenmet" bzw. „Dichtkunst" verwendet.

XXXIV 1. h)   Die Saga über Ragnar Lodbrök

Der Sohn Ivar des Ragnar Lodbröck, der eine Parallel-Gestalt zu Sigurd/Siegfried ist, hat einige Ähnlichkeit mit Kwasir: Er ist der weiseste aller Menschen und er hat einen seltsamen Körper.

Es verging eine kleine Weile und ihre Ehe war gut und sie waren voller Liebe. Dann erkannte Kraka, daß sie schwanger war, und es gedieh, bis sie einen Sohn gebar, und der Sohn wurde mit Wasser besprenkelt und ihm wurde ein Name gegeben und er wurde Ivar genannt.

Der Junge war knochenlos und dort, wo seine Knochen hätten sein sollen, war Knorpel, aber schon als noch jung war, wurde er so stark, daß ihm niemand gewachsen war.

Er war von ansprechender Erscheinung und so weise, daß niemand bekannt war, der ein weiserer Ratgeber als er gewesen sei.

Bei diesem Motiv stellt sich die Frage, ob hier ein seltsames Krankheitsbild beschrieben wird, ob dies ein mythologisches Motiv ist. Angesicht der Weissagungen und der Verwandtschaft der Ragnar-Saga mit der Sigurd-Saga ist ein mythologischer Ursprung dieses Motivs wahrscheinlicher.

Die Weisheit des Ivar könnte ein Hinweis auf einen Zusammenhang mit Kvasir, dem personifizierten Göttermet sein, da Kvasir das weiseste aller Wesen gewesen ist. dies erscheint umso wahrscheinlicher, als Weisheit nicht gerade die Eigenschaft war, die die Wikinger besonderes hervorhoben.

Siehe auch „Ivar" in dem Kapitel „Aslaug" in Band 31.

XXXIV 1. i)   Zusammenfassung

Kvasir ist die Verkörperung des Skaldenmets. Er enthält durch den Speichel der Asen und der Wanen, die alle bei ihrem Friedensschluß in ein Gefäß spien, die Weisheit aller dieser Gottheiten. Diese Geschichte des Kvasir ist vor allem ein Gleichnis zu der Herstellung des Ritual-Mets.

In ihr wird beschrieben, wie der Met/Kvasir zunächst bei den Göttern war, dann bei den Zwergen, danach bei den Riesen, anschließend bei der Jenseitsgöttin (Gunnlöd) und am Ende wieder bei den Göttern. Der Met und daher auch Kvasir ist sehr eng mit der Jenseitsreise verbunden gewesen.

Auch das Netz der Ran, das von Loki hergestellt und von Kvasir erkannt worden ist, ist eine Verbindung zur Jenseitsreise.

Schließlich zeigen auch noch die Bilder auf den beiden goldenen Trinkhörnern von Gallehus, wie wichtig der Met-Trunk für die Jenseitsreise gewesen ist.

Siehe auch den Band 69 über den Göttermet.

XXXIV 2.   Kwasir bei den Indogermanen

Die beiden einzigen weitere Personifizierung des „Göttertrankes" bei den Indogermanen findet sich bei dem indischen Soma-Trank und bei dem persischen Haoma-Trank. Dort gibt es allerdings keine solch dramatische Geschichte wie bei dem Skaldenmet. Der Soma/Haoma ist stattdessen ein Priester und Gott.

Die Geschichte des rituellen Trankes und auch seine drei Personifizierungen bei den Germanen, Indern und Persern wird in Band 69 über den Göttermet ausführlich beschrieben.

XXXIV 3.   lyrische Zusammenfassung

Kvasir

Kvasir, kundigster der Asen und Wanen,
künde mir Deine Weisheit
im Met der Götter, im Met der Unsterblichkeit,
im Met der Skalden, im Met der Dichtkunst!

235

Du bist aus goldenem Honig und Götter-Speichel
und aus Wasser geschaffen worden;
doch in dir ruht der Geist aller Götter –
Wen sollte nicht nach dieser Gabe verlangen?

XXXIV 4.   Traumreise zu Kwasir

„Kvasir? Bist Du der personifizierte Göttermet?"

„Das ist offensichtlich, oder?"

„Hm ... ist das eine alte Vorstellung?"

„Nein ... nein ... Solange der Göttermet im Ritual wirklich die Funktion hatte, die Verbindung zu den Göttern herzustellen, war der Göttermet der Göttermet und er enthielt den Segen der Götter. ... Ich bin erst zu Kvasir geworden, als aus dem Göttermet der Skaldenmet wurde, als er zu einem Gleichnis wurde, als der Göttermet zu einer Vorstellung wurde, als man den Met nicht mehr wirklich in dieser Funktion (zur Herstellung der Verbindung zu den Göttern) im Kult getrunken hat – so wie es die Inder mit dem Soma und die Perser mit dem Haoma getan haben."

„Hm ... das heißt, die Vorstellung von einem Wesen namens Kvasir ist erst in der Zeit nach 500 n.Chr. entstanden nachdem Tyr als nordgermanischer Göttervater abgesetzt worden ist?"

„Ja ... nach dieser Zeit. ... Wenn es anderes wäre, würdest Du mich auch in mehr Mythen finden, dann wäre ich eine sehr zentrale Gestalt – schließlich enthalte ich die Essenz aller Götter ... Ich bin eine recht junge Neuschöpfung – wenn man das so sagen möchte."

...

„Ja ... Danke, Kvasir."

„Bitteschön."

„Ho!"

XXXV Uni

XXXV 1. Uni in der germanischen Überlieferung

XXXV 1. a) Der Name „Uni"

Der Name „Uni" bedeutet „Zufriedener".

XXXV 1. b) Fiölswin-Lied

Im Fiölswin-Lied erscheint Uni als einer der zwölf Erbauer der Dinge, die sich „vor der Brüstung" der Halle der Menglöd befinden – damit wird der Wall rings um die Halle der Hel gemeint sein.

Windkald:

„Sage mir, Fiölswinn, was ich Dich fragen will
Und zu wissen wünsche:
Wer hat gebildet, was vor der Brüstung ist
Unter den Asensöhnen?"

Fiölswin:

„Uni und In, Bari und Ori,
Warr und Wegdrasil,
Dori und Uri, Delling und Atward,
Lidskialf und Loki."

Die zwölf aufgezählten Asen werden wohl in etwa dieselben wie die in anderen Aufzählungen von zwölf Asen in der Edda sein, zumal Loki wie auch sonst immer als Letzter erscheint. Diese zwölf Asen sind symbolisch wohl die Gesamtheit der Asen.

Die angeführten Namen sind vermutlich unbekanntere Beinamen der Asen. Teilweise handelt es sich jedoch auch um die Namen wichtiger Zwerge, die demnach an dem Bau mitgewirkt haben.

XXXV 1. c) Zusammenfassung

„Uni" ist einer der zwölf Erbauer der Halle der Freya-Menglöd. Sein Name bedeutet „Zufriedener" – was leider keine Rückschlüsse darauf zuläßt, welcher Ase gemeint ist, sondern lediglich darauf schließen läßt, daß er mit seinem (Bau-)Werk zufrieden ist …

XXXV 2. Traumreise zu Uni

„Uri?"

„Ja?"

„Gilt für Dich dasselbe wie für Bari, In und Uri und die anderen?"

„Ja – ich bin ein recht kreativer (Götter-)*Name des Skalden, der dieses Lied geschrieben hat."*

„Dankeschön."

„Bitte."

„Ho!"

Verzeichnis der Themen

(die Zahl ist die Nummer des Bandes, in dem sich das Thema findet)

Eugel 7
Eule 40
Eyrgjafa 35
Faden 55
Fafnir (Zwerg) 32
Fährmann 49
Fala 35
Falkenkleid:
- der Freya 40
- der Frigg 40
Falke 40
Fallar 32
Farbauti 6
Farn 45
Farseti 6
Faulheit =>
Feuersitzen 55
Feima 35
Fenchel 45
Fenja 28
Fenrir 6
Fenrir 43
Fernhypnose 64
Ferse 63
Fessel 66
Fessel-Zauber 64
Feuer 55
Feuersitzen 55
Feuerzauber 64
Fialar 32
Fid 32
Fieberkraut 45
Fili 32
Fimafeng 39
Fimbulwinter 55
Finger 63
Finnalf 5
Finnar 32
Finnmark-Riese 34
Fiölkald 34
Fiölmor 39
Fiölnir 20

Fiölvör 35
Fiörgyn 20
Fiörgyn 23
Fisch 44
Fjölverkr 34
Fjötra 29
Flachs 45
Flegda 35
Fleur-de-lys 55
Fleggr 34
Fliege 40
Fluch 68
Flügel des Wieland 40
Flügelschuhe 67
Flugschuhe des Loki 40
Fluß 49
Freya 22
frühe Skaldenlieder 78
Freyr 15
Fried 29
Friedenszauber 6
Fridr 29
Frigg 21
Folde 20
Fonn 34
Forat 35
Forelle 44
Fornjotr 6
Forseti 19
Frägr 32
Franmar 37
Frar 32
Freki 43
Frosti 32
Frosti 34
Fruchtbarkeit 64
Fuchs 43
Frauenhaarfarn 45
Frühling 54

Frühlingstagund-
nachtgleiche 54
Fulla 29
Fullas Haarreif 60
Fullafle 34
Fundin 32
Fuß 63
Fylgia 50
Fynir 6
Fynir 34
Galar 32
Galarr 34
Galdr 64
Gallapfel 45
Gandalf 32
Ganglati 34
Ganglot 6
Gangr 34
Gangr 33
Gans 40
Gänsefuß 45
Garm 43
Gautan 39
Gautrek-Saga => Snotra
Geban 20
Geburts-Orakel 64
Gefäße 57
Gefion 20
Gefion-Geliebter 6
Gefiun 20
Gefjon 20
Geist 50
Geier 40
Geirahöd 31
Geiravör 31
Geirdriful 31
Geirönul 31
Geirröd 5
Geirrota 31
Geirskögul 31
Geitir 6

Geitla 35
Geitir 35
gelb 46
Geliebter der Gefion 6
Gerber-Schaber 67
Gerdr 28
Geri 43
Gespenst 50
Gestaltwandel => Verwandlung
Gesang 68
Gestilja 35
Getreide 45
Gewöhnlicher Flachbärlapp 45
Geysa 35
Gialar 32
Gift 70
Gifur 43
Gigas 6
Gilling 6
Gillings Frau 28
Ginnar 32
Ginnungagap 49
Gjalp 35
Glamr 34
Glatundshundr 43
Glaumar 34
Glaumarr 34
Glaumr 6
Glenr 48
Glitni 5
Glöd 35
Gloi 32
Glück 64
Glückstrank 70
Glumra 35
Glymra 35
Gna 29
Gneip 35
Gnepja 35

241

Goi 34
Gold 55
Goldalter 55
Goldemar 7
golden 46
Goldhelm 66
Goldhörner von
Gallehus 57
Göll 31
Golnir 5
Göndul 31
Gorr 34
Görsemi 29
Götter 36
Götterdämmerung 55
Götterkampf 55
Göttermet 69
Götter-Tiere 44
Gottesurteil 64
Gurgelbiß 55
Grab 49
Grani 6
grau 46
Grendel 5
Grendels Mutter 35
Greppur 34
Grer 32
Grid 28
Grid 35
Grim 5
Grim 39
Grima 35
Grimhild 31
Grimling 5
Grimnir 5
Grim Struppig-Wange
79
Grip 35
Gripir 34
Grissa 35
Groa 28
Grottintanna 35

Grotunagard 52
grün 46
Gryla 35
Gudr 31
Gudrun 31
Gudmund 5
Gullnir 5
Gullveig 29
Guma 35
Gundelrebe 45
Gunn 31
Gunnlöd 28
Gunnthinga 31
Gürtel 60
Gusir 6
Gygr 35
Gylfaginning 77
Gyllir 5
Gyllir 34
Gyma 20
Gymir 5
Haarband 60
Haare 63
Habicht 40
Hafle 34
Hafli 5
Hafthi 39
Hagen 16
Hahn 40
Hala 35
Halfdan 39
Halfdan Brana-
Ziehsohn 79
Halfdan Eisteinson 79
Hamdir 39
Hamingja 50
Hammer 66
Hand 63
Handschuhe 60
Hanf 45
Hannar 32
Hantel-Symbol 55

Har 32
Hära 35
Hardbeen 6
Hardgreip 35
Hardgreipir 34
Hardverkr 34
Harek Eisenkopf 6
Harfe 57
Harz 45
Hase 44
Hasel 45
Hastingi 34
Hati 5
Hati 43
Hattatal 77
Haudr 20
Haugspori 32
Haym 34
Hecht 44
Hedin 39
Hedin und Högni 79
Hefring 35
Heid 35
Heiddraupnir 5
Heide 49
Heidrek 39
Heidungi 6
Heilige Hochzeit =>
Wiederzeugung 55
Heiliger Hain =
Weltenbaum 52
Heilung 64
Heilziest 45
Heimdall 8
Heimir 39
Heinir 34
Heith 35
Heithdraupnir 5
Hel 26
Helblindi 20
Helgi 39
Helgi Thorisson 79

Hel-Haut 49
Helidi 27
Hellebarde 66
Helreginn 5
Helm 66
Hengikefta 35
Hengiköpt 6
Hengjankapta 35
Hepti 32
Herbst 54
Herbsttagundnacht-
gleiche 54
Herche 20
Herdentiere 42
Herdentierfell 42
Herfjötur 31
Hergrim Halbtroll 5
Hergunnur 35
Heri 32
Herja 31
Herkir 6
Herkja 35
Hermodr 37
Hertha 28
Hervor => Heidrek
Hervor und Heidrek
=> Heidrek
Herz 63
Hexe 58
Hianka 31
Hidde 34
Hild 31
Hildolf 5
Hildolf 20
Himingläva 35
Himmel 52
Himmelsrichtungs-
Mandala 54
Himmelsträger-
Zwerge 32
Hirsch 42
Hjaltrimul 31

Nari Loki-Sohn 19
Nati 6
Naudir 36
Nebel 64
Nefia 35
Nehalennia 29
Neri 30
Neris Schwester 30
Nerthus 28
Nepr 20
Nessel 45
Netz 67
Neuentstehung aus den Knochen 55
neun Heimdall-Mütter 35
neun Schwestern 35
Niblung 7
Niblung 39
Nicor 34
Nid 64
Nidi 32
Nidr 28
Nidud 16
Nieswurz 45
Niflheim => Eis 52
Niping 32
Nirdir 10
Niola 48
Njola 48
Njörd 10
Njörun 29
Nölvi 10
Norden 54
Nordosten 54
Nordri 32
Nordwesten 54
Nori 32
Nornen 30
Norr 34
Norr 48
Nott 48

Nyi 32
Nyr 32
Nyrad 32
Oddrun 31
Odin 13/14
Odr 20
Ofoti 5
Öflugbarda 35
Öflugbardi 6
Ogautan 39
Ogladnir 6
Ogn 35
Ohr 63
Oin 7
Olius 32
Ölwaldi 5
Omen 71
Onarr 48
Öndudr 6
Onn 32
Opfer 64
Orakel 71
Oregano 45
Ori 32
Örnir 6
Ortnit 34
Ösgrui 5
Öskrudr 34
Ostara 29
Osten 54
Otr 32
Otter 44
Otunfaxe 39
Penis 55
Perchta 28
persönliches Glück 64
Pfeil 66
Pferd 42
Pferdezwillinge 12
Pflug 67
Phol 9
Polygamie 55

Priester 60
Priesterin 58
Prolog (Edda) 77
Prophezeiung 71
Pukis 36
Rabe 40
Rad 67
Radgrid 31
Radvör 35
Ragnar Lodenhose 39
Ragnarök 55
Ran 27
Randalin 31
Randgnid 31
Randgrid 31
Rangbeinn 5
Rasereitrank 70
Raswid 32
Rätsel 76
Raud 34
Raugnir 34
Raum 6
Reck 32
Regenbogenbrücke 49
Regin 7
Reginleif 31
Reiher 40
Rentier 42
Riesen auf der West-Insel 6
Riesen-Baumeister 6
Riesen von Feldkirchen 34
Riesen von Lichtenberg 35
Rifingalfa 35
Rifingöflu 35
Rigingöflu 35
Rind 42
Rindr 20
Ring 57

Ringkampf 55
Rist 31
Robbe 44
Rögnir 7
Rose 45
Röskva 37
rot 46
rota 31
Rotkehlchen 40
Rücken 63
Rud 35
Rudent 6
Rudi 34
Runa 35
Runen 72
Runenkästchen von Auzon => Kiste
Runenstein 64
Runenstein von Ardre 64
Rußland-Riese 6
Rütze 35
Rygi 35
Saemdill 6
Saga 28
Sährimnir 42
Säkarsmuli 6
Salbei 45
Salfangr 6
Sam 34
Sämingr 39
Sanngrid 31
Sati 51
Säule => Weltenbaum 52
Saxnot 20
Sceaf 20
Schachtelhalm 45
Schädelschale 63
Schadenszauber 64
Schaf 42
Schafgarbe 45

Schaumkraut 45
Schierling 45
Schild 66
Schlafdorn 55
Schlangen 41
Schlangenauge 63
Schlangengrube 49
Schlangenzunge 63
Schleifstein =>
Wetzstein
Schmetterling 40
Schmied 4
Schmied 55
Schnecke 44
Schneeweiß-
Goldschöne 28
Schuh 63
Schutzgeist =>
Fylgja/Hamingja
Schutzzauber 64
Schwalbe 40
Schwan 40
Schwanenkleider der
Walküren 40
Schweden-Riese 6
Schwein 42
Schwert 66
Schwitzhütte 64
sechsköpfiger Riese 6
Seehund 44
Seekuh 44
Seelenvogel 40
Seelenvogel 50
Segen 68
Seher 60
Seherin 58
Seidelbast 45
Seidr 64
Sel 6
seltsamer dritter
Bruder 55
Sense 67

Siar 32
Sichel => Sense
sieben Schwestern 28
Siegfried 38
Sieglind 31
Siegstein 67
Sif 24
Sigdrifa 31
Sigurd 38
Sigi 39
Sigrlami 39
Sigrun 31
Sigyn 28
silbern 46
Simul 31
Sinmara 28
Sindri 32
Sinthgunt 29
Sivör 35
Sjuld 31
Skadi 20
Skafid 32
Skalden 61
Skaldatal 77
Skaldenlieder 78
Skaldinnen 61
Skalli 34
Skalmöld 31
Skadskaparmal 77
Skärir 5
Skeggiöld 31
Skidbladnir 49
Skimsli 5
Skirnir 37
Skirkjar 35
Skirwir 32
Skjalf 29
Skjalv 34
Skjellinefja 29
Skjöldr 39
Skögul 31
Sköll 43

Skorpion 40
Skrati 34
Skrymir 5
Skrimnir 5
Skuld 30
Slagfid 39
Sleggja 35
Snae 34
Snotra 29
Solbiart 5
Solblindi 5
Sölfn 29
Sommer 54
Somr 5
Sonne 48
Sonnengöttin 48
Sonnenhymne 64
sonstige Magie 64
Sörli 39
Spatz 40
Specht 40
Speer 66
Sperber 40
sprechende Tiere 41
Sprichworte 74
Spindel 55
Spinnerin 55
Spiritus familiaris 36
Sprettingr 5
Stab 67
Starkad 6
Starkad 39
Stärketrank 70
Statue 57
Stein 64
Steine und Edelsteine
64
Steinigung 55
Stern 48
Sternbild 48

Sternbild 55
Stigandi 5
Storch 40
Storkvid 34
Stoverkr 34
Strahlen-Breitsame
45
Strudel 49
Struthan 34
Stumi 5
stumm 63
Süden 54
Südosten 54
Sudri 32
Südwesten 54
Surtur 6
Suttung 6
Svada 5
Svadi 5
Svaf 7
Svarangr 5
Svasudr 6
Svatr 6
Sveid 31
Sveipinfalda 35
Svidi 6
Svip 5
Svipul 31
Svivör 31
Swaf 20
Swanhild 31
Swanwit 31
Swawa 31
Swior 32
Swipdag 20
Syn 29
Syr 29
Tafl 57
Tal 52
Tamfana 29
Tarn-Kappe 67
Tarn-Umhang 67

248